2018年第二季度
Quarter Two, 2018

中国货币政策执行报告
CHINA MONETARY POLICY REPORT

中国人民银行货币政策分析小组
Monetary Policy Analysis Group of the People's Bank of China

责任编辑：童祎薇
责任校对：潘　洁
责任印制：裴　刚

图书在版编目(CIP)数据

2018年第二季度中国货币政策执行报告(2018 nian Dier Jidu Zhongguo Huobi Zhengce Zhixing Baogao)/中国人民银行货币政策分析小组.—北京：中国金融出版社，2018.11
ISBN 978-7-5049-9842-2

Ⅰ.①2… Ⅱ.①中… Ⅲ.①货币政策—工作报告—中国—2018 Ⅳ.①F822.0

中国版本图书馆CIP数据核字(2018)第247528号

出版发行　中国金融出版社
社址　北京市丰台区益泽路2号
市场开发部　(010)63266347，63805472，63439533 (传真)
网 上 书 店　http://www.chinafph.com
(010)63286832，63365686 (传真)
读者服务部　(010)66070833，62568380
邮编　100071
经销　新华书店
印刷　北京侨友印刷有限公司
装订　平阳装订厂
尺寸　210毫米×285毫米
印张　12.75
字数　266千
版次　2018年11月第1版
印次　2018年11月第1次印刷
定价　98.00元
ISBN 978-7-5049-9842-2

本书执笔人

总　　纂：刘国强　李　波

审　　稿：李　斌　霍颖励　纪志宏　周学东　阮健弘　朱　隽
卜永祥　孙天琦

统　　稿：张　蓓　管　化

执　　笔：

第一部分：徐　伟　李炜楠　曾冬青　胡　婧

第二部分：董忆伟　陈　颖　穆争社　尚昕昕

第三部分：张美娟　宋东方

第四部分：王一飞　李　欣　马志扬　孙常林　姜晶晶

第五部分：付竞卉　黄明皓

附录整理：林振辉　张淳奕　夏座蓉等

提供材料的还有：李文喆　李　航　李晓闻　徐　媛　邱潮斌
苏小竞　罗嗣源　周安格　程艳芬　段　炼
孙　雪　王　宁　庞　博　卢　瑶　刘　敏
丁洪涛　张　荣　刘　浏　胡　平　欧阳昌民

英文总纂：朱　隽　张正鑫

英文统稿：曹志鸿

英文翻译：曹志鸿　周　朔　何君玲　马　辉　韩士皓
滕　锐　卢蕾蕾　刘泓呈　陈　松　齐　喆
任　浩　冯　蕾　王一飞　仵　洁

英文审校：Nancy Hearst（美国哈佛大学费正清东亚研究中心）

Contributors to This Report

CHIEF EDITORS:

LIU Guoqiang LI Bo

READERS:

LI Bin HUO Yingli JI Zhihong ZHOU Xuedong RUAN Jianhong ZHU Jun BU Yongxiang SUN Tianqi

EDITORS:

ZHANG Bei GUAN Hua

AUTHORS:

PART ONE: XU Wei LI Weinan ZENG Dongqing HU Jing

PART TWO: DONG Yiwei CHEN Ying MU Zhengshe SHANG Xinxin

PART THREE: ZHANG Meijuan SONG Dongfang

PART FOUR: WANG Yifei LI Xin MA Zhiyang SUN Changlin JIANG Jingjing

PART FIVE: FU Jinghui HUANG Minghao

APPENDIX: LIN Zhenhui ZHANG Chunyi XIA Zuorong et al.

OTHER CONTRIBUTORS: LI Wenzhe LI Hang LI Xiaowen XU Yuan QIU Chaobin SU Xiaojing LUO Siyuan ZHOU Ange CHENG Yanfen DUAN Lian SUN Xue WANG Ning PANG Bo LU Yao LIU Min DING Hongtao ZHANG Rong LIU Liu HU Ping OUYANG Changmin

ENGLISH EDITION

CHIEF EDITORS: ZHU Jun ZHANG Zhengxin

EDITORS: CAO Zhihong

TRANSLATORS: CAO Zhihong ZHOU Shuo HE Junling MA Hui HAN Shihao TENG Rui LU Leilei LIU Hongcheng CHEN Song QI Zhe REN Hao FENG Lei WANG Yifei WU Jie

PROOFREADER:

Nancy Hearst (Fairbank Center for East Asian Research, Harvard University)

内容摘要

2018年上半年，中国经济保持平稳增长，结构调整深入推进，新旧动能接续转换，新兴产业蓬勃发展，质量效益保持在较好水平。消费对经济增长的贡献率上升，就业形势向好，物价基本稳定。上半年，国内生产总值（GDP）同比增长6.8%，居民消费价格（CPI）同比上涨2.0%。

2018年以来，按照党中央、国务院部署，中国人民银行继续实施稳健中性的货币政策，根据经济金融形势变化，加强前瞻性预调微调，适度对冲部分领域出现的信用资源配置不足，引导和稳定市场预期，加大金融对实体经济尤其是小微企业的支持力度，为供给侧结构性改革和高质量发展营造适宜的货币金融环境。一是适度增加中长期流动性供应，保持流动性合理充裕。1月、4月、7月三次定向降准，并搭配中期借贷便利、抵押补充贷款等工具投放中长期流动性。二是积极推进市场化法治化债转股工作。通过定向降准，鼓励金融机构按市场化原则实施债转股。三是加大对小微企业等金融支持。会同相关部委出台《关于进一步深化小微企业金融服务的意见》，增加支小支农再贷款和再贴现额度，下调支小再贷款利率0.5个百分点。四是扩大中期借贷便利和再贷款担保品范围。将AA+、AA级公司信用类债券，优质的小微企业贷款和绿色贷款等纳入担保品，引导金融机构加大对小微企业、绿色经济等领域的支持力度。五是适时调整和完善宏观审慎政策。启动金融机构评级工作，加强对金融机构经营情况和风险状态的监测。进一步完善宏观审慎评估（MPA），将同业存单纳入MPA同业负债占比指标，适当调整MPA参数设置，引导金融机构支持小微企业融资和符合条件的表外资产回表。六是增强人民币汇率弹性，发挥好宏观审慎政策的逆周期调节作用，人民币汇率在市场力量推动下有升有贬，市场预期总体稳定。七是及时主动发声，引导市场预期。通过多种方式加强与市场沟通，6月19日和7月3日，在股市、汇市出现较大波动时，主动发声稳定市场预期。

总体看，稳健中性的货币政策取得了较好成效，银行体系流动性合理充裕，市场利率中枢有所下行，货币信贷和社会融资规模适度增长，宏观杠杆率保持稳定。2018年以来，广义货币供应量M2增速保持在8%以上，6月末M2余额同比增长8.0%；人民币贷款余额同比增长12.7%，比年初增加9.0万亿元，同比多增1.1万亿元；社会融资规模存量同比增长9.8%。6月非金融企业及其他部门贷款加权平均利率为5.97%。6月末，CFETS人民币汇率指数为95.66，人民币对美元汇率中间价为6.6166元，上半年人民币对美元汇率中间价年化波动率为4.0%。

当前全球经济总体延续复苏态势，但贸易摩擦、地缘政治、主要经济体货币政策正常化等加大了全球经济和金融市场的不确定性，外部环境发生明显变化。中国经济结构调整持续深化，经济增长动力加快转换，经济韧性进一步增强，防范化解金融风险取得初步成效，同时也存在一些深层次结构性问题，面临一些新问题、新挑战。在流动性总量合理充裕的条件下，要强化政策统筹协调，进一步疏通货币信贷传导机制。要继续深化供给侧结构性改革，强化产权保护，健全正向激励机制，加快建设现代化经济体系，推动高质量发展。

下一阶段，中国人民银行将按照党中央、国务院的决策部署，以习近平新时代中国特色社会主义思想为指导，坚持稳中求进工作总基调，贯彻新发展理念，落实高质量发展要求，紧紧围绕服务实体经济、防控金融风险、深化金融改革三项任务，创新和完善金融宏观调控，保持政策的连续性和稳定性，提高政策的前瞻性、灵活性、有效性。稳健的货币政策要保持中性、松紧适度，把好货币供给总闸门，保持流动性合理充裕，根据形势变化预调微调，注重稳定和引导预期，优化融资结构和信贷结构，疏通货币信贷政策传导机制，通过机制创新，提高金融服务实体经济的能力和意愿，为供给侧结构性改革和高质量发展营造适宜的货币金融环境。健全货币政策和宏观审慎政策双支柱调控框架，深化利率和汇率市场化改革，主动有序扩大金融对外开放，增强金融业发展活力和韧性。坚定做好结构性去杠杆工作，把握好力度和节奏，打好防范化解金融风险攻坚战，守住不发生系统性金融风险底线。

Executive Summary

During the first half of 2018, the economy maintained stable growth, with steadily progressing structural adjustments, replacement of old growth drivers with new ones, vigorous development of the emerging industries, and quality and efficiency remaining at a fairly good level. The contribution of consumption to economic growth increased, the job market improved, and the price level was basically stable. In the first half of the year, the Gross Domestic Product (GDP) grew 6.8 percent year on year, and the Consumer Price Index (CPI) was up 2.0 percent year on year.

From the beginning of 2018, following the arrangements of the CPC Central Committee and the State Council, the PBC continued to implement a sound and neutral monetary policy. In line with the changes in economic and financial circumstances, the PBC strengthened preemptive adjustments and fine-tunings to appropriately offset the insufficient allocation of credit resources in some areas, guided and stabilized market expectations, stepped up financial support to the real economy, particularly to small and micro businesses, and created favorable monetary and financial environments for supply-side structural reforms and high-quality development. First, the medium- and long-term liquidity supply was increased to an extent that overall liquidity was kept reasonable and adequate. Targeted cuts were made to the reserve requirement ratios (RRR) in January, April and July, respectively, and instruments such as the Medium-term Lending Facility (MLF) and the Pledged Supplementary Lending (PSL) were employed to inject medium- and long-term liquidity. Second, the market-based and law-based debt-equity swap was actively promoted. Through targeted RRR cuts, financial institutions were encouraged to implement debt-equity swaps in accordance with market principles. Third, financial support to small and micro businesses was stepped up. Together with other relevant departments, the PBC released the *Opinions on Further Improving Financial Services for Small and Micro Businesses*. It raised the quotas on central-bank lending and central-bank discounts for small and micro businesses as well as for sectors in the rural areas, and cut the interest rate of central-bank lending used to support small and micro businesses by 0.5 percentage point. Fourth, the scope of acceptable collaterals for the MLF and central-bank lending was expanded by incorporating corporate credit bonds that are rated AA+ or AA, loans of small and micro businesses, and green loans to guide financial institutions to increase their support to small and micro businesses and the green economy. Fifth, the macro-prudential policy framework was adjusted and improved in a timely manner. A rating of financial institutions was initiated to strengthen the monitoring of their operations and risk profiles. The macro-prudential assessment (MPA) was further improved, with interbank certificates of deposit included in the calculation of the interbank liability ratio and parametric adjustments when appropriate. This has helped guide financial institutions to include financing to small and micro businesses and other eligible off-balance-sheet assets on the balance sheet. Sixth, the RMB exchange rate became more flexible. Macro-prudential policies played the role of counter-cyclical adjustments. The RMB exchange rate experienced two-way fluctuations under market forces, with market expectations generally stable. Seventh, timely communications were conducted in a proactive manner to guide market expectations. Various channels were employed to strengthen communications with the market. Statements were issued on June 19 and July 3 respectively when there were relatively large fluctuations in the stock and foreign-exchange markets, thus helping stabilize market expectations.

In general, the sound and neutral monetary policy produced fairly good results. Liquidity in the banking system remained reasonable and adequate, and the terminal interest rate declined somewhat. Money, credit, and all-system financing aggregates grew at an appropriate pace, and the macro leverage ratio remained stable. From the beginning of 2018, the growth of M2 remained above 8 percent. At end-June, outstanding M2 grew by 8.0 percent year on year. The outstanding volume of RMB loans was up 12.7 percent year on year, representing an increase of RMB9.0 trillion from the beginning of the year and an acceleration of RMB1.1 trillion from the same period of the previous year. The stock of all-system financing aggregates grew by 9.8 percent year on year. In June, the weighted average interest rate on loans to non-financial enterprises and other sectors was 5.97 percent. At end-June, the CFETS RMB exchange-rate index was 95.66, and the central parity of the RMB against the USD was RMB6.6166 per USD. In the first half of the year, the central parity of the RMB against the USD witnessed an annualized fluctuation ratio of 4.0 percent.

Currently, the global economy has generally continued its recovery. However, as factors such as trade frictions, geopolitics, and the normalization of monetary policy in the major economies have added to uncertainties in the global economy and financial markets, the external environment has experienced notable changes. As China's economic structural adjustments continuously deepened, economic growth drivers quickly shifted, economic resilience was further enhanced, and preliminary achievements were made to guard against and resolve financial risks. Meanwhile, there are some underlying structural problems and new problems and challenges have arisen. Under the condition of reasonable and adequate liquidity aggregates, coordination of policies should be strengthened to further improve the transmission mechanism for monetary and credit policy. Continuous efforts should be made to deepen supply-side structural reforms, strengthen the protection of property rights, improve the positive incentive mechanism, accelerate the building of a modern economic system, and promote high-quality development.

Going forward, the PBC will continue to follow the overall arrangements of the CPC Central Committee, the State Council, and Xi Jinping's Thought on Socialism with Chinese Characteristics for a New Era, stick to the overall principle of pursuing progress while maintaining stability, implement the concept of new development, comply with the requirements for high-quality development, closely focus on the three tasks of serving the real economy, guarding against financial risks, and deepening financial reform, adopt innovative approaches to improve financial macro controls, maintain policy consistency and stability, and make policy more forward-looking, flexible, and effective. The PBC will maintain the neutrality and appropriateness of a sound monetary policy, assume good control of the money supply, keep liquidity reasonable and adequate, make preemptive adjustments and fine-tunings in line with market conditions, attach importance to stability and guidance of expectations, optimize the financing and credit structure, improve the transmission mechanism for monetary and credit policy, enhance the capability and willingness of the financial system to serve the real economy through institutional innovations, and create a neutral and appropriate monetary and financial environment for supply-side structural reforms and high-quality development. The PBC will improve monetary policy and the two-pillar framework underpinned by monetary and macro-prudential policies, deepen the market-based interest rate and exchange-rate reforms, actively promote the opening-up of the financial sector in an orderly manner, and enhance the vitality and resilience of the financial industry. The PBC will steadfastly carry out structural deleveraging while carefully calibrating its strength and pace, win the uphill battle of preventing and resolving major financial risks, and safeguard the bottom line to prevent systemic financial risks.

目 录

图

①数据来源：中国人民银行、国家统计局、商务部、海关总署、国家外汇管理局、世界银行、国际货币基金组织、世界贸易组织、联合国贸易和发展会议等。

②数据来源：相关中央银行、国家统计机构、世界银行、国际货币基金组织等。

Contents

Figures

1. Source: The People's Bank of China, National Bureau of Statistics, Ministry of Commerce, General Administration of Customs, State Administration of Foreign Exchange, the World Bank, International Monetary Fund, World Trade Organization, and United Nations Conference on Trade and Development, etc..

1. Source : Central banks, national statistical agencies in relevant countries, the World Bank, IMF, etc..

第一部分　货币信贷概况

2018年年初以来，中国人民银行实施稳健中性的货币政策，加强对形势的监测、分析和预判，适时预调微调，前瞻性对冲内外部不稳定、不确定性因素的影响。银行体系流动性合理充裕，货币市场利率中枢有所下行，金融机构贷款增长较快，信贷结构继续改善，货币供应量平稳增长，受表外融资收缩等影响社会融资规模增速有所放缓，人民币汇率弹性明显增强，跨境人民币业务快速增长。

一、流动性合理充裕，货币市场利率中枢有所下行

2018年年初以来，中国人民银行先后三次定向降准，并增加中期借贷便利（MLF）投放，增大中长期流动性供应，保持流动性合理充裕。6月末，金融机构超额准备金率为1.7%，较3月末高0.4个百分点，较上年同期高0.3个百分点。货币市场利率中枢适当下行，银行间市场存款类机构以利率债为质押的7天期回购利率（DR007）从上年末的2.9%左右下降到7月末的2.6%左右。

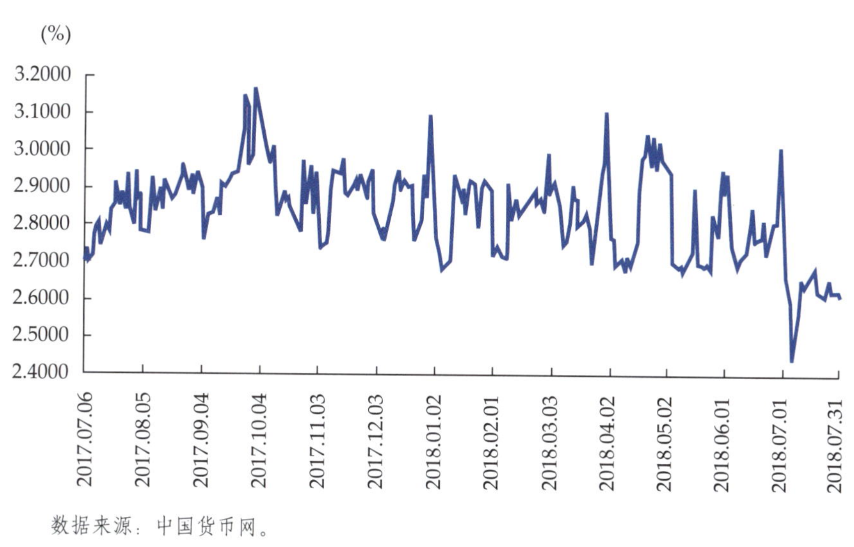

数据来源：中国货币网。

图1　存款类机构7天期质押式回购利率走势

专栏1　基础货币与银行体系流动性

2018年上半年，中国人民银行继续实施稳健中性的货币政策，根据经济金融形势变化，加强前瞻性预调微调，注重稳定和引导预期，银行体系流动性保持合理充裕，存款类机构7天期质押式回购利率（DR007）中枢适当下行。6月末，基础货

币较年初则减少了3 400亿元。如何看待基础货币下降与流动性合理充裕这一看似矛盾的现象呢？对此我们进行了梳理。

应当看到，基础货币并不等同于银行体系流动性。基础货币包括现金、法定存款准备金和超额存款准备金，其中法定存款准备金是交存央行并被冻结的，只有超额存款准备金才可由商业银行用于支付清算并支持资产扩张，构成所谓的银行体系流动性。多数货币政策操作会对基础货币和流动性产生同向影响。比如，当中央银行通过公开市场操作、再贷款、再贴现以及资产购买等方式投放流动性时，基础货币和超额准备金会同步增加，央行资产负债表出现“扩表”；反之，当中央银行通过上述货币政策工具回收流动性时，基础货币和超额准备金则会同步减少，央行资产负债表相应“缩表”。值得注意的是，调整法定存款准备金率会对基础货币和流动性产生不同影响。当中央银行下调法定存款准备金率时，部分法定准备金会释放为超额准备金，静态看这只影响基础货币的结构，而不影响基础货币的总量，但同时银行体系流动性则是增加的，由此金融机构的资产扩张能力增强。

不少发达经济体法定存款准备金率相对较低，因此其基础货币数量基本等同于银行体系流动性。本次国际金融危机后，一些发达经济体央行采取量化宽松政策，大规模买入国债等资产，基础货币和流动性同时扩张；近年来随着经济复苏，一些发达经济体逐步退出量化宽松政策，主要是其持有的债券到期后导致央行资产、基础货币和流动性同时消减，出现资产负债表“缩表”，这也意味着银根收紧。相较于发达经济体而言，我国法定存款准备金率相对较高，中国人民银行降准用于对冲央行资产端变化（如外汇流出、商业银行偿还MLF等）后虽然会出现基础货币减少，但该操作通常具有扩张的效应。例如，2018年4月中国人民银行下调部分金融机构存款准备金率并置换其借用的MLF。分步骤看：下调存款准备金率1个百分点，并不改变基础货币总量，只是一部分法定准备金转换成超额准备金，由此会增加约1.3万亿元的超额准备金；而降准后商业银行用降准资金来偿还9 000亿元MLF，会使基础货币和超额准备金同步减少9 000亿元。上述操作完成后，虽然基础货币减少了9 000亿元（法定准备金减少约1.3万亿元，超额准备金增加约4 000亿元），但银行体系流动性实际上净增加约4 000亿元。

除货币政策操作外，春节前提现、财政存款变动等其他因素也会对基础货币和银行体系流动性产生影响，由此基础货币月度间的波动可能会相对较大。例如，春节前现金需求量很大，中央银行会通过货币政策工具向商业银行相应补充流动性，由此基础货币会大量增加，但由于新增的流动性大部分转为居民手中的现金，因此银行体系流动性保持基本稳定。又例如，财政存款增加会导致商业银行在中央银行存款的减少，相应地会体现为基础货币和超额准备金（银行体系流动性）的同步下降。

随着货币政策调控框架从数量型为主向价格型为主逐步转型，观察银行体系流动性宜从“量”“价”两方面着手：一是看“量”，要看银行体系超额准备金水平，而不是简单看基础货币数量；二是看“价”，也就是要看货币市场利率尤其是银行间的资金价格。随着金融创新和金融市场深化发展，价格型指标将更趋重要。2018年以来，我国货币市场利率稳中有降，6月同业拆借和质押式回购加权平均利率分别为2.73%和2.89%，较上年12月份分别下降0.18个和0.22个百分点。应当说，目前银行体系流动性是合理充裕的。

二、金融机构贷款增长较快，贷款利率基本稳定

贷款保持较快增长，金融支持实体经济的力度较为稳固。6月末，金融机构本外币贷款余额为134.8万亿元，同比增长12.1%，比年初增加9.2万亿元，同比多增1.1万亿元。人民币贷款余额为129.2万亿元，同比增长12.7%，比年初增加9.0万亿元，同比多增1.1万亿元，已超过2017年全年同比多增的8 782亿元。金融机构外币贷款余额为8 549亿美元，比年初增加170亿美元，同比少增299亿美元。

信贷结构继续优化，小微企业贷款增长较快。从人民币贷款期限看，中长期贷款增量比重回落。6月末，中长期贷款比年初增加6.2万亿元，同比少增8 583亿元，增量占比为69.0%，比上年同期低19.9个百分点。分领域看，普惠领域小微企业贷款比年初增加5 743亿元，接近上年全年的增量水平，6月末余额为7.35万亿元，同比增长15.6%，增速比上年末高5.8个百分点。近期，中国人民银行引导金融机构增加信贷投放，尤其是加大对普惠口径小微企业贷款的支持力度，相关政策的效果还将进一步显现。从人民币贷款部门分布看，住户贷款增速高位继续放缓，6月末为18.8%，比3月末低1.2个百分点。其中，个人住房贷款增速回落至18.6%，较3月末低1.4个百分点，上半年增量为2.0万亿元，同比少增2 365亿元，增量占比下降至21.9%，较上年同期低5.9个百分点。个人住房贷款之外的其他住户贷款比年初增加1.6万亿元，同比多增631亿元。非金融企业及机关团体贷款比年初增加5.2万亿元，同比多增7 341亿元。

表1　2018年上半年人民币贷款结构

单位：亿元、%

	6月末余额	同比增速	当年新增额	同比多增额
人民币各项贷款	1 291 534	12.7	90 272	10 595
住户贷款	441 217	18.8	36 015	-1 734
非金融企业及机关团体贷款	836 871	9.7	51 664	7 341
非银行业金融机构贷款	8 692	23.2	2 334	4 820
境外贷款	4 753	6.5	259	167

数据来源：中国人民银行。

表2　2018年上半年分机构新增人民币贷款情况

单位：亿元

	新增额	同比多增
中资大型银行①	35 521	3 918
中资中小型银行②	52 615	10 466
小型农村金融机构③	12 209	1 741
外资金融机构	1 035	34

注：①中资大型银行是指本外币资产总量大于等于2万亿元的银行（以2008年末各金融机构本外币资产总额为参考标准）。

②中资中小型银行是指本外币资产总量小于2万亿元的银行(以2008年末各金融机构本外币资产总额为参考标准)。

③小型农村金融机构包括农村商业银行、农村合作银行、农村信用社。

数据来源：中国人民银行。

受贷款需求稳定和表外融资向表内融资转移等影响，金融机构贷款利率总体稳定、略有上升。6月非金融企业及其他部门贷款加权平均利率为5.97%，比3月微升0.01个百分点。其中，一般贷款加权平均利率为6.08%，比3月上升0.07个百分点；票据融资加权平均利率为5.11%，比3月下降0.47个百分点。个人住房贷款利率小幅上升，6月加权平均利率为5.60%，比3月上升0.18个百分点。在金融监管加强的背景下，委托贷款和信托贷款等高成本表外融资有所收缩，银行贷款、债券等在全部融资中的占比上升，包含贷款、债券、委托贷款、信托贷款以及民间借贷等在内的全社会综合融资成本保持基本稳定。

从利率浮动情况看，执行上浮和下浮利率的贷款占比略有上升，执行基准利率的贷款占比略有下降。6月，一般贷款中执行上浮利率的贷款占比为75.24%，比3月上升0.89个百分点；执行基准利率的贷款占比为14.83%，比3月下降1.21个百分点；执行下浮利率的贷款占比为9.93%，比3月上升0.32个百分点。

在美联储加息及主要经济体货币政策正常化、境内外币资金供求变化等因素的综合作用下，外币存贷款利率有所上升。6月，活期、3个月以内大额美元存款加权平均利率分别为0.33%和2.15%，比3月分别上升0.03个和0.23个百分点；3个月以内、3（含）~6

表3　2018年1~6月金融机构人民币贷款各利率区间占比

单位：%

月份	下浮	基准	上浮					
			小计	(1.0，1.1]	(1.1，1.3]	(1.3，1.5]	(1.5，2.0]	2.0以上
1月	11.89	20.31	67.80	16.45	19.67	12.32	12.11	7.26
2月	12.50	18.83	68.67	15.98	18.66	12.88	12.65	8.50
3月	9.61	16.04	74.35	15.86	21.29	14.00	14.53	8.68
4月	10.38	15.15	74.47	15.77	21.12	14.13	14.72	8.73
5月	9.03	14.36	76.61	16.60	20.85	14.39	15.65	9.12
6月	9.93	14.83	75.24	15.19	21.36	14.10	16.32	8.27

数据来源：中国人民银行。

表4 2018年1～6月大额美元存款与美元贷款平均利率

单位：%

月份	大额存款						贷款				
	活期	3个月以内	3(含3个月)～6个月	6(含6个月)～12个月	1年	1年以上	3个月以内	3(含3个月)～6个月	6(含6个月)～12个月	1年	1年以上
1月	0.19	1.79	2.37	2.61	2.77	2.87	2.72	3.10	2.84	3.04	4.48
2月	0.18	1.82	2.39	2.70	2.97	2.81	2.79	3.28	2.95	3.21	4.11
3月	0.30	1.92	2.70	3.09	3.28	3.33	3.17	3.42	3.21	3.73	4.23
4月	0.31	2.00	2.90	3.21	2.82	3.26	3.28	3.63	3.39	3.67	4.99
5月	0.32	2.06	3.30	3.45	3.31	3.23	3.30	3.60	3.49	3.60	4.60
6月	0.33	2.15	2.95	2.95	3.40	3.43	3.35	3.61	3.55	3.67	4.32

数据来源：中国人民银行。

个月美元贷款加权平均利率分别为3.35%和3.61%，比3月分别上升0.18个和0.19个百分点。

存款增速小幅放缓，定期存款在增量中占比较高。6月末，金融机构本外币各项存款余额为178.3万亿元，同比增长8.1%，增速比3月末低0.3个百分点，比年初增加9.1万亿元，同比少增4 444亿元。人民币各项存款余额为173.1万亿元，同比增长8.4%，增速比3月末低0.3个百分点，比年初增加9.0万亿元，同比略少增712亿元。外币存款余额为7 892亿美元，比年初减少18亿美元，同比多减819亿美元。上半年，住户存款和非金融企业存款增量中定期存款占比为99.4%，比上年同期高31.4个百分点。从人民币存款部门分布看，住户存款、非银行业金融机构存款分别同比多增3 272亿元、1.18万亿元，非金融企业存款同比少增1.2万亿元。

三、货币供应量适度增长，社会融资规模增速有所放缓

M2增速趋稳有利于稳定宏观杠杆率。6月末，广义货币供应量M2余额为177.0万亿元，同比增长8.0%，增速比3月末低0.2个百分点。狭义货币供应量M1余额为54.4万亿元，同比增长6.6%，增速比3月末低0.5个百

表5 2018年上半年人民币存款结构

单位：亿元、%

	6月末余额	同比增速	当年新增额	同比多增额
人民币各项存款	1 731 176	8.4	90 000	-712
住户存款	686 695	7.8	42 627	3 272
非金融企业存款	544 362	5.5	2 970	-11 500
政府存款	326 867	10.7	21 848	-2 737
非银行业金融机构存款	162 348	18.0	22 119	11 777
境外存款	10 903	2.3	436	-1 523

数据来源：中国人民银行。

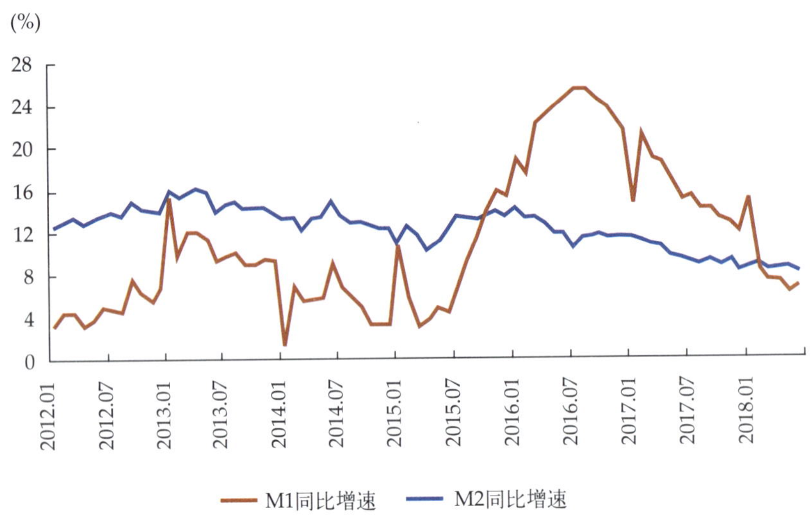

数据来源：中国人民银行。

图2 货币供应量增速走势

分点。流通中货币M0余额为7.0万亿元，同比增长3.9%。上半年现金净回笼1 056亿元，同比少回笼270亿元。2017年M2增速较前些年有所放缓，主要是金融体系抑制内部杠杆，资金嵌套明显减少，挤出了过去积累的一部分“水分”，有利于稳定宏观杠杆率，助力防范化解重大风险攻坚战。2018年以来M2增速总体趋稳、保持在8%以上。

受表外融资收缩等影响，社会融资规模同比少增。初步统计，6月末社会融资规模存量为183.27万亿元，同比增长9.8%。上半年社会融资规模增量累计为9.1万亿元，比上年同期少2.03万亿元，主要呈现以下特点：一是对实体经济发放的人民币贷款同比多增。上半年金融机构对实体经济发放的人民币贷款增加8.76万亿元，比上年同期多增5 548亿元，占同期社会融资规模增量的96.3%。二是委托贷款、信托贷款和未贴现银行承兑汇票同比多减。上半年委托贷款减少8 008亿元，比上年同期多减1.4万亿元；信托贷款减少1 863亿元，比上年同期多减1.5万亿元；未贴现银行承兑汇票减少2 717亿元，比上年同期多减8 388

表6 2018年6月末社会融资规模存量

单位：万亿元、%

	社会融资规模存量[①]	其中：						
		人民币贷款	外币贷款(折合人民币)	委托贷款	信托贷款	未贴现银行承兑汇票	企业债券	非金融企业境内股票融资
2018年6月末[②]	183.27	127.78	2.53	13.17	8.35	4.17	19.2	6.9
同比增速	9.8	12.7	-3.4	-4.6	10.1	-6.7	8.7	11.2

注：①社会融资规模存量是指一定时期末实体经济（国内非金融企业和住户）从金融体系获得的资金余额。

②当期数据为初步统计数。存量数据基于账面值或面值计算。同比增速为可比口径数据，为年增速。

数据来源：中国人民银行、中国银行保险监督管理委员会、中国证券监督管理委员会、中央国债登记结算有限责任公司和中国银行间市场交易商协会等。

表7 2018年上半年社会融资规模增量

单位：亿元

	社会融资规模增量[①]	其中：						
		人民币贷款	外币贷款(折合人民币)	委托贷款	信托贷款	未贴现银行承兑汇票	企业债券	非金融企业境内股票融资
2018年上半年[②]	90 972	87 645	-125	-8 008	-1 863	-2 717	10 172	2 511
同比增减	-20 321	5 548	-598	-13 996	-14 978	-8 388	13 834	-1 799

注：①社会融资规模增量是指一定时期内实体经济（国内非金融企业和住户）从金融体系获得的资金额。

②当期数据为初步统计数。

数据来源：中国人民银行、中国银行保险监督管理委员会、中国证券监督管理委员会、中央国债登记结算有限责任公司和中国银行间市场交易商协会等。

亿元。三是企业债券融资同比明显多增，股票融资同比少增。上半年企业债券净融资为1.02万亿元，比上年同期多1.38万亿元；非金融企业境内股票融资2 511亿元，比上年同期少1 799亿元。

四、人民币汇率双向浮动弹性明显增强，跨境人民币业务快速增长

2018年以来，人民币对一篮子货币汇率基本稳定，对美元双边汇率弹性进一步增强，双向浮动特征更加显著，汇率预期总体平稳。第二季度，受美元走强和外部不确定性等因素影响，人民币对美元汇率有所贬值。6月末，CFETS人民币汇率指数报95.66，较上年末上涨0.85%；参考SDR货币篮子的人民币汇率指数报95.89，较上年末下跌0.1%。根据国际清算银行的计算，上半年人民币名义有效汇率升值5.20%，实际有效汇率升值4.00%；2005年人民币汇率形成机制改革以来至2018年6月末，人民币名义有效汇率升值40.94%，实际有效汇率升值48.72%。6月末，人民币对美元汇率中间价为6.6166元，比

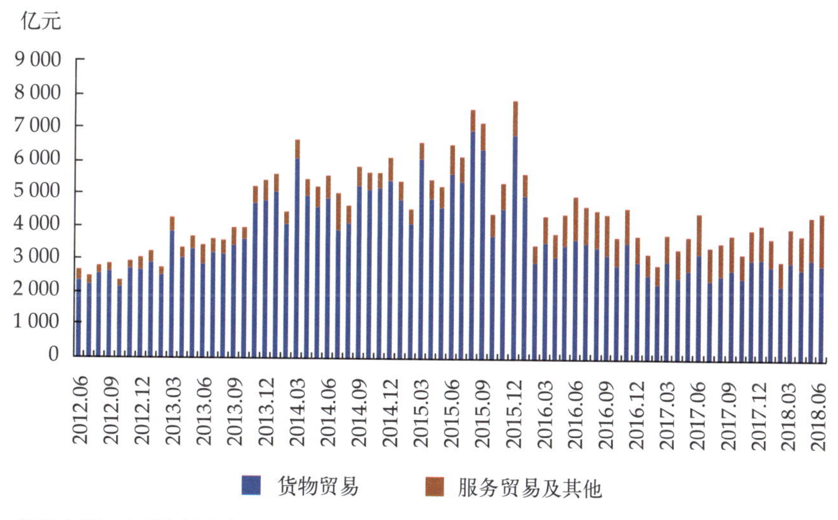

数据来源：中国人民银行。

图3 经常项目人民币收付金额按月情况

上年末贬值824个基点，贬值幅度为1.25%。2005年人民币汇率形成机制改革以来至2018年6月末，人民币对美元汇率中间价累计升值25.09%。上半年，人民币对美元汇率中间价年化波动率为4.0%，较上年同期明显提升，汇率弹性增强在一定程度上发挥了调节宏观经济和国际收支“自动稳定器”的作用。

2018年上半年，人民币跨境收付金额合计6.69万亿元。其中，收款3.34万亿元，付款3.35万亿元。经常项目人民币跨境收付金额合计2.32万亿元。其中，货物贸易人民币跨境收付金额合计1.65万亿元，服务贸易及其他经常项目下人民币跨境收付金额合计6 612亿元；资本项目人民币跨境收付金额合计4.37万亿元。

第二部分 货币政策操作

2018年上半年，在党中央、国务院领导下，中国人民银行密切关注经济金融形势发展变化，继续实施稳健中性的货币政策，加强预调微调，特别是加大对小微企业等实体经济重点领域和薄弱环节的支持力度，健全货币政策和宏观审慎政策双支柱调控框架，积极推进各项金融改革，推动平稳有序去杠杆，继续为供给侧结构性改革和高质量发展营造适宜的货币金融环境。

一、灵活开展公开市场操作

2018年上半年特别是第二季度以来，中国人民银行综合考虑宏观经济金融形势、银行体系流动性状况和金融监管环境变化等因素，灵活运用多种货币政策工具维护银行体系流动性合理充裕，同时通过工具创新和预期引导进一步提升传导效率，有效熨平各种短期因素对流动性的扰动，维护货币市场利率低位平稳运行。

适当加大中长期流动性投放力度。2018年年初以来，中国人民银行综合运用存款准备金、中期借贷便利、抵押补充贷款等工具加大中长期流动性投放力度，金融机构中长期资金来源明显扩容，资产负债期限匹配程度提高，市场主体流动性预期改善，对满足实体经济中长期融资需求发挥了积极作用。在此基础上，中国人民银行灵活开展逆回购操作，配合使用临时准备金动用安排（CRA）等工具对流动性季节性波动“削峰填谷”，保持银行体系流动性总量在合理充裕水平上的基本稳定。

强化央行逆回购操作利率的引导作用。2018年3月22日，央行逆回购和MLF操作中标利率随行就市上行5个基点，此后保持稳定。与此同时，第二季度以来货币市场利率中枢平稳下移，DR007围绕公开市场操作利率小幅波动，与公开市场7天期逆回购操作利率的利差持续缩小，同时月末、季末等时点货币市场利率的波动性进一步下降，央行逆回购操作利率与市场利率的关联性增强，有利于提高利率传导效率，发挥价格杠杆作用，为货币政策框架转型创造条件。

二、开展常备借贷便利和中期借贷便利操作

2018年上半年，中国人民银行综合运用中期借贷便利（MLF）、常备借贷便利（SLF）等货币政策工具，进一步增强央行流动性管理的灵活性和有效性，保持银行体系流动性合理充裕。

及时开展常备借贷便利操作。对地方法人金融机构按需足额提供短期流动性支持，发挥常备借贷便利利率作为利率走廊上限的作用，促进货币市场平稳运行。上半年，累计开展常备借贷便利操作共2 494亿元，其中第二季度开展操作共1 425亿元，期末余额为570亿元。6月末，隔夜、7天、1个月常备借贷便利利率分别为3.40%、3.55%和3.90%，与第一季度末持平。

为保证基础货币供给，每月适时开展中期借贷便利操作。上半年，累计开展中期借贷便利操作24 100亿元，期限均为1年，其中

第二季度开展操作共11 865亿元，最后一期操作中标利率为1年期3.30%，较上季度末上行5个基点。4月25日，部分金融机构使用降准释放的资金偿还中期借贷便利9 000亿元。6月末中期借贷便利余额为44 205亿元，比年初减少1 010亿元。

三、降低部分金融机构存款准备金率

下调部分金融机构存款准备金率以置换中期借贷便利（MLF）。2018年4月，中国人民银行下调大型商业银行、股份制商业银行、城市商业银行、非县域农村商业银行和外资银行人民币存款准备金率1个百分点，以置换其借用的MLF并支持小微企业融资。金融机构按照“先借先还”的顺序偿还中期借贷便利9 000亿元后，获得增量资金近4 000亿元，增加了银行体系资金的稳定性，优化了流动性结构，有利于引导金融机构增加小微企业贷款投放，适当降低小微企业融资成本。有关落实情况已纳入宏观审慎评估（MPA）考核。

通过定向降准支持市场化法治化“债转股”和小微企业融资。2018年7月，中国人民银行下调大型商业银行、股份制商业银行、城市商业银行、非县域农村商业银行和外资银行人民币存款准备金率0.5个百分点，以支持市场化法治化“债转股”和小微企业融资。其中，五家国有商业银行和十二家股份制商业银行释放资金约5 000亿元，有助于提高其实施“债转股”的能力，加快已签约“债转股”项目落地。中国邮政储蓄银行、城市商业银行、非县域农村商业银行和外资银行释放资金约2 000亿元，有利于增强小微信贷供给能力，降低小微企业融资成本，改善对小微企业的金融服务。金融机构使用降准资金支持“债转股”和小微企业的落实情况已经纳入MPA考核。

四、继续完善宏观审慎政策框架

根据宏观调控需要和实施情况不断完善宏观审慎评估（MPA）。自2018年第一季度评估时起，中国人民银行将资产规模5 000亿元以上金融机构发行的同业存单纳入MPA同业负债占比指标进行考核。同时，对资产规模5 000亿元以下的金融机构发行的同业存单进行监测。第二季度以来，为配合下调部分金融机构存款准备金率置换中期借贷便利（MLF）等货币政策操作和资产管理新规的实施，中国人民银行适当调整了MPA结构性参数等指标和参数设置，引导金融机构将降准所释放资金主要用于小微企业贷款、将节约的资金成本向小微企业让利，以及支持符合条件的表外资产回表。

以央行金融机构评级为基础完善宏观审慎政策框架。2018年第一季度，中国人民银行首次启动对4 327家金融机构评级，比较全面、客观地对金融机构的经营情况和风险状态进行了评价。央行金融机构评级是构建宏观审慎政策框架的基础，评级结果是人民银行及其分支机构对金融机构进行差别化管理的重要依据。根据金融机构评级结果，人民银行及其分支机构可依法直接采取加强监测、风险警示、早期纠正和风险处置等措施，评级结果还是核定存款保险风险差别费率和确定宏观审慎评估体系（MPA）结果的重要依据。

五、支持国民经济重点领域和薄弱环节

积极运用信贷政策支持再贷款、再贴现和抵押补充贷款等工具引导金融机构加大对小微企业、“三农”、扶贫以及棚改、水利等国民经济重点领域和薄弱环节的支持力度。适当扩大MLF、再贷款担保品范围，将不低于AA级的小微、绿色和“三农”金融债，AA+、AA级公司信用类债券纳入MLF、SLF和信贷政策支持再贷款担保品范围，同时将优质的小微企业贷款和绿色贷款也纳入MLF担保品范围。增加支农支小再贷款和再贴现额度共1 500亿元，下调支小再贷款利率0.5个百分点，改进优化信贷政策支持再贷款管理，引导金融机构增加小微企业信贷投放，降低小微企业融资成本。6月末，全国支农再贷款余额为2 522亿元，支小再贷款余额为944亿元，扶贫再贷款余额为1 553亿元，再贴现余额为1 901亿元。上半年，对政策性银行和开发性银行发放抵押补充贷款共4 976亿元，其中第二季度发放1 938亿元，期末余额为31 852亿元。

六、充分发挥窗口指导和信贷政策的结构引导作用

中国人民银行认真贯彻落实党中央、国务院决策部署，将推进供给侧结构性改革与加强信贷政策结构性调整有机结合，做好持续推进经济结构优化、产业结构升级、能源结构转型、民生领域普惠等金融服务，引导金融资源配置到经济社会发展重点领域和薄弱环节，满足实体经济领域有效融资需求。

一是深入推进金融精准扶贫。推动落实金融支持深度贫困地区脱贫攻坚政策，引导资金和金融服务向深度贫困地区聚集；完善扶贫再贷款管理使用，优先支持带动贫困户就业发展的企业和建档立卡贫困户；健全利益联结机制，有效推动金融扶贫和产业扶贫融合发展；开展金融扶贫领域作风问题专项治理，提升金融扶贫精准度和有效性。二是持续推进农村金融服务。专题研究乡村振兴战略，探索涉农金融产品和服务方式创新。稳妥推进“两权”抵押贷款试点，鼓励金融机构创新开展农机具抵押、林权抵押、应收账款质押等信贷业务。三是加大小微企业金融支持力度。人民银行会同银保监会、证监会、国家发展改革委、财政部等五部委印发《关于进一步深化小微企业金融服务的意见》（银发〔2018〕162号），提出进一步改进优化小微金融服务、提升小微企业融资可得性和精准度的政策措施，推动实现小微企业金融服务扩投入降成本目标。四是加大创业担保贷款政策力度，扩大贷款对象范围，降低申请条件，放宽担保和贴息要求，支持就业重点群体和困难人群创业就业。五是提升科技文化领域金融服务专业化，推动完善知识产权质押融资配套机制，继续完善债券市场体制机制，推动科创、文化企业通过发行非金融企业债务融资工具拓宽融资渠道。六是全力做好助学、农民工、民族地区等薄弱环节和弱势群体的金融服务。七是促进完善地方政府性债务框架，引导银行业金融机构切实落实政策要求，审慎合规向地方政府融资，加强对已有项目的融资审查，规范做好对基础设施等公共服务领域的融资支持。八是做好京津冀协同发展、“一带一路”、长江经济带发展、西部大开发、海洋经济发展等国家战略的金融支持，推动区域经济协调发展。九是引导鼓励银行业金融机构优化

对制造业转型升级和结构调整的金融服务，加强重点领域产业和金融政策协调配合，妥善处置过剩产能行业债务问题。十是建立完善绿色金融政策体系，大力发展绿色信贷。十一是完善资产证券化市场运行机制，统筹推进资产证券化市场发展。

专栏2 进一步深化小微企业金融服务

小微企业是经济新动能培育的重要源泉，是大众创业、万众创新的重要载体。近年来，按照党中央、国务院决策部署，人民银行、银保监会、财政部等部门制定出台了多项促进小微企业融资的政策措施，在缓解小微企业融资难融资贵问题方面取得了一些成绩。但是小微企业融资问题具有综合性、复杂性特征，特别是在当前经济结构深度调整和新旧动能加速转换的背景下，小微企业依附的宏观产业链条和大中型企业面临转型升级阵痛，加上金融机构避险偏好回升，商业银行激励机制不到位等原因，小微企业融资压力有所上升。

为贯彻落实党中央决策部署和6月20日国务院常务会议精神，6月25日，人民银行、银保监会、证监会、国家发展改革委、财政部五部门出台《关于进一步深化小微企业金融服务的意见》（以下简称《意见》），并于6月29日联合召开全国深化小微企业金融服务电视电话会议，作出专门部署。《意见》从货币政策、监管考核、内部管理、财税激励、优化环境等方面提出23条短期精准发力、长期标本兼治的具体措施，以“几家抬”的思路，聚焦小微企业融资难点痛点，着力提升小微企业融资可得性，达到增加小微企业贷款、降低成本、改善服务的目的。

一是加大货币政策支持力度，引导金融机构聚焦单户授信500万元及以下小微企业信贷投放。考虑到80%以上的小微企业初次融资额在500万元以下，《意见》以聚焦单户授信500万元以下小微企业贷款为主要目标，打破金融服务“小微不小”怪圈，引导金融机构服务重心下沉，发放更多单户授信500万元以下的小微企业贷款。具体政策主要包括增加支小支农再贷款和再贴现额度共1 500亿元，下调支小再贷款利率0.5个百分点；完善小微企业金融债券发行管理，支持银行业金融机构发行小微企业贷款资产支持证券，盘活信贷资源1 000亿元以上；将单户授信500万元及以下的小微企业贷款纳入中期借贷便利（MLF）、再贷款的合格抵押品范围；改进宏观审慎评估，增加小微企业贷款考核权重，确保政策精准实施。通过加大政策支持，引导增加正规金融渠道的融资供给，替代部分民间借贷等价格偏高的资金，“以量平价”推动小微企业整体融资成本下降。

二是加大财税政策激励，提高金融机构支小积极性。考虑到金融机构收益可能难以覆盖小微贷款高风险，需要通过一定的税收优惠政策来调动金融机构从事小微金融的积极性，从而增强小微业务的商业可持续性。《意见》提出，从2018年9月1日至2020年底，将符合条件的小微企业和个体工商户贷款利息收入免征增值税单户授信额度上限，由100万元提高到500万元。为有效降低和分散小微信贷风险，《意见》提出对国家融资担保基金支持的融资担保公司加强监管，支持小微企业融资的担保金额占比不低于80%，其中支持单户授信500万元及以下小微企业贷款及个体工商户、小微企业主经营性贷款的担保金额占比不低于50%，适当降低担保费率和反担保要求，从而调动金融机构小微展业积极性。

三是强化外部监管和内部考核，打通政策贯彻落实“最后一公里”。贯彻落实好小微金融服务的各项政策措施，优化考核激励是关键。《意见》要求从优化外部监管考核和内部管理激励两个方面同时发力，调动金融机构服务小微企业的积极性。外部监管考核既要做好小微企业贷款“量”与“价”的监测考核，也要重视引导金融机构各部门形成发展普惠金融业务的合力。特别是大中型商业银行要充分发挥“头雁”效应，深化普惠金融事业部建设，向基层延伸普惠金融服务机构网点，带动银行业金融机构切实降低小微企业贷款综合成本。内部管理激励要注重提升业务条线和分支机构展业积极性。一方面要实施内部资金转移优惠价格；另一方面要深化落实小微企业授信尽职免责办法，并针对小微企业金融服务制定具体的奖励和支持措施，提高从业人员积极性。同时，还要加强对小微金融从业人员的内控合规管理，严防道德风险。

四是持续优化营商环境，有效降低小微企业信贷风险。小微企业融资是一项系统性工程，融资环境的改善有赖于其自身能力的提升、社会信用体系建设的深化和营商环境的持续改善。《意见》要求，各地政府要加快小微企业服务平台建设，为小微企业提供财务、税务、人力、法律等综合服务，引导小微企业聚焦主业，实现可持续发展；加快推进社会信用体系建设，推动守信联合激励和失信联合惩戒，对失信问题严重的企业或个人，纳入涉金融失信黑名单；规范民间借贷行为，严厉打击金融欺诈、恶意逃废债、非法集资等非法金融活动；完善小微企业信用信息共享机制，强化公共信用信息的归集、共享、公开和开发利用等。通过优化金融服务小微企业的体制机制和生态环境，降低小微金融业务风险，为小微企业融资创造良好的外部条件。

下一步，人民银行将会同银保监会等部门加大政策贯彻落实力度，进一步提升小微企业金融服务质效，确保实现小微企业金融服务扩投入降成本目标。一是制定具体实施细则，增强政策操作性，把各项政策措施落到实处，取得实效。二是引导金融机构下沉服务重心，聚焦单户授信500万元及以下小微企业等薄弱群体，创新金融产品和服务，改造信贷流程和信用评价模型，切实扩大对小微企业的信贷投放和覆盖面。三是加大对政策实施效果的考核力度，建立精准支持政策和小微企业贷款发放的正向激励和联结机制，增强服务小微企业的主动性和积极性。四是有效防范风险，优化金融服务小微企业的体制机制和生态环境，依法依规查处小微企业和金融机构弄虚作假、骗贷骗补等违法违规行为，确保各项政策真正惠及小微企业。

七、深化利率市场化改革

继续深入推进利率市场化改革。不断健全市场利率定价自律机制。进一步拓宽自律机制成员范围，目前自律机制成员已扩大至2 051家，包括15家核心成员、1 182家基础成员和854家观察成员。同时，充分发挥自律机制维护市场竞争秩序的作用,引导机构自主合理定价。继续推动同业存单规范发展。进一步推进大额存单发展，促进金融机构自主合理定价，完善市场化的利率形成、调控和传导机制，推动利率逐步“两轨合一轨”。

八、完善人民币汇率市场化形成机制

2018年以来，我国跨境资本流动和外汇供求保持基本平衡，汇率预期平稳，人民币汇率在市场力量推动下有升有贬，双向浮动弹性进一步增强，保持了在合理均衡水平上的基本稳定。上半年，人民币对美元汇率中间价最高为6.2764元，最低为6.6166元，119个交易日中59个交易日升值、60个交易日贬值，最大单日升值幅度为0.60%（377点），最大单日贬值幅度为0.59%（391点）。人民币对欧元、日元等其他国际主要货币汇率走势分化。6月末，人民币对欧元、日元汇率中间价分别为1欧元兑7.6515元人民币、100日元兑5.9914元人民币，分别较2017年末升值1.97%和贬值3.39%。2005年人民币汇率形成机制改革以来至2018年6月末，人民币对欧元汇率累计升值30.88%，对日元汇率累计升值21.94%。

专栏3　如何看待近期人民币汇率变化

2017年以来，我国跨境资本流动和外汇供求总体平衡，人民币汇率在市场力量推动下有升有贬，弹性明显增强，市场预期基本稳定。人民币对美元汇率中间价2017年全年升值6.2%，2018年第一季度进一步升值3.9%，第二季度贬值5.0%，2018年上半年贬值1.2%。衡量人民币对一篮子货币有效汇率的CFETS指数2017年全年升值0.02%，2018年第一季度升值2.0%，第二季度贬值1.1%，2018年上半年升值0.9%。有弹性的汇率机制发挥了浮动汇率“自动稳定器”的功能，目前市场预期平稳、分化，跨境资本流动和外汇供求总体平衡。事实上，在美元走强的大背景下，2018年以来非美元货币对美元多有所贬值。上半年澳元、韩元、俄罗斯卢布、印度卢比、巴西雷亚尔、南非兰特对美元分别贬值5.2%、3.9%、8.2%、6.7%、14.7%和9.8%。

人民币汇率主要由市场供求决定，中央银行不会将人民币汇率作为工具来应对贸易摩擦等外部扰动。我国实行以市场供求为基础、参考一篮子货币进行调节、有管理的浮动汇率制度。随着汇率市场化改革持续推进，汇率弹性逐步增强。无论是2017年至2018年第一季度的人民币汇率升值，还是第二季度以来的人民币汇率贬值，都是由市场力量推动的，央行已基本退出常态式外汇干预，这从官方外汇储备和央行外汇占款变化上也能反映出来。我国一向坚持市场化的汇率改革方向，更多发挥市场在汇率形成中的决定性作用，不搞竞争性贬值，不会将人民币汇率作为工具来应对贸易争端等外部扰动。

在保持汇率弹性的同时，必须坚持底线思维，必要时通过宏观审慎政策对外汇供求进行逆周期调节，维护外汇市场平稳运行。目前境内微观经济主体尚未完全树立财务中性理念，外汇市场容易出现“追涨杀跌”的顺周期行为和“羊群效应”，加剧市场波动。针对市场可能出现的顺周期波动，必要时也须进行逆周期调节。2018年第二季度以来的部分时点，外汇市场出现了一些顺周期波动的迹象，为稳定市场预期，保持汇率在合理均衡水平上的基本稳定，中国人民银行及时采取了相关措施。6月19日，中国人民银行行长易纲就金融市场波动问题接受《上海证券报》采访。7月3日，中国人民银行行长易纲、国家外汇管理局局长潘功胜先后就人民币汇率问题发表看法。8月6日，中国人民银行将远期售汇业务的外汇风险准备金率由0调整为20%。这些措施出台及时，政策含义明确，有效稳定了市场预期。

当前我国经济基本面支持人民币汇率在合理均衡水平上保持基本稳定。近年来，随着供给侧结构性改革、简政放权和市场机制发挥作用，我国经济结构调整取得积极成效，增长动力加快转换，增长韧性增强，国际收支大体平衡，这为人民币汇率提供了有力支撑。下一阶段，中国人民银行将按照党中央、国务院的部署，继续深化汇率市场化改革，保持人民币汇率弹性，发挥价格杠杆调节市场供求、促进外汇市场自我平衡的功能。同时，针对外汇市场可能出现的顺周期波动，中国人民银行也将继续运用已有经验和充足的政策工具，根据形势发展变化在必要时进一步采取有效措施进行逆周期调节，发挥好宏观审慎政策的调节作用，保持人民币汇率在合理均衡水平上的基本稳定。

上半年，银行间外汇市场人民币直接交易成交活跃，流动性明显提升，降低了微观经济主体的汇兑成本，促进了双边贸易和投资。

表8　2018年上半年银行间外汇即期市场人民币对各币种交易量

单位：亿元人民币

币种	美元	欧元	日元	港元	英镑	澳大利亚元	新西兰元	新加坡元	瑞士法郎	加拿大元	马来西亚林吉特	俄罗斯卢布	南非兰特
交易量	200 583.48	3 539.22	1 169.87	888.91	157.18	344.03	69.95	37.02	48.24	221.47	17.73	45.98	1.26
币种	韩元	阿联酋迪拉姆	沙特里亚尔	匈牙利福林	波兰兹罗提	丹麦克朗	瑞典克朗	挪威克朗	土耳其里拉	墨西哥比索	泰铢	蒙古图格里克	
交易量	104.97	1.74	0.30	0.14	0.19	5.81	25.93	2.34	0.23	0	16.78	0.08	

数据来源：中国外汇交易中心。

6月末，在中国人民银行与境外货币当局签署的双边本币互换协议下，境外货币当局动用人民币余额为320.66亿元，中国人民银行动用外币余额折合9.27亿美元，对促进双边贸易投资发挥了积极作用。

九、深入推进金融机构改革

全面落实开发性、政策性金融机构改革方案。中国人民银行会同改革工作小组成员单位有序推动建立健全董事会和完善治理结构、划分业务范围等改革举措。国家开发银行新一届董事会、中国进出口银行董事会已成立并有效运转。

着力完善存款保险制度功能。《存款保险条例》施行以来，制度实施各项工作稳步推进。金融机构存款平稳增长，大、中、小银行存款格局保持稳定。金融机构50万元限额内的客户覆盖率为99.6%，保持稳定。继续做好风险差别费率实施工作，研究完善存款保险风险评价和费率机制，更好地发挥差别费率的风险约束和正向激励作用。加强对各类型投保机构的风险监测与核查，做好风险监测、识别，依法采取风险警示和早期纠正措施，推动风险及时化解。积极与地方政府、监管部门沟通协调，共同推动风险依法处置。积极开展存款保险宣传和业务培训。做好存款保险保费归集和基金管理工作。

十、深化外汇管理体制改革

持续提升外汇管理服务实体经济能力。一是深化依法行政和“放管服”改革，持续开展简政放权和规范性文件清理。二是配合有关部门深化境内商品期货等衍生品市场发展，明确铁矿石期货实物交割外汇管理规则。

继续深化重点领域改革。一是在上海、深圳两地重启合格境内有限合伙人（QDLP）和合格境内投资企业（QDIE）试点，将试点额度分别增加至50亿美元。二是进一步放宽合格机构投资者（QFII/RQFII）资金汇出管理要求，取消锁定期限制，允许开展外汇套保管理汇率风险等，有序扩大资本市场对外开放。三是稳步推进合格境内机构投资者（QDII）各项工作，更好满足境内市场主体跨境资产配置需求。

进一步强化外汇市场监管。一是加大对逃汇、非法套汇、非法买卖外汇、虚假交易等性质恶劣违规行为查处力度。二是多部门密切配合，联合打击地下钱庄及其交易对手。三是严厉打击非法网络炒汇平台，净化外汇市场环境。

第三部分 金融市场运行

2018年上半年，金融市场整体运行平稳。货币市场利率下行，市场交易活跃，拆借交易增长较快，同业存单和大额存单业务有序发展；债券市场收益率和发行利率总体下行，发行规模同比多增；股票市场指数下跌，成交量小幅增加；保险业资产增速放缓。

一、金融市场运行概况

（一）货币市场利率下行，市场交易活跃

银行体系流动性合理充裕，货币市场利率下行。6月，同业拆借月加权平均利率为2.73%，比上年12月低18个基点；质押式回购月加权平均利率为2.89%，比上年12月低22个基点。银行业存款类金融机构间利率债质押式回购月加权平均利率为2.61%，比上年12月下降13个基点，低于质押式回购月加权平均利率28个基点。Shibor总体有所下行。6月末，隔夜和1周Shibor分别为2.63%和2.86%，分别较上年末下降21个和9个基点；3个月和1年期Shibor分别为4.16%和4.33%，分别较上年末下降75个和43个基点。

银行间回购交易增速放缓，拆借交易增长较快，中资大中型银行是资金的主要净融出方。上半年，银行间市场债券回购累计成交327.9万亿元，日均成交2.7万亿元，同比

表9　2018年上半年金融机构回购、同业拆借资金净融出、净融入情况

单位：亿元

	回购市场		同业拆借	
	2018年上半年	2017年上半年	2018年上半年	2017年上半年
中资大型银行①	−748 503	−677 604	−125 183	−78 314
中资中型银行②	−423 305	−270 848	−71 236	−56 808
中资小型银行③	244 765	380 813	81 901	60 360
证券业机构④	287 958	190 655	83 441	54 562
保险业机构⑤	22 111	−23 178	314	18
外资银行	35 379	31 198	1 195	4 444
其他金融机构及产品⑥	581 596	368 963	29 568	15 739

注：①中资大型银行包括中国工商银行、中国农业银行、中国银行、中国建设银行、国家开发银行、交通银行、中国邮政储蓄银行。

②中资中型银行包括政策性银行、招商银行等9家股份制商业银行、北京银行、上海银行、江苏银行。

③中资小型银行包括恒丰银行、浙商银行、渤海银行、其他城市商业银行、农村商业银行和合作银行、民营银行、村镇银行。

④证券业机构包括证券公司、基金公司和期货公司。

⑤保险业机构包括保险公司和企业年金。

⑥其他金融机构及产品包括城市信用社、农村信用社、财务公司、信托投资公司、金融租赁公司、资产管理公司、社保基金、基金、理财产品、信托计划、其他投资产品等，其中部分金融机构和产品未参与同业拆借市场。

⑦负号表示净融出，正号表示净融入。

数据来源：中国外汇交易中心。

增长18.9%，增速较第一季度低11.9个百分点；同业拆借累计成交60.6万亿元，日均成交4 925亿元，同比增长56.1%，增速较第一季度高8.8个百分点。从期限结构看，回购和拆借隔夜品种的成交量分别占其总量的78.3%和88.8%。交易所债券回购累计成交117.5万亿元，同比下降7.5%。从融资主体结构看，主要呈现以下特点：一是中资大中型银行是资金的融出方，上半年通过回购和拆借净融出资金合计136.8万亿元，同比增长26.3%。二是保险业机构加速融入资金，保险业机构自上年第三季度由融出转为融入以来，融入金额逐季增加，上半年净融入2.2万亿元。其中第二季度净融入1.3万亿元，比第一季度多融入3 505亿元。三是其他金融机构及产品、证券业机构净融入资金保持高速增长，其他金融机构及产品净融入61.1万亿元，同比增长58.9%；证券业机构净融入37.1万亿元，同比增长51.5%。

同业存单和大额存单业务有序发展，同业存单发行利率下行。上半年，银行间市场陆续发行同业存单12 845只，发行总量为10.89万亿元，二级市场交易总量为67.0万亿元。6月，3个月期同业存单发行加权平均利率为4.46%，较3月下降28个基点。同业存单发行交易全部参照Shibor定价。金融机构陆续发行大额存单16 341期，发行总量为4.12万亿元，同比增加9 990亿元。大额存单发行的有序推进，进一步扩大了金融机构负债产品市场化定价范围，有利于培养金融机构的自主定价能力，健全市场化利率形成和传导机制。

利率互换交易增长较快。上半年，人民币利率互换市场达成交易92 040笔，同比增长50.4%；名义本金总额11.18万亿元，同比增长102.0%。从期限结构来看，1年及1年期以下交易最为活跃，名义本金总额达8.72万亿元，占总量的77.9%。从参考利率来看，人民币利率互换交易的浮动端参考利率主要包括7天回购定盘利率和Shibor，与之挂钩的利率互换交易名义本金占比分别为83.7%和15.0%。

（二）债券市场收益率和发行利率总体下行，发行规模同比多增

国债收益率下行明显，收益率曲线呈陡峭化趋势。上半年，国债收益率整体呈下行趋势，短期限品种下行更为明显。6月末，1年期、5年期和10年期收益率分别为3.16%、3.35%和3.48%，较上年末分别下行63个、49个和41个基点；1年期和10年期国债利差为32个基点，较上年末走扩23个基点。债券市场指数上行。中债综合净价指数由上年末的97.97点上升至6月末的99.78点，升幅为1.85%；中债综合全价指数由上年末的113.37点上升至6月末的115.82点，升幅为2.16%。交易所上证国债指数由上年末的160.85点上升至6月末的165.44点，升幅为2.86%。

债券发行利率总体回落。6月发行的10年

表10　2018年上半年利率互换交易情况

单位：笔、亿元

	交易笔数	名义本金额
2018年上半年	92 040	111 829.78
2017年上半年	61 192	55 343.83

数据来源：中国外汇交易中心。

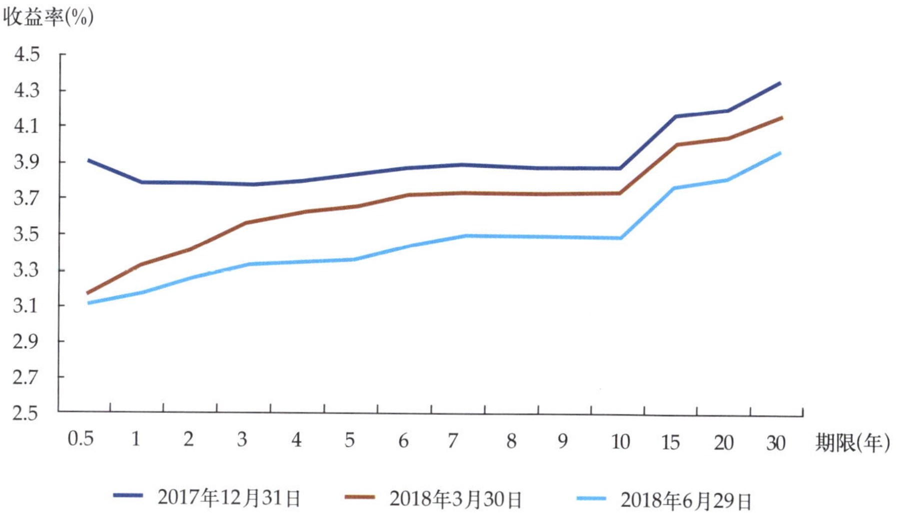

数据来源：中央国债登记结算有限责任公司。

图4　银行间市场国债收益率曲线变化情况

期国债发行利率为3.69%，比上年12月发行的同期限国债利率低13个基点；国家开发银行发行的7年期金融债利率为4.15%，比上年12月发行同期限金融债利率下降79个基点；主体评级AAA的企业发行的一年期短期融资券（债券评级A-1）平均利率为5.16%，比上年12月低35个基点；5年期中期票据平均发行利率为6.33%，比上年12月高10个基点。Shibor对债券产品定价继续发挥重要的基准作用。上半年，发行以Shibor为基准定价的浮动利

表11　2018年上半年各类债券发行情况

单位：亿元

债券品种	发行额	较上年同期增减
国债	15 744	1 463
地方政府债券	14 109	-4 501
中央银行票据	0	0
金融债券①	137 973	16 602
其中：国家开发银行及政策性金融债	19 273	3 001
同业存单	108 592	13 367
公司信用类债券②	34 133	10 699
其中：非金融企业债务融资工具	26 193	8 539
企业债券	2 696	605
公司债	5 045	1 356
国际机构债券	386	153
合计	202 345	24 416

注：①金融债券包括国家开发银行金融债、政策性金融债、商业银行普通债、商业银行次级债、商业银行资本混合债、证券公司债券、同业存单等。

②公司信用类债券包括非金融企业债务融资工具、企业债券以及公司债、可转债、可分离债、中小企业私募债等。

数据来源：中国人民银行、中国证券监督管理委员会、中央国债登记结算有限责任公司。

率债券及同业存单20只，总量为63.7亿元；发行固定利率企业债105只，总量为896.2亿元，全部参照Shibor定价；发行参照Shibor定价的固定利率短期融资券1 616亿元，占固定利率短期融资券发行总量的82.0%。

银行间债券市场现券交易活跃。上半年累计成交56.9万亿元，日均成交4 623亿元，同比增长27.6%。从交易主体看，中资中小型银行和证券业机构是主要净卖出方，净卖出现券4万亿元；其他金融机构及产品是主要净买入方，净买入现券3.7万亿元。从交易品种看，银行间债券市场政府债券现券交易累计成交7.5万亿元，占银行间市场现券交易的13.3%；金融债券和公司信用类债券现券交易分别累计成交41.2万亿元和8.1万亿元，占比分别为72.4%和14.3%。交易所债券现券成交3万亿元，同比增长15.3%。

债券发行规模同比多增。上半年累计发行各类债券20.2万亿元，同比增加2.4万亿元，主要是同业存单和非金融企业债务融资工具发行增加较多。6月末，国内各类债券余额79.1万亿元，同比增长14.9%。

（三）票据融资企稳回升，利率震荡下行

票据承兑余额逐步企稳。上半年，企业累计签发商业汇票7.7万亿元，同比下降18.8%；期末商业汇票未到期金额为8.5万亿元，同比上升3.1%。6月末，票据承兑余额较年初增加3 612亿元，较上季度末上升334亿元。从行业结构看，企业签发的银行承兑汇票余额仍集中在制造业、批发和零售业；从企业结构看，由中小型企业签发的银行承兑汇票约占三分之二。

票据融资余额回升，票据市场利率震荡下行。上半年，金融机构累计贴现13.9万亿元，同比下降38.1%；期末贴现余额4.3万亿元，同比上升10.0%。票据融资余额逐步企稳，第二季度小幅回升，6月末较年初增加3 857亿元，较上季度末上升4 417亿元。占各项贷款的比重为3.31%，同比下降0.08个百分点。第二季度银行体系流动性合理充裕，在票据市场供求较为均衡的情况下，票据市场利率震荡下行。

（四）股票市场指数下跌，成交量小幅增加

股票市场指数下跌。6月末，上证综合指数收于2 847点，比上年末下跌13.9%；深证成份指数收于9 379点，比上年末下跌15%；创业板指数收于1 607点，比上年末下跌8.3%。6月末，沪市A股加权平均市盈率从上年末的18.2倍降至14.1倍，深市A股加权平均市盈率从上年末的36.5倍降至25.3倍。

股票市场成交量小幅增加。上半年，沪、深股市累计成交52.5万亿元，日均成交4 409亿元，同比增长0.4%；创业板累计成交9.1万亿元，同比增长17.5%。6月末，沪、深股市流通市值为40.2万亿元，同比减少3.3%；创业板流通市值为2.9万亿元，同比减少2.5%。

股票市场筹资额同比减少。上半年境内各类企业和金融机构在境内外股票市场上通过发行、增发、配股、权证行权等方式累计筹资3 416亿元，同比下降39.3%；其中A股筹资3 110亿元，同比下降40.7%。

（五）保险业资产增速放缓

2018年上半年，保险业累计实现保费收入2.2万亿元，同比减少3.3%；累计赔款、给付5 988亿元，同比增长3.5%。其中，财产险

表12　2018年6月末主要保险资金运用余额及占比情况

单位：亿元、%

	余额		占资产总额比重	
	2018年6月末	2017年6月末	2018年6月末	2017年6月末
资产总额	176 442	164 304	100.0	100.0
其中：银行存款	21 420	21 593	12.1	13.1
投资	135 453	123 406	76.8	75.1

数据来源：中国银行保险监督管理委员会。

赔付同比增长14.6%，人身险赔付同比减少3.8%。

保险业资产增速持续放缓。6月末，保险业总资产17.6万亿元，同比增长7.4%，增速比上年末低3.4个百分点。其中，银行存款同比下降0.8%，投资类资产同比增长9.8%。

（六）外汇掉期交易增长较快

外汇市场交易活跃。上半年,人民币外汇即期成交3.3万亿美元，同比增长12.1%；人民币外汇掉期交易累计成交金额折合7.5万亿美元，同比增长35.8%，其中隔夜美元掉期成交4.4万亿美元，占掉期总成交额的58.6%；人民币外汇远期市场累计成交384亿美元，同比减少4.9%。上半年“外币对”累计成交金额折合908亿美元，同比增长62.7%，其中成交最多的产品为美元对欧元，占市场份额比重为43.1%。

外汇市场交易主体进一步扩展。截至6月末，银行间外汇市场共有即期市场会员667家，远期、外汇掉期、货币掉期和期权市场会员分别为203家、199家、167家和119家，即期市场做市商32家，远掉期市场做市商27家。

（七）黄金价格先扬后抑，交易规模平稳增长

黄金价格先扬后抑。上半年，国际黄金价格最高为1 366.06美元/盎司，最低为1 245.65美元/盎司，6月末收于1 250.45美元/盎司，较上年末下跌3.56%。上海黄金交易所AU9999最高价为280.00元/克，最低价为264.80元/克，6月末收于267.38元/克，较上年末下跌2.06%。

上海黄金交易所总体交易规模平稳增长。上半年，黄金累计成交2.97万吨，同比增长23.48%；成交金额8.07万亿元，同比增长21.16%。白银累计成交42.79万吨，同比下降23.26%；成交金额1.57万亿元，同比下降30.49%。铂金累计成交20.56吨，同比增长3.45%；成交金额42.58亿元，同比下降5.89%。

二、金融市场制度建设

（一）统一资产管理产品标准规制

人民银行、银保监会、证监会、外汇局于2018年4月27日联合发布《关于规范金融机构资产管理业务的指导意见》（以下简称《资管指导意见》）。《资管指导意见》立足整个资产管理行业，按照资产管理产品的类型统一监管标准，消除多层嵌套，分类统一杠杆比例，实施净值化管理，规范非标准化债权类资产投资要求，降低影子银行风险。《资管指导意见》发布后，人民银行会同相关部门，抓紧制定出台标准化债权类资产认定规则、行业细则等，稳妥有序推进落实《资管指导意见》，既坚决治理资产管理

行业乱象，又合理把握执行的力度和节奏，做好非标资产回表、宏观审慎政策等配套制度安排，灵活运用多种货币政策工具，保持流动性合理充裕，为实体经济创造良好的货币金融环境。

（二）加强对非金融企业投资金融机构的监管

为规范非金融企业投资金融机构行为，强化对非金融企业投资金融机构的监管，防范风险跨机构跨业态传递，促进实业和金融业良性互动发展，人民银行、银保监会、证监会于4月27日联合印发《关于加强非金融企业投资金融机构监管的指导意见》（以下简称《指导意见》）。《指导意见》按照问题导向、补齐监管短板，坚持规范市场秩序与激发市场活力并重，要求非金融企业依法合规投资金融机构，立足主业，审慎经营，隔离风险，避免盲目扩张和脱实向虚。对金融机构的不同类型股东实施差异化监管：对一般性财务投资，不作过多限制；对主要股东特别是控股股东，进行严格规范，从正面清单和负面清单明确金融机构控股股东的具体条件。规范非金融企业投资金融机构的资金来源，加强资本的真实性合规性监管。完善股权结构和公司治理，规范关联交易，健全风险隔离机制，防止滥用控制权，严禁不当干预金融机构经营。加强对非金融企业和金融机构的穿透监管，强化部门之间的监管协调和信息共享。《指导意见》充分考虑市场影响，按照“新老划断”原则，积极稳妥组织实施。

（三）进一步规范证券公司短期融资券管理

发布《关于证券公司短期融资券管理有关事项的通知》（银市场〔2018〕14号），补充完善证券公司短期融资券的发行条件，简化证券公司申请发行短期融资券需提交的文件材料，明确核定短期融资券余额上限的规则，强调短期融资券发行的事中事后监测管理。

（四）加强证券期货业监管制度建设

资本市场监管规章进一步完善。一是证监会于4月发布《外商投资证券公司管理办法》，允许外资控股合资证券公司，对逐步放开合资证券公司业务范围进行明确，并对境外股东的资质条件作进一步要求。二是国资委、财政部、证监会于5月联合发布《上市公司国有股权监督管理办法》，统一了原来分散在部门规章、规范性文件中关于国有股东转让上市公司股份的制度规范，建立了国有资产分级监管体系，调整并完善了上市公司国有股权公开征集转让等监管规则。三是证监会与人民银行于6月联合发布《关于进一步规范货币市场基金互联网销售、赎回相关服务的指导意见》，要求货币市场基金互联网销售过程中严格落实强化持牌经营、严禁挪用基金销售结算资金等“三强化、六严禁”要求，对“T+0赎回提现”业务明确了限额管理、严禁违规垫支等限制性要求。

创新企业境内发行股票或存托凭证试点工作启动。证监会于6月发布《存托凭证发行与交易管理办法（试行）》，修改了《首次公开发行股票并上市管理办法》《首次公开发行股票并在创业板上市管理办法》中有关上市条件的部分规定，同时制定并公布了关于创新企业境内发行股票或存托凭证试点工作的多项配套规章，为上述试点工作明确了监管制度安排。

（五）完善保险市场基础性制度建设

出台个人税收递延型商业养老保险的监管规则。第二季度，银保监会陆续印发个人税收递延型商业养老保险（以下简称税延型养老保险）系列政策文件，包括业务管理暂行办法、资金运用管理暂行办法、产品开发指引、产品示范条款等。在经营资质方面，要求经营税延型养老保险业务的保险公司持续满足资本实力（注册资本和净资产不低于15亿元）、偿付能力（综合偿付能力充足率不低于150%、核心偿付能力充足率不低于100%）、精算能力、投资能力方面的要求。在产品开发设计方面，分为收益确定型、收益保底型、收益浮动型三种类型，以“收益稳健、长期锁定、终身领取、精算平衡”为原则，满足参保人对养老资金安全性、收益性和长期性的管理要求。在资金投资运作方面，更加强调安全性、长期投资能力和风险管理要求。

进一步扩大保险业对外开放。一是放开外资保险经纪公司经营范围，与中资保险经纪公司一致。二是允许境外投资者来华经营保险代理和公估业务。

开展人身保险产品专项核查清理工作。银保监会于5月发布《关于组织开展人身保险产品专项核查清理工作的通知》，要求通过自查整改、监管核查、监管处理三个阶段开展核查清理工作，并明确对违规开发产品、挑战监管底线，偏离保险本源、产品设计异化，罔顾公平合理、损害消费者利益，以营销为噱头、开发“奇葩”产品等四类行为的核查清理重点。

第四部分 宏观经济形势

一、国际经济金融形势

2018年以来，全球经济总体延续复苏态势，但受全球贸易摩擦及金融环境变化等影响，下行风险逐渐累积，同步性有所减弱。主要发达经济体经济复苏步伐出现分化，美国经济增长较为强劲，欧元区、英国和日本经济复苏势头有所放缓。新兴市场经济体总体增长较快，但内部表现继续分化，部分经济体仍面临调整与转型压力。

（一）主要经济体经济形势

主要发达经济体延续复苏态势，经济运行出现分化。美国经济表现较为强劲，通胀率有所上升，失业率维持低位。2018年前两个季度，美国GDP环比折年率增速分别为2.2%和4.1%，其中第二季度增速为2014年第三季度以来最快水平。6月，美国供应管理协会（ISM）制造业PMI为60.2，连续22个月高于荣枯线；密歇根消费者信心指数为98.2，保持在较高水平。通胀水平继续回升，5月、6月CPI同比分别上涨2.8%、2.9%，同期核心CPI同比分别上涨2.2%、2.3%。就业形势总体较好，5月、6月失业率分别为3.8%、4.0%，其中5月为2001年以来最低水平。欧元区复苏势头略有放缓，就业形势持续向好。2018年前两个季度，欧元区GDP同比分别增长2.5%、2.1%，较前期增速有所放缓。制造业PMI进一步走低，6月制造业PMI降至

表13　主要发达经济体宏观经济金融指标

经济体	指标	2017年第二季度			2017年第三季度			2017年第四季度			2018年第一季度			2018年第二季度		
		4月	5月	6月	7月	8月	9月	10月	11月	12月	1月	2月	3月	4月	5月	6月
美国	实际GDP增速(环比折年率，%)	3.0			2.8			2.3			2.2			4.1		
	失业率(%)	4.4	4.3	4.3	4.3	4.4	4.2	4.1	4.1	4.1	4.1	4.1	.4.1	3.9	3.8	4.0
	CPI(同比，%)	2.2	1.9	1.6	1.7	1.9	2.2	2.0	2.2	2.1	2.1	2.2	2.4	2.5	2.8	2.9
	道琼斯工业平均指数(期末)	20 941	21 009	21 350	21 891	21 948	22 405	23 377	24 272	24 719	26 149	25 029	24 103	24 163	24 416	24 271
欧元区	实际GDP增速(当季同比，%)	2.5			2.8			2.8			2.5			2.1		
	失业率(%)	9.2	9.2	9.0	9.0	9.0	8.9	8.8	8.7	8.7	8.6	8.5	8.5	8.4	8.3	8.3
	HICP综合物价指数(同比，%)	1.9	1.4	1.3	1.3	1.5	1.5	1.4	1.5	1.4	1.3	1.1	1.3	1.3	1.9	2.0
	EURO STOXX 50(期末)	3 560	3 555	3 442	3 449	3 421	3 595	3 674	3 570	3 504	3 609	3 439	3 362	3 537	3 407	3 396
日本	实际GDP增速(环比折年率，%)	2.1			2.0			1.0			–0.6			—		
	失业率(%)	2.8	3.1	2.8	2.8	2.8	2.8	2.8	2.7	2.8	2.4	2.5	2.5	2.5	2.2	2.4
	CPI(同比，%)	0.4	0.4	0.4	0.4	0.7	0.7	0.2	0.6	1.0	1.4	1.5	1.1	0.6	0.7	0.7
	日经225指数(期末)	19 925	19 646	20 356	22 012	22 725	22 765	23 098	22 068	21 454	23 098	22 068	21 454	22 468	22 202	22 305

数据来源：各经济体相关统计部门及中央银行。

54.90。通胀水平仍较为温和，6月核心CPI同比涨幅为0.9%。5月、6月失业率均降至8.3%，为2009年1月以来最低水平。此外，5月意大利政府组阁一波三折，引发市场担忧情绪，金融市场波动加剧。英国经济增速略有放缓，2018年第一季度GDP仅增长1.2%，为2012年第三季度以来最低水平，第二季度各月CPI同比增速较第一季度均有所放缓。日本经济增长放缓，第一季度GDP环比折年率萎缩0.6%，为2015年第四季度以来经济首次萎缩。企业涨薪动力不足，投资意愿不足，通胀水平依然疲软。

新兴市场经济体总体经济增长较快，内部表现继续分化。印度经济增长较快，2018年第一季度GDP同比增长7.7%，制造业和服务业景气指数有所回升。由于石油等大宗商品价格回升，俄罗斯经济逐步企稳，通胀得到控制并有所下行，就业状况有所改善。巴西经济复苏势头放缓，2018年第一季度GDP同比增速下滑至1.2%，第二季度以来制造业与服务业扩张减速，6月制造业PMI为49.8，落入收缩区间。南非经济仍较低迷，第一季度GDP同比仅增长0.8%，通胀水平有所上升，失业率居高不下。

（二）国际金融市场概况

年初，美元指数延续上年跌势，但第二季度以来强势反弹，主要经济体对美元普遍贬值。贸易摩擦、主要经济体货币正常化等因素引发全球金融市场动荡，部分新兴市场经济体出现股市、债市、汇市联动下跌，发达经济体股指也出现一定波动。

美元指数反弹，主要经济体货币对美元汇率普遍贬值。6月末，美元指数收于94.51，较3月末上涨4.91%。欧元、英镑、日元对美元汇率分别为1.1683美元/欧元、1.3207美元/英镑和110.66日元/美元，分别较3月末贬值5.02%、5.77%和3.83%。新兴市场经济体方面，阿根廷比索、巴西雷亚尔、土耳其里拉、墨西哥比索、俄罗斯卢布、印度卢比对美元汇率较3月末分别贬值30.37%、14.73%、14.06%、8.66%、8.82%和4.88%。

全球货币市场利率总体略有上升。受美联储连续加息等因素影响，伦敦同业拆借市场美元Libor略有上升。截至6月末，1年期Libor为2.7641%，比3月末上升9个基点，较上年末上升66个基点。受欧央行货币政策收紧预期等因素影响，欧元区同业拆借利率Euribor略有上行。截至6月末，1年期Euribor为-0.1810%，比3月末上升0.9个基点，较上年末上升0.5个基点。

主要发达经济体国债收益率出现分化，新兴市场经济体国债收益率总体上行。截至6月末，美国10年期国债收益率收于2.851%，较3月末上升10.7个基点。德国、英国、法国与日本10年期国债收益率分别收于0.308%、1.279%、0.785%和0.031%，较3月末分别下降18.6个、7.2个、6.1个和0.8个基点。新兴市场经济体方面，阿根廷、土耳其、巴西、俄罗斯、印度10年期国债收益率较3月末分别上升428.1个、400个、216.5个、65个和50.5个基点。

发达经济体股市小幅上涨，部分新兴市场经济体股市承压。在经济持续复苏、上市公司利润改善等提振下，发达经济体股市小幅上涨。截至6月末，美国道琼斯工业平均指数、德国法兰克福DAX指数、日本日经225指数、欧元区STOXX50指数与英国富时100指数较3月末分别上涨0.70%、1.73%、5.41%、1.01%和8.22%。受货币贬值、资本流出、贸易摩擦等因素影响，部分新兴市场经济体股市下跌。6月末，MSCI新兴市场指数较3月末下跌8.7%；阿根廷BUSE MERVAL指数、土耳其BIST30指数、巴西BOVESPA指数、俄罗斯RTS指数分别下跌16.32%、15.68%、14.76%和7.44%。

国际大宗商品价格总体上行。受叙利亚局势恶化、美重启对伊制裁、美原油库存超预期下降等因素影响，第二季度，洲际交易所布伦特原油期货当季平均价格同比上涨47.6%，环比上涨11.5%。第二季度，伦敦金属交易所铜现货当季平均价格同比上涨21.4%，环比下跌1.3%；铝现货当季平均价格同比上涨18.3%，环比上涨4.6%。

（三）主要经济体货币政策

发达经济体货币政策趋向正常化。美联储6月加息，欧央行宣布将于年底结束量化宽松政策，英格兰银行8月加息，日本银行保持基准利率不变。美联储6月13日宣布提高联邦基金利率25个基点至1.75%～2.00%，提高超额准备金利率(IOER)20个基点，此外还上调了2018年和2019年联邦基金利率预期至2.4%和3.1%，将2018年预期加息次数上调至四次、2019年预期加息次数维持三次不变，并继续缩减资产负债表，6月缩减规模上限分别为180亿美元国债和120亿美元机构抵押支持证券（MBS），7月缩减规模分别增加至240亿美元国债和160亿美元MBS。欧央行6月14日宣布维持各项基准利率不变，并保持当前利率水平不变至少至2019年夏天。此外，欧央行宣布当前每月300亿欧元的资产购买规模将持续至9月，10月至12月每月资产购买规模削减为150亿欧元，并在2018年底结束量化宽松政策。日本银行6月15日宣布对金融机构存放在日本银行的部分超额准备金利率维持在-0.1%不变，维持10年期国债收益率在约0%不变，并维持每年约80万亿日元国债购买规模不变，继续每年购买约6万亿日元的交易所交易基金（ETFs）及约900亿日元的房地产投资信托（J-REITs），并将商业票据与企业债的持有存量分别维持在约2.2万亿日元与约3.2万亿日元。英格兰银行分别于5月10日、6月21日宣布维持基准利率0.5%不变，于8月2日宣布提高基准利率25个基点至0.75%，同时继续维持当前的资产购买规模不变。

新兴市场经济体货币政策分化。由于通胀趋于稳定且接近央行目标水平，巴西央行6月20日决定维持当前目标利率在6.50%不变。俄罗斯央行6月15日决定维持其关键利率在7.25%不变。由于经济表现良好，通胀预期将回升至目标水平，韩国央行5月24日决定维持基本利率在1.50%不变。为应对汇率波动、资本流动和国内通胀压力等问题，墨西哥央行6月21日上调隔夜银行间利率目标25个基点至7.75%。由于石油价格上涨和本币贬值导致通胀压力加大，印度央行6月6日上调政策回购利率25个基点至6.25%。为应对汇率贬值与资本外流，土耳其央行6月1日、6月7日分别上调政策利率850个、125个基点至17.75%；阿根廷央行4月27日、5月3日和5月4日分别上调政策利率300个、300个和675个基点至40%。

（四）国际经济展望及值得关注的问题

国际货币基金组织在2018年7月更新的《世界经济展望》中维持4月对全球经济增速的预测，预计2018年和2019年全球经济均将增长3.9%，其中下调了发达经济体2018年增速预测，维持新兴市场经济体和发展中国家2018年预测不变。展望未来，全球经济可能面临以下风险：

一是全球贸易摩擦升级。近期，贸易保护主义、单边主义情绪和反全球化思潮进一步升温，引起全球贸易摩擦频现，投资信心受损，全球金融市场波动增加。在经济全球化的背景下，各国产业结构和金融体系相互渗透，如贸易摩擦不断升级，更大范围的全球产业链将受到波及，引发更大的全球宏观经济风险乃至全球金融市场动荡，拖累长期经济增长。

二是新兴市场面临新一轮金融波动。受美元升值和投资者避险情绪上升等因素影响，新兴市场在近期发生新一轮的金融波动。与2013年和2015年的两次动荡期相比，多数新兴市场经济体基本面状况较好，抗风险能力有所增强。但未来随着主要发达经济体央行退出宽松货币政策，新兴市场可能将继续承压，下行风险依然存在。

三是全球金融市场脆弱性增加。在前期主要发达经济体复苏态势良好、全球流动性较为宽松的背景下，资产价格处于历史高位。目前，发达经济体货币政策趋于正常化，一旦全球流动性紧缩步伐超出市场预期，可能导致资产价格骤降，金融市场波动加剧。在此背景下，全球经济前景不明确、贸易摩擦升级都可能推动投资者避险情绪上升，引发投资回撤，并转向安全资产。

四是中长期经济增长仍面临较多结构性挑战。中长期内，人口老龄化、生产率增速放缓等中长期结构性问题犹存。同时，主要发达经济体政策空间有限，积极的财政政策可能加剧财政赤字和国债增发，带动利率上行并最终产生较大挤出效应；主要经济体央行资产负债表规模庞大，利率水平整体偏低，货币政策的空间也非常有限。

此外，地缘政治冲突多点爆发，风险因素和不确定性加速累积，对经济金融的影响加大。与此同时，与金融科技等新技术相伴而生的新风险亦不容忽视，对全球金融监管构成新的挑战。

二、中国宏观经济形势

2018年上半年，中国经济延续总体平稳、稳中向好的发展态势，结构调整深入推进，供求总体平衡，增长动力加快转换，质量效益稳步提升。消费对经济增长的拉动作用增强，就业稳中向好，消费价格温和上涨。初步核算，上半年国内生产总值（GDP）为41.9万亿元，按可比价格计算，同比增长6.8%；居民消费价格（CPI）同比上涨2.0%，贸易顺差为9 013亿元人民币。

（一）消费增势平稳，进出口较快增长

居民收入平稳增长，网上消费增速加快，消费对经济增长贡献上升。上半年，全国居民人均可支配收入14 063元，同比增长8.7%，扣除价格因素实际增长6.6%。农村居民人均可支配收入7 142元，同比增长8.8%，高于城镇居民收入增速0.9个百分点。中国人民银行第二季度城镇储户问卷调查显示，倾向于“更多消费”的居民占24.7%，与上季度基本持平。上半年最终消费支出对经济增长的贡献率为78.5%，比上年同期高15.1个百分点。社会消费品零售总额为18.0万亿元，同比增长9.4%。乡村消费品零售额增长继续快于城镇，比城镇高1.3个百分点。网上零售增势强劲，上半年全国网上零售额为4.1万亿元，同比增长30.1%。

制造业投资和民间投资增速回升，经济增长对基建投资依赖下降。上半年，固定资产投资（不含农户）为29.7万亿元，同比增长6.0%。当前投资呈现以下几个特征：一是制造业投资增速回升。上半年制造业投资同比增长6.8%，增速连续三个月回升，比第一季度加快3.0个百分点，比上年同期加快1.3个百分点。二是民间投资增速回升，上半年民间投资同比增长8.4%，增速比上年同期加快1.2个百分点；占全部投资比重为62.1%，比上年同期高1.4个百分点。三是房地产开发投资平稳增长，上半年房地产开发投资同比增长9.7%。四是基础设施投资增长放缓，上半年同比增长7.3%，增速比上年同期低13.8个百分点。这与经济结构调整后，经济增长对基建投资依赖下降、地方政府投融资行为更加规范等有关。

进出口保持较快增长，一般贸易比重提升。上半年，进出口总额为14.1万亿元，同比增长7.9%。其中，出口额为7.5万亿元，同比增长4.9%；进口额为6.6万亿元，同比增长11.5%；贸易顺差9 013亿元，同比收窄26.7%。按美元计价，上半年进出口总值为2.2万亿美元，同比增长16%。从贸易方式看，贸易结构进一步优化，一般贸易进出口比重提升，占进出口总额的59%，比上年同期提高2.3个百分点。从商品结构看，机电产品仍为出口主力，同比增长7%，占出口总额的58.6%。从贸易伙伴来看，中国对前三大贸易伙伴进出口保持增长，对欧盟、美国和东盟进出口分别增长5.3%、5.2%和11%，三者合计占我国进出口总额的41%。同期，中国对中东欧16国进出口增长14.7%，高出货物进出口总额增速6.8个百分点。

外商直接投资延续向高端产业聚集的态势，对外投资行业结构持续优化。上半年实际使用外商直接投资4 462.9亿元人民币，同比增长1.1%，全国实际使用外资规模基本稳定。从产业分布看，上半年，制造业实际使用外资1 348.3亿元人民币，同比增长4.9%，占外资总量的30.2%；高技术产业实际使用外资同比增长1.6%，占外资总量的20.9%。高技术制造业实际使用外资433.7亿元人民币，同比增长25.3%。上半年，境内投资者非金融类对外直接投资571.8亿美元，同比增长18.7%。其中对“一带一路”沿线国家直接投资74亿美元，同比增长12%，投资合作稳步推进。对外投资行业结构持续优化，上半年，对外投资主要流向租赁和商务服务业、制造业、采矿业以及批发和零售业，分别占同期投资总额的32.6%、15.8% 、11.5%和9.5%。房地产业、体育和娱乐业对外投资没有新增项目。

（二）工业增长总体稳定，企业利润增长较快

第三产业增加值占比继续提高。上半年，三次产业增加值分别为2.2万亿元、16.9万亿元和22.8万亿元，同比分别增长3.2%、6.1%和7.6%，占GDP比重分别为5.3%、40.4%和54.3%，第三产业占比高于第二产业13.9个百分点，比上年同期提高0.2个百分点。

农业生产形势较好。粮食种植结构调整，全国夏粮有望获得较好收成。农业供给侧结构性改革深化，棉花、大豆播种面积增加。畜牧业生产稳定。上半年，猪牛羊禽肉产量3 995万吨，同比增长0.9%。其中，猪肉产量2 614万吨，同比增长1.4%。

工业增长总体稳定，企业利润增长较

快。上半年，全国规模以上工业增加值按可比价格计算同比增长6.7%，增速比第一季度回落0.1 个百分点。制造业加快向中高端迈进，上半年高技术产业和装备制造业增加值同比分别增长11.6%和9.2%，分别快于规模以上工业增加值增速4.9个和2.5个百分点。新产业新产品快速成长，上半年工业战略性新兴产业增加值同比增长8.7%，比规模以上工业增加值增速快2.0个百分点。上半年，全国规模以上工业企业实现利润总额33 882.1亿元，同比增长17.2%；规模以上工业企业主营业务收入利润率为6.51%，同比提高0.41个百分点。中国人民银行第二季度5 000户工业企业调查显示，企业生产经营景气指数为58.5%，比上季度低0.1个百分点；企业盈利指数为59.7%，比上季度和上年同期分别提高3.0个和3.6个百分点。

（三）居民消费价格温和上涨，生产价格涨幅有所扩大

食品价格涨幅回落，居民消费价格温和上涨。上半年居民消费价格（CPI）同比上涨2.0%，第二季度各月分别上涨1.8%、1.8%和1.9%，平均上涨1.8%，涨幅比上个季度低0.3个百分点，比上年同期高0.4个百分点。食品价格涨幅有所回落，非食品价格涨幅基本稳定。第二季度，食品价格同比上涨0.4%，涨幅比上个季度低1.6个百分点；非食品价格同比上涨2.2%，涨幅与上个季度持平。消费品价格和服务价格涨幅均有所回落。第二季度，消费品价格同比上涨1.4%，涨幅比上个季度低0.3个百分点；服务价格同比上涨2.5%，涨幅比上个季度低0.4个百分点。

生产价格涨幅有所扩大。上半年，工业生产者出厂价格（PPI）同比上涨3.9%，第二季度各月分别上涨3.4%、4.1%和4.7%，平均上涨4.1%，涨幅比上个季度高0.4个百分点。生产资料价格涨幅有所反弹。第二季度，生产资料价格同比上涨5.3%，涨幅比上个季度高0.4个百分点。上半年工业生产者购进价格同比上涨4.4%，第二季度平均上涨4.4%，涨幅与上个季度持平。企业商品价格（CGPI）同比上涨3.4%，其中中间产品、投资品价格回升较快。第二季度，农产品生产价格同比下降3.0%，降幅比上个季度加深1.7个百分点；农业生产资料价格同比上涨3.1%，涨幅比上个季度扩大1.7个百分点。

进口价格涨幅扩大。上半年，进口和出口价格同比分别上涨2.0%和0.4%。第二季度各月，进口价格分别上涨0.5%、2.0%和4.4%。平均上涨2.3%，涨幅比上个季度高0.7个百分点；出口价格分别上涨0.2%、0.6%和0.4%，平均上涨0.4%，涨幅与上个季度持平。

GDP平减指数涨幅有所回落。上半年，GDP平减指数（按当年价格计算的GDP与按固定价格计算的GDP的比率）同比上涨3.0%，其中第二季度同比上涨2.9%，涨幅比上个季度回落0.2个百分点。

（四）财政收入增长较快

财政收入保持较快增长，税收增速加快。上半年，全国财政收入10.4万亿元，同比增长10.6%，增速比上年同期高0.8个百分点。从收入结构看，税收收入9.2万亿元，同比增长14.4%，增速比上年同期高3.5个百分点；非税收入1.3万亿元，同比下降10.8%。其中，国内增值税、国内消费税同比分别增长16.6%、17.4%，企业所得税和个人所得税同比分别增长12.8%、20.3%，进口货物增值税和消费税同比增长10.6%。

财政支出相对平稳。全国财政支出11.2万亿元，同比增长7.8%，增速比上年同期低8.0个百分点。上半年财政支大于收7 261.4亿元，较上年同期收窄1 916亿元。从支出结构看，财政支出增长较快的有科学技术支出、节能环保支出、社会保障和就业支出，同比分别增长25.4%、16.3%和11.3%。

（五）就业稳中向好

调查失业率有所下降。第二季度各月，全国城镇调查失业率分别为4.9%、4.8%和4.8%，均比上年同期下降0.1个百分点。

就业形势稳中向好。中国人力资源市场信息监测中心对92个城市的公共就业服务机构市场供求信息进行的统计分析显示，第二季度劳动力市场需求略大于供给，求人倍率约为1.23，比上年同期上升0.12，与上季度持平。与上年同期相比，用人需求增加了18.3万人，求职人数减少了21.5万人。从行业需求看，与上年同期相比，科学研究技术服务和地质勘查业、房地产业、租赁和商务服务业等行业市场用人需求增长较快；教育、住宿和餐饮业、制造业、信息传输计算机服务和软件业等行业市场用人需求增长稳定。市场对中高级技术等级人才和初中级专业技术职称人才的用人需求保持增长。

（六）国际收支基本平衡

经常账户呈现小幅逆差，非储备性质的金融账户呈现小幅顺差。2018年上半年，我国经常账户逆差283亿美元，其中货物贸易顺差1 559亿美元，服务贸易逆差1 473亿美元；资本和金融账户顺差668亿美元，其中资本账户逆差2亿美元，非储备性质的金融账户顺差1 171亿美元，储备资产增加501亿美元。第二季度，我国经常账户顺差58亿美元，资本和金融账户逆差58亿美元，其中非储备性质的金融账户顺差182亿美元。截至6月末，外汇储备余额为31 121亿美元。

外债规模保持增长。截至2018年3月末，全口径（含本外币）外债余额为18 435亿美元，较上年末增加1 329亿美元。其中，短期外债余额为11 872亿美元，占外债余额的64%。

（七）行业分析

1. 房地产行业

2018年上半年，全国商品房销售面积增速继续放缓，但销售额增速提高，70个大中城市房价环比、同比涨幅扩大，房地产开发投资增速回落，房地产贷款增速基本持平。

房价上涨城市数量增多，涨幅扩大。6月，全国70个大中城市中，新建商品住宅价格环比上涨的城市有63个，比3月增加8个，平均涨幅较3月高0.7个百分点；同比上涨的城市有61个，比3月增加1个，平均涨幅较3月高0.3个百分点。二手住宅价格环比上涨的城市有66个，比3月增加7个；同比上涨的城市有63个，个数与3月持平。

商品房销售面积增速继续放缓，销售额增速提高。上半年，全国商品房销售面积7.7亿平方米，同比增长3.3%，增速较第一季度低0.3个百分点。商品房销售额6.7万亿元，同比增长13.2%，增速较第一季度高2.8个百分点。其中，商品住宅销售面积和销售额分别占商品房销售面积和销售额的86.7%和84.6%。

房地产开发投资增速平稳回落。上半年，全国房地产开发投资完成额为5.6万亿元，同比增长9.7%，增速较第一季度低0.7

个百分点。其中，住宅开发投资额为3.9万亿元，同比增长13.6%，增速较第一季度高0.3个百分点，占房地产开发投资的比重为70.2%。全国房屋新开工面积为9.6亿平方米，同比上升11.8%，增速较第一季度高2.1个百分点。全国房屋施工面积为71亿平方米，同比增长2.5%，增速较第一季度高1个百分点。全国房屋竣工面积为3.7亿平方米，同比下降10.6%，降幅较第一季度扩大0.5个百分点。

房地产贷款增速基本持平。截至6月末，全国主要金融机构（含外资）房地产贷款余额为35.8万亿元，同比增长20.4%，增速较3月末高0.1个百分点。房地产贷款余额占各项贷款余额的比重为27.7%。其中，个人住房贷款余额为23.8万亿元，同比增长18.6%，增速较3月末低1.4个百分点；住房开发贷款余额为6.7万亿元，同比增长34.2%，增速较3月末高3个百分点；地产开发贷款余额为1.5万亿元，同比增长7.1%，增速较3月末高4.9个百分点。

保障房贷款持续较快增长。截至6月末，全国保障性住房开发贷款余额为4.1万亿元，同比增长37.4%，增速较3月末低0.5个百分点，但增速依然较快；上半年新增7 407亿元，占同期房产开发贷款增量的62.1%。此外，利用住房公积金贷款支持保障性住房建设试点工作稳步推进，截至6月末，已有85个城市的373个保障房建设项目通过贷款审批，并按进度发放872.1亿元，收回贷款本金805.7亿元。

2. 网上零售与快递业

网上零售与快递业是推动互联网、大数据、人工智能与实体经济深度融合的主要领域，是发展数字经济、促进供给侧结构性改革、建设现代化经济体系的重要抓手，在带动创新创业、助力乡村振兴、促进经济转型升级等方面发挥着重要作用。

近年来，我国网上零售交易快速发展，同时催生巨大的物流运输与配送需求，驱动快递行业高速增长。2018年上半年，全国网上零售额达40 810亿元，同比增长30.1%，远高于社会消费品零售总额增速，占后者的比重从2014年的10.6%提升至17.4%。截至2017年末，全国网络购物用户规模达5.33亿，同比增长14.3%，电子商务直接从业人员和间接带动就业达4 250万人。2017年，实物商品网络零售对社会消费品零售总额增长的贡献率达37.9%，产业带动能力不断增强。其中，农村网络零售额达1.2万亿元，同比增长39.1%，农产品网络零售额达2 400亿元，同比增长53.3%，有效推动农民增收和农业结构升级。在网上零售业高速发展的推动下，2018年上半年全国快递服务企业业务量累计完成220.8亿件，同比增长27.5%；业务收入累计完成2 745亿元，同比增长27%。

从需求端看，消费主体年轻化、家庭可支配收入持续增加、城镇化进程深入推进将激发更大消费潜力；从供给端看，数字技术发展将为网上零售创造更丰富的应用场景，推动商业模式创新。但网上零售和快递业的发展仍面临诸多挑战。第一，线上流量红利趋于饱和。2014～2017年全国网上零售额同比增速分别为49.7%、33.3%、26.2%和32.2%，同期全国快递业务量同比增速分别为51.9%、48%、51.4%和28%，全国快递业务收入同比增速分别为41.9%、35.4%、43.5%和24.7%，整体皆呈波动下降趋势。第二，网上零售获客成本与物流成本增加。网上零售“流量成本+仓储/物流费用”逐步增加，纯电商平台低毛利率成为提升利润率的瓶颈。第三，消费者对服务、品质、体验的要求不断提升，线下零售的网点价值和体验价值无可替代，对网上零售形成有力竞争。第四，网上零售企业对高标准仓库、第三方物流企业个性化服务能力及运营效率提出较高要求，成本高企挤压快递行业利润空间。

下一步，应鼓励金融机构创新金融服务方式，完善贸易融资和存货、订单、应收账款等抵（质）押贷款业务，探索开展信用保险、动产质押担保等业务，提升金融服务水平；积极探索新的投融资模式，引导风险投资、并购基金参与，构建网上零售与快递业发展的多元化、多渠道投融资体制；进一步加强信用体系建设，完善网上零售信用评价体系，构建失信行为联合惩戒机制，为网上零售和快递业发展营造公平竞争的创业发展环境。

第五部分 货币政策趋势

一、中国宏观经济展望

展望未来一段时期，经济保持平稳发展的有利因素仍然较多。从国际上看，全球经济总体延续复苏态势，IMF在7月预测今明两年世界经济增速均为3.9%。从国内来看，中国经济韧性较强，经济基本面长期向好的趋势没有改变。中国发展有巨大的潜能，新型城镇化、服务业、高端制造业以及消费升级有很大的发展空间，回旋空间也比较大。经济体制改革持续推进，在供给侧结构性改革和市场机制的作用下，我国经济供求总体平衡，就业形势向好，增长动力加快转换，新兴产业蓬勃发展，传统产业转型升级态势良好，工业企业利润较好，产能利用率提高，经济结构继续优化。与此同时，宏观杠杆率趋稳，防范化解金融风险取得初步成效。金融与经济的关系正在发生一些变化，在高质量发展和经济结构调整阶段，低一些的融资增速仍能够支持经济平稳运行。在多种因素的共同推动下，2018年上半年中国经济保持平稳发展态势，转型升级稳步推进，新旧动能接续转换，经济运行内在稳定性有所提升，质量效益保持较好水平。中国人民银行2018年第二季度企业家问卷调查显示，宏观经济热度指数和信心指数同比、环比均进一步提高；城镇储户问卷调查显示，居民就业感受和预期指数保持在相对高位。

也要看到，制约经济持续向好的结构性、深层次问题依然存在，加快建设现代化经济体系、推动高质量发展任务艰巨繁重，同时也要注意防范短期内需求端"几碰头"可能对经济形成的扰动。从国际环境看，贸易摩擦给未来出口形势带来较大不确定性，可能造成外需对经济的边际拉动作用减弱，还可能冲击投资者情绪，加剧金融市场波动。世界经济政治形势更加错综复杂，主要发达经济体货币政策正常化存在不确定性，地缘政治风险依然较大，这些都可能对金融市场运行和资本流动等造成冲击。从国内看，随着地方政府投融资行为和金融机构运作更加规范，基建投资增速有所下行，短期内或对经济形成一定扰动，但从中长期看有利于实现经济增长动能转换。一些企业债务风险暴露，民间投资活力尚显不足，内生增长动力有待进一步增强，结构性矛盾依然突出，把握好稳增长、调结构和防风险之间的平衡仍面临较多挑战。

专栏4 当前经济运行与货币政策

当前中国经济韧性总体较强，已连续12个季度运行在6.7%～6.9%的区间，就业形势较好，工业生产总体平稳，有条件继续保持平稳增长态势。前些年我国制造业投资增速保持在20%以上，产能增长明显快于GDP增速，产能过剩较为严重，一旦总需求下降就会对企业和市场产生较大影响。随着供给侧结构性改革、简政放权和市场机制发挥作用，产能过剩问题逐步缓解，产能利用率上升，经济总供求更加平衡，增长动力正在转换。2016年年中，制造业投资增速与GDP增速出现反转，这与我国宏观经济企稳在时间上是大致吻合的。随着供求格局发生变化，工业企业利润上升，企业预期改善，工业生产保持较快增长态势，制造业投资稳步回升。2017年工业企业利润同比增长21%，2018年上半年仍保持17.2%的较快增长。2018年上半年制造业投资同比增长6.8%，较上年同期高1.3个百分点；全国工业产能利用率为76.7%，比上年同期提高0.3个百分点。创新、创业蓬勃发展，就业形势稳定，也为保持经济平稳增长创造了有利条件。当然也要看到，当前外部环境发生明显变化，贸易摩擦可能造成外需对经济的边际拉动作用减弱。强化监管、规范管理中长期看有利于微观经济主体规范运作和金融市场健康发展，不过短期内也可能形成一定叠加，对实体经济和金融稳定形成扰动。

针对经济金融运行中出现的新情况、新变化，按照党中央、国务院部署，中国人民银行继续实施稳健中性的货币政策，既保持定力，又加强形势预判和预调微调，在有效控制宏观杠杆率的同时，适度对冲外部不确定性以及部分领域可能出现的信用收缩问题，并加大对小微企业等实体经济的支持力度。稳健中性的货币政策取得了较好成效，银行体系流动性合理充裕，信贷增长较快、结构优化，起到了支持经济发展、稳定市场预期的作用。从货币政策传导机制的角度看，央行在将流动性注入银行体系后，能否有效运用和传导出去，还取决于资金供求双方的意愿和能力。同时，在贸易摩擦加剧、主要经济体货币政策收紧等背景下，也需注意本外币政策的协调。经中国人民银行及相关部门共同研究，近期对规范金融机构资产管理业务有关事项作了进一步明确，有效稳定了市场预期。

近期国务院金融稳定发展委员会召开第二次会议，重点研究了进一步疏通货币政策传导机制，增强金融部门服务实体经济能力的问题。下一阶段，在坚持规范管理、强化监管基本方向的同时，要加强政策统筹协调，把握好政策的节奏和力度。发挥好“几家抬”的政策合力，增强金融机构服务实体经济特别是小微企业的内生动力。在坚持推进供给侧结构性改革的前提下，注意支持形成最终需求，为实体经济创造新的动力和方向。更好地发挥积极财政政策在扩大内需和结构调整上的作用。充分发挥市场机制的作用，对于严重过剩、没有效益、没有潜力的“僵尸企业”和项目，通过市场出清减少扭曲和无效资金占用。要继续深化财税、金融、国企改革，进一步理顺中央地方财政关系，加快建立房地产调控长效机制，大力发展直接融资，拓宽银行资本补充渠道，强化产权保护，稳定市场预期，健全正向激励机制，充分调动金融领域中人的积极性，增强经济内生增长动力，推动高质量发展。

物价形势总体较为稳定。物价涨幅根本上取决于经济基本面状况和供求的相对变化。全球主要经济体消费价格涨幅略有上行，但仍多在低位运行，国内经济运行总体平稳，粮食丰收丰产，部分地区完成阶段性医疗服务价格改革，这些都有利于物价保持平稳。当然也要看到，受大宗商品和部分农产品价格回升等影响，价格也可能上行，2018年消费物价的翘尾因素也比上年高一些，但总体来看通胀压力可控。中国人民银行第二季度城镇储户问卷调查显示，未来物价预期指数较上季度回升1.4个百分点。对未来物价可能的不确定变化，亦须密切关注。

二、下一阶段主要政策思路

下一阶段，中国人民银行将按照党中央、国务院决策部署，以习近平新时代中国特色社会主义思想为指导，坚持稳中求进工作总基调，贯彻新发展理念，落实高质量发展要求，紧扣我国经济社会主要矛盾变化，紧紧围绕服务实体经济、防控金融风险、深化金融改革三项任务，创新和完善金融宏观调控，保持政策的连续性和稳定性，提高政策的前瞻性、灵活性、有效性。稳健的货币政策要保持中性、松紧适度，把好货币供给总闸门，坚持不搞“大水漫灌”式强刺激，根据形势变化预调微调，注重稳定和引导预期，强化政策统筹协调，为供给侧结构性改革和高质量发展营造适宜的货币金融环境。健全货币政策和宏观审慎政策双支柱调控框架，深化利率和汇率市场化改革，疏通货币信贷政策传导机制，大力推进金融改革开放发展，通过机制创新，提高金融服务实体经济的能力和意愿。坚定做好结构性去杠杆工作，把握好力度和节奏，打好防范化解金融风险攻坚战，守住不发生系统性金融风险底线。

一是保持货币政策的稳健中性，把好货币供给总闸门。灵活运用多种货币政策工具组合，合理安排工具搭配和操作节奏，加强前瞻性预调微调，维护流动性合理充裕，保持适度的社会融资规模，把握好稳增长、调结构、防风险之间的平衡。进一步加强宏观审慎管理，在充分发挥宏观审慎评估（MPA）逆周期调节作用的同时，适当发挥其导向性作用，引导金融机构加大对小微企业等实体经济的支持力度。

二是促进结构优化，支持经济结构调整和转型升级。继续优化流动性的投向和结构，强化信贷政策定向结构性调整功能，做好金融支持供给侧结构性改革的工作。坚决遏制隐性债务增量，稳妥化解银行债务存量，推动分类协商处置存量债务，保护债权人合法权益。积极支持工业稳增长调结构增效益，优化对制造业转型升级的金融支持与服务，做好化解过剩产能金融服务工作。加大对京津冀协同发展等国家重大战略、绿色金融、物流、养老等现代服务业的金融支持力度。进一步发挥信贷资产证券化盘活存量的积极作用，推动经济提质增效和转型升级。积极做好乡村振兴金融服务工作，研究起草金融服务乡村振兴指导意见，引导各银行业金融机构要紧紧围绕乡村振兴战略，合理调配信贷资源，强化差异化绩效考核、尽职免责等内部激励，全面做好乡村振兴金融服务。加大小微企业政策措施落实落地力度，指导各金融机构结合实际，细化工作措施，明确工作目标，推动实现小微企业金融服务扩投入降成本目标。深化科技金融结合发展，探索金融支持科技创新市场化运作的长效机制，做好科技、文化、战略性新兴产业等国民经济重点领域金融服务。

三是进一步深化利率市场化和人民币汇率形成机制改革，提高金融资源配置效率，完善金融调控机制。进一步督促金融机构健全内控制度，增强自主合理定价能力和风险管理水平，从提高金融市场深度入手继续培育市场基准利率和完善国债收益率曲线，不断健全市场化的利率形成机制。探索利率走廊机制，增强利率调控能力，进一步疏通央行政策利率向金融市场及实体经济的传导。加强对金融机构非理性定价行为的监督管理，发挥好市场利率定价自律机制的引导作用，采取有效方式激励约束利率定价行为，强化行业自律和风险防范，维护公平定价秩序。深化汇率市场化改革，完善以市场供求为基础、参考一篮子货币进行调节、有管理的浮动汇率制度，加大市场决定汇率的力度，增强人民币汇率双向浮动弹性，保持人民币汇率在合理均衡水平上的基本稳定。加快发展外汇市场，坚持金融服务实体经济的原则，为基于实需原则的进出口企业提供汇率风险管理服务。稳步推进人民币资本项目可兑换，完善人民币跨境使用的政策框架和基础设施，坚持发展、改革和风险防范并重。密切关注国际形势变化对资本流动的影响，完善对跨境资本流动的宏观审慎政策。

四是完善金融市场体系，切实发挥好金融市场在稳增长、调结构、促改革和防风险方面的作用。坚持金融服务实体经济原则，进一步推动债券市场产品创新，完善发行、评级等制度建设，健全债券违约风险防范和处置机制，促进公司信用类债券发行准入和信息披露规则统一，加强绿色金融债券存续期监督管理。继续稳步有序推动债券市场双向开放，支持境外机构在境内市场发行债券及境内机构赴境外发行债券融资，同时推动境外机构投资境内债券市场。持续推动债券二级市场发展，优化交易、清算、结算等相关安排，完善做市商制度等市场化评价体系建设，提升债券市场流动性，并推动完善会计、审计、税收等方面的配套政策，创造更加友好、便利的投资环境。建立金融市场基础设施的统筹管理框架，进一步加强市场基础设施建设，确保金融市场安全高效运行和整体稳定。加快建立统一的债券市场执法机制，打击市场违法犯罪行为，保护投资者利益，维护债券市场秩序，促进金融市场平稳发展。

五是深化金融机构改革，扩大对外开放，通过增加供给和竞争改善金融服务。持续深化大型商业银行和其他大型金融企业改革，完善公司治理，规范股东大会、董事会、监事会与管理层关系，完善经营授权制度，形成有效的决策、执行、制衡机制，提高经营管理水平和风险控制能力。继续推动农业银行“三农金融事业部”深化管理体制和运行机制改革，采取有效措施进一步激发县事业部活力，不断提高服务县域经济的能力和水平。推动全面落实开发性金融机构、政策性银行改革方案，会同有关单位根据改革方案要求和职责分工，抓紧做好健全治理结构、业务范围划分、完善风险补偿机制等后续工作，通过深化改革加快建立符合中国特色、能更好地为当前经济发展服务、可持续运营的开发性和政策性金融机构及其政策环境。按照准入前国民待遇和负面清单原则，与汇率形成机制改革和资本项目可兑换程度相配合，在重视防范金融风险的基础上，大幅度放开金融业对外开放，提升国际竞争力。拓宽中外金融市场合作领域，建立健全公开透明、操作便利、风险可控的合格境外投资者制度。

六是打好防范化解重大金融风险攻坚战。坚持底线思维，坚持稳中求进，抓住主要矛盾，在国务院金融稳定发展委员会的牵头抓总下，充分发挥国务院金融稳定发展委员会办公室作用，加强部门间协调配合，明确时间表、路线图、优先序，把握好工作节奏和力度，有效控制宏观杠杆率和重点领域信用风险，积极化解影子银行风险，稳妥处置各类金融机构风险，全面清理整顿金融秩序，加强预期管理和舆情引导，切实防范金融市场异常波动风险和外部冲击风险。争取通过三年时间的努力，金融结构适应性提高，金融服务实体经济能力明显增强，金融工作法治化水平明显提升，硬约束制度建设全面加强，系统性风险得到有效防控，为全面建成小康社会创造良好的金融环境。

PART 1

Money and Credit Analysis

From the beginning of 2018, the People's Bank of China (PBC) implemented sound and neutral monetary policies. With more efforts spent on monitoring, analysis, and forward-looking assessments of developments, the PBC carried out timely preemptive adjustments and fine-tunings and preemptively hedged against the impact of unstable and uncertain factors both within China and abroad. Liquidity in the banking sector was ample and appropriate. Major money-market rates declined. Lending by financial institutions grew rapidly and the lending structure continued to improve. The money supply increased steadily. Due to the shrinking of off-balance-sheet financing activities, the growth of all-system financing aggregates slowed down. RMB exchange rates were becoming more flexible, and cross-border RMB businesses expanded briskly.

I. Liquidity was ample and appropriate, and major money-market rates declined

Since the beginning of 2018, the PBC has implemented three targeted cuts of the required reserve ratio and has increased the use of the Medium-term Lending Facility (MLF) to increase medium and long-term liquidity supply and ensure that liquidity is ample and appropriate. At end-June, the excess reserve ratio in financial institutions was 1.7 percent, which was 0.4 percentage point higher compared with that at end-March and 0.3 percentage point higher year on year. Major money-market rates declined properly. The 7-day repo rate (DR007) between depository institutions with rate bonds as collateral in the interbank market decreased from about 2.9 percent at end-2017 to about 2.6 percent at end-July.

Figure 1 The 7-day Pledged Repo Rate between Depository Institutions

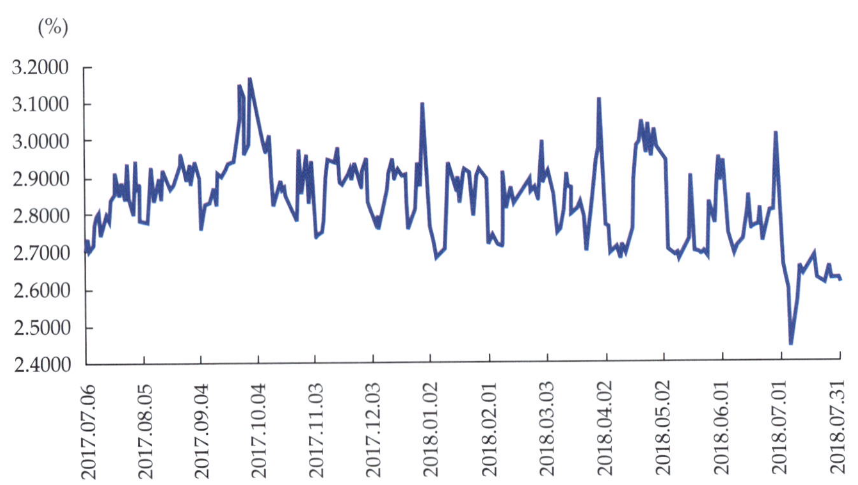

Source: www.chinamoney.com.cn.

Box 1 Base Money and Liquidity in the Banking System

During the first half of 2018, the PBC continued to implement a sound and neutral monetary policy, strengthened preemptive adjustments and fine-tunings in line with economic and financial developments, and emphasized stabilizing and guiding expectations. As a result, liquidity in the banking system was ample and appropriate, and the 7-day pledged repo rate (DR007) between depository institutions declined moderately. At end-June, base money declined by RMB340 billion from the beginning of the year. How can we understand the seemingly contradictory phenomenon that base money declined whereas liquidity was appropriate and ample? We can examine some explanations here.

It is noteworthy that base money is not equivalent to liquidity in the banking system. Base money includes cash, required reserves, and excess reserves. Required reserves are deposited in the central bank and are frozen. Only excess reserves are used by commercial banks for payments and clearing and to support the expansion of assets, and thus they constitute the so-called liquidity in the banking system. Most monetary policy operations have same-direction impacts on base money and liquidity. For example, when the central bank releases liquidity through open market operations, re-lending, re-discount and asset purchases, base money and excess reserves will rise in tandem, and the balance sheet of the central bank will expand. In contrast, when the central bank withdraws liquidity using those monetary policy instruments, base money and the excess reserves will decline at the same time, and the balance sheet of the central bank will shrink. It is worth noting that a change in the required reserve ratio has different impacts on base money and liquidity. When the central bank lowers the required reserve ratio, part of the required reserves will be released and become excess reserves. From a static point of view, this only affects the structure of base money and does not change total base money. However, liquidity in the banking system will increase as a result and financial institutions will have a stronger capacity to expand their assets.

Many advanced economies maintain a required reserve ratio at a relatively low level. As a result, their base money is basically equal to the liquidity in the banking system. After the global financial crisis, central banks in some advanced economies introduced quantitative easing (QE) policies and purchased assets, such as government bonds on a large scale, which led to a simultaneous expansion of base money and liquidity. In recent years, as the economy has recovered some advanced economies have gradually withdrawn the QE, mainly by allowing bonds held by central banks to mature with no rollover. Consequently, the assets of central banks, base money, and liquidity have declined in tandem, and balance sheets have shrunk, which indicates that the monetary environment is tightening. Compared with the advanced economies, the required reserve ratio in China is higher. The PBC lowers the required reserve ratio to hedge against changes on the asset side of its balance sheet, such as foreign-exchange outflow and commercial banks repayments to the MLF. This operation has an expansion effect, even though base money might decline. For example, in April 2018 the PBC reduced the required reserve ratio for some financial institutions by replacing the MLF that had been lent to those financial institutions. Broken down into steps, the reduction in the required reserve ratio by 1 percentage point did not change total base money, and only some required reserves were transformed into excess reserves, which could then increase by about RMB1.3 trillion; commercial banks used funds released from the reduction of the required reserve ratio to repay RMB900 billion of the MLF, which caused base money and excess reserves to decline simultaneously by RMB900 billion respectively. After these operations, base money decreased by RMB900 billion (whereas required reserves declined by about RMB1.3 trillion and excess reserves increased by about RMB400 billion), but liquidity in the banking system increased by RMB400 billion on a net basis.

Apart from monetary operations, cash withdrawals before the Spring Festival, changes in fiscal deposits, and other factors also affect base money and liquidity in the banking system. Therefore, base money might fluctuate significantly month over month. For example, as cash demand is large before the Spring Festival, the PBC will replenish liquidity in the commercial banks via monetary policy instruments and base money will increase notably. However, since most of the new liquidity becomes cash, liquidity in the banking system remains generally stable. Here is another example. An increase in fiscal deposits will reduce the deposits of commercial banks in the central bank, and accordingly base money and excess reserves (liquidity in the banking system) will decline in tandem.

As the monetary policy management framework gradually shifts from a quantity-based adjustment to a price-based adjustment, it is necessary to look at liquidity in the banking system by both its quantity and price dimensions. In terms of quantity, one should look at excess reserves in the banking system instead of simply gauging the amount of base money. In terms of price, one should look at money-market rates, in particular the price of interbank funds. With the development of financial innovations and the deepening of the financial market, price indicators will become increasingly important. Since the beginning of 2018, money-market rates in China have stabilized and declined. In June, the weighted average of interbank lending rates and pledged repo rates reported 2.73 percent and 2.89 percent respectively, down by 0.18 and 0.22 percentage point from last December respectively. To conclude, liquidity in the banking system is now reasonable and ample.

II. Lending by financial institutions grew rapidly and lending rates were generally stable

Lending grew rapidly, providing strong support for the real economy. At end-June, outstanding loans in domestic and foreign currencies by financial institutions stood at RMB134.8 trillion, up by 12.1 percent year on year. This marked an increase of RMB9.2 trillion from the beginning of the year and represented a year-on-year acceleration of RMB1.1 trillion. At end-June, outstanding RMB loans increased by 12.7 percent year on year to RMB129.2 trillion. This marked an increase of RMB9.0 trillion from the beginning of the year and represented a year-on-year acceleration of RMB1.1 trillion, as compared with an increase of RMB878.2 billion in new loans throughout 2017. Outstanding loans in foreign currencies by financial institutions registered USD854.9 billion, which marked an increase of USD17 billion from the beginning of the year and represented a deceleration of USD29.9 billion year on year.

The credit structure continued to improve and loans to small and micro enterprises increased rapidly. In terms of the maturities of RMB loans, the share of medium- and long-term loans in total new loans dropped. At end-June, medium- and long-term loans increased by RMB6.2 trillion from the beginning of the year, representing a deceleration of RMB858.3 billion year on year and accounting for 69.0 percent of total new loans, down by 19.9 percentage points year on year. Broken down by areas, loans to small and micro enterprises in inclusion areas grew by RMB574.3 billion from the beginning of the year, which was close to the total growth in 2017. They registered RMB7.35 trillion at end-June, up by 15.6 percent year on year, which was 5.8 percentage points higher than the growth at end-2017. The PBC has recently encouraged financial institutions to expand credit, to strengthen support to small and micro enterprises for financial inclusion purposes. The policy effects will play out further. Broken down by sectors, the growth of loans to the household sector continued to slow down, registering 18.8 percent at end-June, which was 1.2 percentage points lower than that at end-March. In particular, the growth of mortgage loans moderated to 18.6 percent, which was 1.4 percentage points lower than that at end-March. In the first half of the year, mortgage loans increased by

Table 1 Structure of RMB Loans during the First Half of 2018

Unit: RMB100 million, %

	Outstanding amount at end-June	YOY growth	Increase from the beginning of the year	YOY acceleration
RMB loans to	1,291,534	12.7	90,272	10,595
Households	441,217	18.8	36,015	-1,734
Non-financial enterprises, government departments, and organizations	836,871	9.7	51,664	7,341
Non-banking financial institutions	8,692	23.2	2,334	4,820
Overseas	4,753	6.5	259	167

Source: The People's Bank of China.

Table 2 New RMB Loans by Financial Institutions during the First Half of 2018

Unit: RMB100 million

	New loans	YOY acceleration
Chinese-funded large-sized banks [1]	35,521	3,918
Chinese-funded small- and medium-sized banks[2]	52,615	10,466
Small-sized rural financial institutions[3]	12,209	1,741
Foreign-funded financial institutions	1,035	34

Notes: 1. Chinese-funded large-sized banks refer to banks with total assets (both in domestic and foreign currencies) of RMB2 trillion or more (according to the amount of total assets in both domestic and foreign currencies at end-2008).
2. Chinese-funded small- and medium-sized banks refer to banks with total assets (both in domestic and foreign currencies) of less than RMB2 trillion (according to the amount of total assets in both domestic and foreign currencies at end-2008).
3. Small-sized rural financial institutions include rural commercial banks, rural cooperative banks, and rural credit cooperatives.
Source: The People's Bank of China.

RMB2.0 trillion, representing a deceleration of RMB236.5 billion year on year and accounting for 21.9 percent of total new loans, down by 5.9 percentage points year on year. Other loans to the household sector increased by RMB1.6 trillion from the beginning of the year, representing an acceleration of RMB63.1 billion year on year. Loans to non-financial enterprises and government departments and organizations increased by RMB5.2 trillion from the beginning of the year, representing an acceleration of RMB734.1 billion year on year.

Given that loan demand stabilized and off-balance-sheet financing was transferred to balance sheets, lending rates by financial institutions were generally stable and rose slightly. In June, the weighted average interest rate on loans to non-financial enterprises and other sectors was 5.97 percent, marking a small increase of 0.01 percentage point compared with that in March. In particular, the weighted average interest rate on ordinary loans registered 6.08 percent, up by 0.07 percentage point from March; the weighted average bill financing rate registered 5.11 percent, down by 0.47 percentage point from March. Interest rates on mortgage loans edged up, with the weighted average interest rate reaching 5.60 percent in June, up 0.18 percentage point from March. Against the background of tightening financial regulations, expensive off-balance-sheet financing, such as entrusted loans and trust loans, shrank, the share of bank loans and bonds in the total financing increased, and the comprehensive costs of all-system financing, including loans, bonds, entrusted loans, trust loans, and private lending, were generally stable.

Broken down by floating ranges, the share of loans with interest rates above and below the benchmark rates rose slightly, and the share of loans with interest rates at the benchmark rates dropped somewhat. In June, the share of loans with interest rates above the benchmark rates of ordinary loans registered 75.24 percent, up by 0.89 percentage point from

Table 3 Shares of Loans with Rates Below, At, or Above the Benchmark Rate, January through June 2018

Unit: %

Month	Lower than the benchmark	At the benchmark	Higher than the benchmark					
			Subtotal	(1.0,1.1]	(1.1,1.3]	(1.3,1.5]	(1.5,2.0]	Above 2.0
January	11.89	20.31	67.80	16.45	19.67	12.32	12.11	7.26
February	12.50	18.83	68.67	15.98	18.66	12.88	12.65	8.50
March	9.61	16.04	74.35	15.86	21.29	14.00	14.53	8.68
April	10.38	15.15	74.47	15.77	21.12	14.13	14.72	8.73
May	9.03	14.36	76.61	16.60	20.85	14.39	15.65	9.12
June	9.93	14.83	75.24	15.19	21.36	14.10	16.32	8.27

Source: The People's Bank of China.

March; the share of loans with interest rates at the benchmark rates registered 14.83 percent, down by 1.21 percentage points from March; the share of loans with interest rates below the benchmark rates registered 9.93 percent, up by 0.32 percentage point from March.

As the Federal Reserve raised interest rates, the major economies normalized their monetary policies, and the balance between supply and demand in domestic foreign-currency funds changed, interest rates on foreign-currency deposits and loans went up. In June, the weighted average interest rate on large-value USD demand deposits and deposits with maturities within 3 months registered 0.33 percent and 2.15 percent respectively, up by 0.03 and 0.23 percentage point from March respectively. The weighted average interest rates of USD loans with maturities within 3 months and with maturities between 3 months (including 3 months) and 6 months registered 3.35 percent and 3.61 percent respectively, up by 0.18 and 0.19 percentage point from March respectively.

The growth of deposits slowed down slightly, and term deposits accounted for a

Table 4 Average Interest Rates of Large-value Deposits and Loans Denominated in US Dollar, January through June 2018

Unit: %

Month	Large-value deposits						Loans				
	Demand deposits	Within 3 months	3-6 months (including 3 months)	6-12 months (including 6 months)	1 year	More than 1 year	Within 3 months	3-6 months (including 3 months)	6-12 months (including 6 months)	1 year	More than 1 year
January	0.19	1.79	2.37	2.61	2.77	2.87	2.72	3.10	2.84	3.04	4.48
February	0.18	1.82	2.39	2.70	2.97	2.81	2.79	3.28	2.95	3.21	4.11
March	0.30	1.92	2.70	3.09	3.28	3.33	3.17	3.42	3.21	3.73	4.23
April	0.31	2.00	2.90	3.21	2.82	3.26	3.28	3.63	3.39	3.67	4.99
May	0.32	2.06	3.30	3.45	3.31	3.23	3.30	3.60	3.49	3.60	4.60
June	0.33	2.15	2.95	2.95	3.40	3.43	3.35	3.61	3.55	3.67	4.32

Source: The People's Bank of China.

large share of total new deposits. At end-June, outstanding deposits in domestic and foreign currencies in all financial institutions posted RMB178.3 trillion, up by 8.1 percent year on year and representing a deceleration of 0.3 percentage point from end-March. This marked an increase of RMB9.1 trillion from the beginning of the year, which was RMB444.4 billion less year on year. Outstanding RMB deposits registered RMB173.1 trillion, up by 8.4 percent year on year and a deceleration of 0.3 percentage point from end-March. This represented an increase of RMB9.0 trillion from the beginning of the year, which was RMB71.2 billion less year on year. Outstanding deposits in foreign currencies stood at USD789.2 billion, a decrease of USD1.8 billion from the beginning of the year, as compared with an increase of USD80.1 billion during the same period of the last year. During the first half of 2018, term deposits accounted for 99.4 percent of new deposits by households and non-financial enterprises, up by 31.4 percentage points year on year. Broken down by sectors, deposits by households and non-banking financial institutions registered a year-on-year acceleration of RMB327.2 billion and RMB1.18 trillion respectively, whereas deposits by non-financial enterprises recorded a year-on-year deceleration of RMB1.2 trillion.

III. Money supply increased moderately, and all-system financing aggregates grew at a slower pace

Stable growth of M2 helped stabilize the macro leverage ratio. At end-June, outstanding M2 stood at RMB177.0 trillion, up 8.0 percent year on year and representing a deceleration of 0.2 percentage point from end-March. Outstanding M1 stood at RMB54.4 trillion, up 6.6 percent year on year and representing a deceleration of 0.5 percentage point from end-March. Outstanding M0 reached RMB7.0 trillion, up 3.9 percent year on year. On a net basis, during H1 the PBC injected RMB105.6 billion of cash into the system, a decrease of RMB27 billion year on year. The growth of M2 in 2017 was slower as compared with that in previous years. This reflected efforts to control leverage within the financial system and, as a result, reduce funds with embedded structures, which helped squeeze out some of the excessive funds

Table 5 Structure of RMB Deposits during the First Half of 2018

Unit: RMB100 million, %

	Deposits at end-June	YOY growth	Increase form the beginning of the year	YOY acceleration
RMB deposits	1,731,176	8.4	90,000	-712
Households	686,695	7.8	42,627	3,272
Non-financial enterprises	544,362	5.5	2,970	-11,500
Government	326,867	10.7	21,848	-2,737
Non-banking financial institutions	162,348	18.0	22,119	11,777
Overseas	10,903	2.3	436	-1,523

Source: The People's Bank of China.

Figure 2 Growth of Money Supply

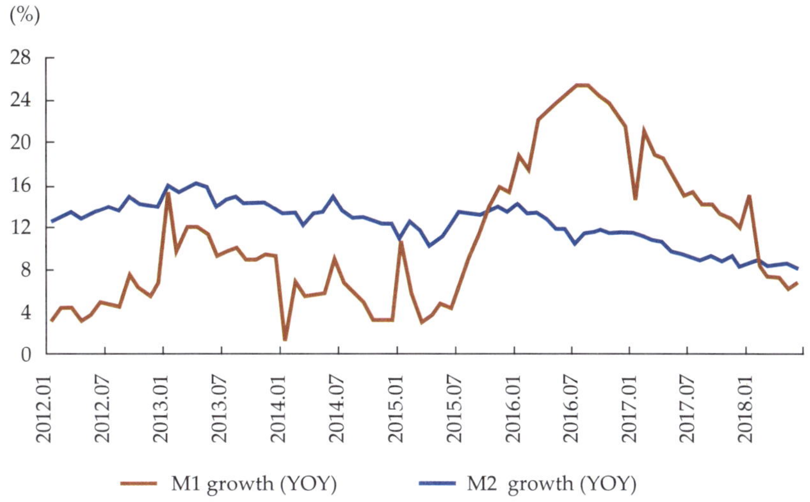

M1 growth (YOY) — M2 growth (YOY)

Source: The People's Bank of China.

accumulated in the past, thus contributing to a stable leverage ratio in the overall economy and supporting the battle to prevent and mitigate major risks. Since the beginning of 2018, the growth of M2 has stabilized at above 8 percent.

Due to the shrinking of off-balance-sheet financing, all-system financing aggregates posted a year-on-year deceleration. According to preliminary statistics, outstanding all-system financing aggregates reached RMB183.27 trillion at end-June, up 9.8 percent year on year. In H1, incremental all-system financing aggregates reached RMB9.1 trillion, down RMB2.03 trillion year on year. Incremental all-system financing aggregates were characterized by the following: First, growth of RMB loans to the real economy registered a year-on-year acceleration. In H1, RMB loans by financial institutions

Table 6 Stocks of All-system Financing Aggregates at end-June 2018

Unit: RMB1 trillion, %

	All-system financing aggregates[1]	Of which:						
		RMB loans	Foreign-currency denominated loans (RMB equivalent)	Entrusted loans	Trust loans	Undiscounted bankers' acceptances	Enterprise bonds	Financing by non-financial institutions via the domestic stock markets
End-June 2018[2]	183.27	127.78	2.53	13.17	8.35	4.17	19.2	6.9
YOY change	9.8	12.7	-3.4	-4.6	10.1	-6.7	8.7	11.2

Notes: 1. Stocks of all-system financing aggregates refer to the total outstanding volume of financing provided by the financial system to the real economy (the non-financial corporate sectors and the household sectors in the domestic market) at the end of a certain period of time.

2. Data for the current period are preliminary. Stocks are based on the book value or the face value. The year-on-year change is annualized and based on comparable data.

Sources: The People's Bank of China, China Banking and Insurance Regulatory Commission, China Securities Regulatory Commission, China Central Depository & Clearing Co., Ltd., National Association of Financial Market Institutional Investors, and so forth.

Table 7 Increments in All-system Financing Aggregates during the First Half of 2018

Unit: RMB100 million

	Incremental all-system financing aggregates[1]	Of which:						
		RMB loans	Foreign-currency denominated loans (RMB equivalent)	Entrusted loans	Trust loans	Undiscounted bankers' acceptances	Enterprise bonds	Financing by non-financial institutions via the domestic stock markets
H1 2018[2]	90,972	87,645	–125	–8,008	–1,863	–2,717	10,172	2,511
YOY change	–20,321	5,548	–598	–13,996	–14,978	–8,388	13,834	–1,799

Notes: 1. An increment in all-system financing aggregates refers to the total volume of financing provided by the financial system to the real economy (the non-financial corporate sectors and the household sectors in the domestic market) during a certain period of time.

2. Data for the current period are preliminary.

Sources: The People's Bank of China, China Banking and Insurance Regulatory Commission, China Securities Regulatory Commission, China Central Depository & Clearing Co., Ltd., National Association of Financial Market Institutional Investors, and so forth.

to the real economy increased by RMB8.76 trillion, an acceleration of RMB554.8 billion from the same period of the last year and accounting for 96.3 percent of the incremental all-system financing aggregates. Second, growth of trust loans, entrusted loans, and undiscounted bankers' acceptance bills registered a year-on-year deceleration. In H1, entrusted loans decreased by RMB800.8 billion, representing a deceleration of RMB1.4 trillion year on year; trust loans decreased by RMB 186.3 billion, representing a deceleration of RMB1.5 trillion year on year; undiscounted bankers' acceptance bills increased by RMB271.7 billion, representing a deceleration of RMB838.8 billion. Third, corporate debt financing registered a year-on-year acceleration and equity financing registered a year-on-year deceleration. In H1, corporate debt financing registered RMB1.02 trillion, a year-on-year increase of RMB1.38 trillion, and equity financing by non-financial enterprises recorded RMB251.1 billion, a year-on-year decrease of RMB179.9 billion.

IV. The RMB exchange rate was more flexible in terms of two-way fluctuations and cross-border RMB businesses saw rapid growth

Since the beginning of 2018, the RMB exchange rate against a basket of currencies has remained basically stable; the flexibility of the RMB exchange rate against the USD has strengthened further, with stronger two-way fluctuations; and exchange-rate expectations have remained well-anchored. In Q2, due to a stronger USD, external uncertainties, and other factors, the RMB exchange rate weakened against the USD. At end-June 2018, the CFETS RMB exchange-rate index closed at 95.66, up 0.85 percent from end-2017; the RMB exchange-rate index based on the SDR basket closed at 95.89, down 0.1 percent from end-2017. According to the calculation by the Bank for International Settlements (BIS), in H1 2018 the NEER and REER of the RMB appreciated by 5.20 percent and 4.00 percent respectively. From the reform of the exchange-rate formation regime in 2005 to end-June 2018, the NEER and REER of the RMB appreciated by 40.94 percent and 48.72 percent respectively. At end-June, the central parity of the RMB against the USD was 6.6166, a depreciation of 824 basis points, or 1.25 percent, from end-2017. From the reform of the exchange-rate formation regime in 2005 to end-June 2018, the central parity of the RMB against the USD appreciated by 25.09 percent on a cumulative basis. In H1, the annualized volatility rate of the central parity of the RMB against the USD was 4.0 percent, which was a significant increase from the same period of the last year. To some extent, the greater flexibility of the exchange rate played an "automatic stabilizing" role for adjusting the macro-economy and the balance of payments.

In H1 2018, cross-border receipts and payments in RMB totaled RMB6.69 trillion. In particular, RMB receipts and payments registered RMB3.34 trillion and RMB3.35 trillion respectively. RMB cross-border receipts and payments under the current account posted RMB2.32 trillion. In particular, settlements of trade in goods registered RMB1.65 trillion, whereas settlements of trade in services and other items registered RMB661.2 billion. RMB cross-border receipts and payments under the capital account posted RMB4.37 trillion.

Figure 3 Monthly RMB Payments and Receipts under the Current Account

RMB100 million
9,000
8,000
7,000
6,000
5,000
4,000
3,000
2,000
1,000
0

2012.06 2012.09 2012.12 2013.03 2013.06 2013.09 2013.12 2014.03 2014.06 2014.09 2014.12 2015.03 2015.06 2015.09 2015.12 2016.03 2016.06 2016.09 2016.12 2017.03 2017.06 2017.09 2017.12 2018.03 2018.06

Trade in goods Trade in services and other items

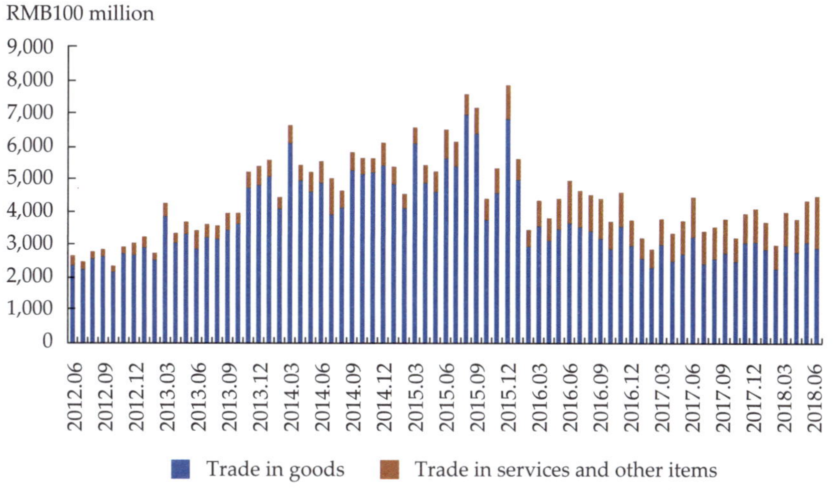

Source: The People's Bank of China.

PART 2 Monetary Policy Operations

In H1 of 2018, under the leadership of the Central Committee of the Communist Party of China (CPC) and the State Council, the PBC closely monitored the development and change in economic and financial conditions, implemented a sound and neutral monetary policy, improved pre-adjustments and fine-tunings, and, in particular, enhanced support for key economic areas and weak sectors, such as small and micro businesses. The PBC improved the regulatory framework underpinned by monetary and macro-prudential policies, promoted the opening-up and reform of the financial sector, and advanced deleveraging in a smooth and orderly fashion, which created favorable monetary and financial conditions for supply-side structural reforms and high-quality growth.

I. Conducting Open Market Operations (OMOs) in a flexible manner

In H1 of 2018 (especially Q2), the PBC comprehensively considered factors such as macroeconomic and financial conditions, banking system liquidity, and the financial regulatory environment, and employed various monetary-policy tools in a flexible manner to maintain reasonable and adequate liquidity in the banking system. Meanwhile, the PBC made innovations in policy tools and engaged in expectation management to further improve the policy transmission, smooth out liquidity fluctuations caused by short-term factors, and ensure that the market interest rate stabilizes at a relatively low level.

Increasing the provision of medium and long-term liquidity in a prudent manner. Since 2018, the PBC has comprehensively used policy tools, such as the deposit reserve, the Mid-term Lending Facility, and the Pledged Supplementary Lending, to increase medium and long-term liquidity provision. This has increased the liquidity supply for and reduced the maturity mismatch of financial institutions, improved the liquidity expectations of market participants, and played a positive role in meeting the medium- and long-term financing demands of the real economy. Against this background, the PBC flexibly conducted reverse repos and leveraged tools, such as the CRA, to smooth out seasonal liquidity fluctuations and to maintain overall stability of liquidity in the banking system at a reasonable and adequate level.

Enhancing the guiding role of the reverse repo interest rate. On March 22, 2018, the bid rate for 7-day repos rose by 5 basis points in line with market conditions and thereafter it remained stable. Meanwhile, the interest rate in the money market moved steadily downward since Q2. The DR007 witnessed minor fluctuations based on the OMO interest rate, and the spread between DR007 and 7-day reverse repo continued to narrow. The fluctuation of money-market interest rates declined at month-end and year-end, and the reverse repo interest rate became more closely associated with the market interest rate. This has improved the efficiency of interest-rate transmission, strengthened the role of price levers, and created favorable conditions for transition of the monetary-policy framework.

II. Conducting Standing Lending Facility (SLF) and Medium-term Lending Facility (MLF) operations

In H1 2018, the PBC employed a combination of monetary-policy instruments, such as the MLF and the SLF, to further enhance the flexibility and effectiveness of liquidity management and to keep liquidity at a proper and adequate level.

SLFs were conducted promptly. To promote smooth operations of the money market, the PBC injected short-term liquidity to locally-incorporated financial institutions through SLFs to fully meet their demands, while using the SLF rates as the ceiling of the interest-rate corridor. In H1, the PBC conducted a total of RMB249.4 billion SLF operations. RMB142.5 billion of SLF operations was conducted in Q2 and quarter-end outstanding SLFs stood at RMB57 billion. At end-June, the overnight, 7-day, and 1-month SLF interest rates were 3.40 percent, 3.55 percent, and 3.90 percent respectively, the same as Q1.

MLFs were conducted monthly as necessary to ensure an adequate supply of base money. In H1, the PBC conducted a total of RMB2,410 billion MLF operations, all with maturities of 1 year. A total of RMB1,186.5 billion MLF operations was conducted in Q2 and the bid rate of the last operation recorded 3.30 percent, 5 basis points higher than that in Q1. On April 25, some financial institutions used the released liquidity from the RRR reduction to repay the RMB900 billion MLFs. By end-June, the outstanding volume of MLFs posted RMB4,420.5 billion, RMB101 billion less than that at the beginning of 2018.

III. Lowering the RRR of some financial institutions

RRRs were lowered for some financial institutions to replace the MLF loans. In April 2018, the PBC lowered the RRRs of large commercial banks, joint-stock commercial banks, city commercial banks, non-county rural commercial banks, and foreign-funded commercial banks by one percentage point to replace the MLF loans and enhance financing support for small and micro businesses. Financial institutions first repaid RMB900 billion of the MLF based on the "first borrow, first repay" principle, and then received RMB400 billion of liquidity. This further reinforced fund stability in the banking system and optimized the liquidity structure, which has helped guide financial institutions to strengthen support for small and micro businesses by reducing their financing costs. The implementation status of banks has been included in the Macro Prudential Assessment (MPA).

Supporting legal and market-based debt-for-equity swaps and small and micro business financing through targeted RRR reductions. In July 2018, the PBC cut the RRRs of large commercial banks, joint-stock commercial banks, city commercial banks, non-county rural commercial banks, and foreign-funded commercial banks by 0.5 percentage point, supporting legal and market-based debt-for-equity swaps and small and micro business financing. Specifically, five state-owned commercial banks and twelve joint-stock commercial banks released liquidity of more than RMB500 billion, which helped increased the capacity of debt-for-equity swaps and facilitated implementation of signed projects. The Postal Savings Bank of China, city commercial banks, non-county rural commercial banks, and foreign-funded commercial banks released liquidity totaling RMB200 billion, which contributed to an increased credit supply, lower financing costs, and improved financial services for small and micro businesses. Supporting debt-for-equity swaps and small and micro business financing with liquidity from the RRR reduction has been included into banks' MPA.

IV. Further improving the framework for macro-prudential policies

The MPA was further improved in view of the need for macro regulation. Since Q1 2018, the PBC has included interbank certificates of deposit issued by commercial banks with assets of more than RMB500 billion in the MPA indicator of the interbank liability ratio and its assessment. Interbank certificates of deposit issued by commercial banks with assets below RMB500 billion have been placed under supervision. In Q2, the PBC reduced the RRR for some financial institutions to replace the MLF and rolled out a new regulation for asset management business. To coordinate with such policy operations and new regulations, the PBC properly adjusted the structural parameters and parameter settings of the MPA to guide financial institutions to channel the liquidity from the RRR reduction to small and micro business loans and to translate lower financing costs into more favorable terms for loans to small and micro enterprises, and to move eligible off-balance-sheet assets back on to the balance sheet.

Improving the macro-prudential policy framework based on the financial institution rating mechanism of the PBC. In Q1 2018, the PBC initiated ratings for 4,327 financial institutions for the first time and evaluated their business operations and risk profiles in a comprehensive and objective manner. The financial institution rating mechanism of the PBC is the foundation for the macro-prudential policy framework. The rating results are an important basis for the PBC and subordinated branches to apply differentiated regulations, such as enhancing monitoring, issuing risk warnings, conducting early corrections, addressing risks, etc. Such ratings are also important factors for the financial institutions' MPA grades and the differentiated fees in the deposit insurance scheme.

V. Supporting key areas and weak sectors in the economy

Credit policy was used to enhance the effectiveness of central-bank lending, central-bank discounts, Pledged Supplementary Lending (PSL), and other policy instruments to guide financial institutions to increase support for key fields and weak sectors in the economy, such as small and micro businesses, agriculture, rural areas and rural households, poverty alleviation, renovation of shanty towns, and hydraulic projects. The collaterals for MLFs and central-bank lending have been expanded. Small and micro enterprises, green, agricultural, rural area, and rural household financial debts with ratings no lower than AA, and corporate bonds with AA+ and AA ratings have been included in the eligible collaterals for MLFs, SLFs, and central-bank lending. High-quality Small and Micro enterprises loans and green bonds have also been incorporated into the eligible collaterals for the MLFs. The PBC has expanded central-bank lending for agriculture and small businesses by RMB150 billion, lowered the interest rate for small businesses by 0.5 percentage point, and improved credit policy to support central-bank lending management. This has guided financial institutions to increase credit supply for small and micro businesses and to reduce their financing costs. At end-June 2018, outstanding central-bank loans for agriculture, small businesses, and poverty alleviation posted RMB252.2 billion, RMB94.4 billion, and RMB155.3 billion, respectively, and outstanding central-bank discounts stood at RMB190.1 billion. The PSLs provided to policy and development banks in H1 posted RMB497.6 billion. The PSLs issued in Q2 registered RMB193.8 billion and the outstanding PSLs registered RMB3,185.2 billion at quarter-end.

VI. Window guidance and credit policies for structural guidance

In implementing the overall arrangements of the CPC Central Committee and the State Council, the PBC combined promotion of supply-side structural reforms and structural adjustments of credit policies to promote optimization of the economic structure and upgrading of the industrial structure, transformation of the energy mix, financial inclusiveness, and the people's livelihood, and to guide financial resources to key fields for economic and social development and to weak sectors so as to meet the effective financing needs of the real economy.

First, intensive efforts were made to provide financial support for targeted poverty reduction and alleviation. The PBC promoted financial support for poverty alleviation in deeply impoverished areas and encouraged financial institutions to provide funds and services to these areas. Management of central banking lending for poverty alleviation was improved, which placed a priority on supporting the employment of and establishing records for poverty-stricken households. An economic interest mechanism was exploited to promote the integration of poverty-relief efforts from both a financial and industrial perspective. In addition, the PBC took targeted measures against official misconduct in the field of poverty alleviation to improve the precision and efficiency of targeted poverty alleviation. Second, consistent efforts were made to improve rural financial services. The PBC conducted research on a rural revitalization strategy to explore innovative financial products and services for rural areas. Meanwhile, it supported financial institutions to make further progress in the pilot program of collateralized loans with operational rights for contracted farm land and rural housing, while encouraging financial institutions to make innovations in credit businesses, such as the collateralization of agricultural machinery and forestry rights, and the pledging of accounts receivable. Third, financial support was enhanced for the development of small and micro businesses. The PBC, in coordination with the CBIRC, CSRC, NDRC, and MOF, promulgated the *Opinions on Further Improving Financial Services for Small and Micro Businesses* (PBC Document [2018] No.162). The Opinion put forward that relevant agencies should further improve financial services for small and micro businesses, implement policies that improve credit access and accuracy, and fulfill the objective of a greater commitment from financial institutions and lower costs for small and micro businesses. Fourth, the policy of guaranteed loans for start-ups was strengthened by broadening the scope of loan extensions, relaxing the application criteria, lowering the requirements for collateral and interest subsidies, and providing support to people having difficulties starting a business or finding a job. Fifth, efforts were made to provide more specialized financial services for the technological and cultural industries. The PBC stepped up support for intellectual property pledged financing and continued to improve the institutional arrangement of the bond market, while also encouraging technological innovation and cultural enterprises to expand their financing channels, especially the use of non-financial corporate debt financing instruments. Sixth, full support was given to improve financial services for weak sectors and vulnerable groups, such as students from impoverished families, migrant workers, and ethnic minority regions. Seventh, the local government debt framework was improved to encourage banking financial institutions to implement policy requirements, provide financing to local governments prudently and in compliance with the regulations, intensify financing reviews for existing projects, and standardize financing support for public-service areas, such as infrastructure construction. Eighth, efforts were made to promote coordinated regional development through financial support for major national strategic areas, such as the coordinated development of Beijing, Tianjin, and Hebei, the Belt and Road Initiative, the development of the Yangtze Economic Belt, the Western China Development Drive, and development of the maritime economy. Ninth, the PBC encouraged financial institutions to improve financial services for the transition, including upgrading and structural adjustments to the manufacturing industry, promoting coordination of financial policy with key areas and industries, and properly tackling the debt issue of overcapacity industries. Tenth, a green financial system was established, featuring firm support for green financing. Eleventh, efforts were made to improve the asset securitization program for development of the asset securitization market.

Box 2 Further Improvement of Financial Services for Small and Micro Businesses

Small and micro businesses (SMBs) are an important source for fostering new economic growth drivers and a crucial carrier for mass entrepreneurship and innovation. In recent years, following the policy arrangements of the CPC Central Committee and the State Council, the People's Bank of China (PBC), China Banking and Insurance Regulatory Commission (CBIRC), China Securities Regulatory Commission (CSRC), and the Ministry of Finance (MOF) have formulated many policies and measures to promote the financing of SMBs, and they have made some achievements in easing their financing difficulties and lowering their funding costs. However, the financing problems facing the SMBs are wide-ranging and complicated. In particular, against the current backdrop of deep economic structural adjustments and the rapid replacement of old growth drivers with new ones, the macro industrial chain, including large and medium-sized enterprises with which the SMBs are affiliated, are undergoing the throes of transformation and upgrading. In addition, due to, among others, a rising risk aversion of financial institutions and insufficient incentive mechanisms for commercial banks, financing pressures on SMBs have increased somewhat.

To implement the arrangements made by the CPC Central Committee and the guiding principles of the executive meeting of the State Council on June 20, the PBC, CBIRC, CSRC, NDRC, and MOF jointly released the Opinions on Further Improving Financial Services for Small and Micro Businesses (hereinafter referred to as the Opinions). On June 29, they jointly held a National Teleconference on Further Improving Financial Services for Small and Micro Businesses and made special arrangements. The Opinions propose 23 specific measures to make well-targeted efforts in the short run and to address both the symptoms and the root causes in the long run in terms of monetary policy, regulation and assessment, internal management, fiscal and taxation incentives, and business environment optimization. In terms of the specific measures for concurrently treating the problem, they focus on the financing difficulties and the difficulties of the SMBs, and put an emphasis on improving the availability of financing for SMBs, all of which serve to reach the goal of increasing the issuance of loans, and reducing the costs and improving the services for SMBs.

First, support of monetary policy should be increased to guide financial institutions to focus on issuing loans to the SMBs with a single-account credit line of up to RMB5 million. In view of the fact that the initial financing amount of more than 80 percent of the SMBs is no more than RMB5 million, the Opinions focus on issuing loans to SMBs with a single-account credit line of up to RMB5 million as a major objective, break the strange circle of financial services for disguised SMBs, and guide financial institutions to focus on issuing loans to SMBs with a single-account credit line of up to RMB5 million. The concrete measures are as follows. First, a quota of central- bank lending to support the SMBs as well as sectors related to the rural areas and central-bank discounts shall be increased by a total of RMB150 billion, and the interest rate for central-bank lending dedicated to supporting the SMBs shall be cut by 0.5 percentage point. Second, management of the issuance of financial bonds supporting the SMBs will be improved, while banking financial institutions will be encouraged to issue securities backed by SMBs loans. This measure is expected to revitalize credit of more than RMB100 billion. Third, loans for SMBs with a single-account credit line of up to RMB5 million will be included in the acceptable collaterals for the Medium-term Lending Facility (MLF) and re-lending. In addition, the macro-prudential assessment system will be improved, with more weight given to SMBs loans to ensure the well-targeted implementation of policies. By stepping up policy support, funding supply will be guided to be increased via proper financing channels, replacing some high-cost funds such as private lending. Thereby, the "price parity led by quantities" will promote a reduction in the overall financing costs for SMBs.

Second, fiscal and taxation policy incentives will be enhanced to encourage financial institutions to support the SMBs. Because the income of financial institutions can hardly cover the high risks of loans issued to SMBs, preferential taxation policies are needed to motivate financial institutions to engage in micro-financing and thereby enhance the sustainability of micro-finance businesses. The Opinions propose that from September 1, 2018 to end-2020, the upper limit of a single-account credit line for a value-added tax exemption of interest income from eligible SMBs and self-employed business loans will be raised from RMB1 million to RMB5 million. To effectively reduce and diffuse the credit risks of SMBs, the Opinions put forward strengthening the regulation of financing guarantee firms backed by the national financing guarantee fund. The volume of guarantees for the SMBs shall account for no less than 80 percent of the total, with supporting loans for SMBs with a single-account credit line of up to RMB5 million and operating loans for self-employed businesses and SMB owners of no less than 50 percent. The requirements for the guarantee rate and the counter-guarantee will be lowered as appropriate. All these measures will serve to encourage financial institutions to provide financing support for the SMBs.

Third, external monitoring and internal reviews of loan costs and loan deliveries will be reinforced to ensure implementation of policies until the "last mile". Optimization of the assessment and incentive mechanism is the key to implementing effectively the various policies and measures aimed at improving financial services for the SMBs. The Opinions require that efforts should be made to optimize both external monitoring and assessments and internal management and incentives, to encourage financial institutions to serve the SMBs. In terms of external monitoring and assessments, not only should the "quantity" and "price" of loans to SMBs be monitored well and assessed, but emphasis should also be placed on guiding the internal divisions in financial institutions to make concerted efforts to develop inclusive financing. In particular, large and medium-sized commercial banks should take the lead in deepening the establishment of divisions dedicated to inclusive financing, setting up outlets for financial inclusion services at the grassroots levels, and mobilizing banking financial institutions to lower the comprehensive cost of loans to the SMBs. In terms of internal management and incentives, attention should be paid to motivating the business divisions and branches to serve the SMBs. On the one hand, a preferential price for internal fund transfers will be implemented. On the other hand, measures for due diligence and disclaimer practices of lending to the SMBs will be further implemented, and concrete incentive and supporting measures will be taken in terms of providing financial services to the SMBs to motivate the employees. Meanwhile, internal control and compliance management of staff engaged in micro-finance shall be strengthened to strictly prevent moral hazards.

Fourth, continuous efforts will be made to improve the business environment and effectively reduce the credit risks of the SMBs. SMB financing is a systemic project. Improvements in the financing environment rely on the enhancement of its capabilities, the deepening of the construction of a social credit system, and the continuous improvement in the business environment. The Opinions require that every local government should accelerate the construction of the SMB service platform, providing them with comprehensive services, such as financing, taxation, human resources, and legal services. The SMBs will be guided to focus on their major lines of business to achieve sustainable development. Efforts will be made to accelerate the establishment of a social credit system and to promote a mechanism for joint incentives for trustworthy enterprises and joint sanctions against discredited enterprises. Seriously discredited enterprises or individuals will be included on the blacklist of financial discredit. Private lending will be standardized, and illegal financial activities, such as financial fraud, malicious evasion of repaying debts, and illegal fund-raising, will be severely cracked down upon. The credit information-sharing mechanism for the SMBs will be improved, enhancing the collection, sharing, disclosure, development, and utilization of public credit information. By improving the system, mechanism, and ecological environment for financial services to the SMBs, the risks for SMB financial businesses will be reduced and good external conditions for SMB financing will be created.

Going forward, the PBC, together with agencies such as the CBIRC, will step up implementation of the policies, further improve the quality and efficiency of financial services provided to SMBs, and ensure that the objectives of expanding inputs and reducing costs of these financial services will be achieved. First, specific implementation measures will be formulated so that the policies will be easier to implement. This will help ensure that every policy and every measure will be well implemented and will achieve the desirable effects. Second, financial institutions will be encouraged to establish branches and outlets at the grassroots levels, to focus on weak groups such as SMBs with a single-account credit line of up to RMB5 million, to make innovations in financial products and services, and to modify the credit-approval procedures and the credit-rating model, which can indeed expand credit injections and coverage for the SMBs. Third, assessments of the effect of policy implementation will be enhanced. A positive incentive and linkage mechanism will be established to support policies in a targeted manner and in issuing loans to the SMBs, which will help enhance the initiative and enthusiasm of serving the SMBs. Fourth, efforts will made to effectively prevent risks, improve the system, mechanism, and ecological environment for the financial services of the SMBs, investigate and deal with violations of the laws and regulations, such as collusion between the SMBs and financial institutions in engaging in falsification, mortgage fraud, and subsidy fraud, and to make sure that policies will indeed benefit all SMBs.

VII Deepening the market-based interest-rate reform

Deepening the market-based interest-rate reform. The PBC has been constantly improving the self-disciplinary mechanism for the pricing of market interest rates and expanding the mechanism to incorporate more members. Currently, members of the self-disciplinary mechanism have risen to 2,051, including 15 core members, 1,182 basic members. and 854 observers. Meanwhile, the PBC has fully leveraged the mechanism to maintain orderly market competition and to guide financial institutions to provide appropriate pricing independently. The PBC has promoted the standardized development of interbank certificates of deposits, guided financial institutions to provide appropriate pricing independently, improved the market-based interest-rate formulation, adjustment, and transmission mechanism, and facilitated the convergence of the policy rate and the market interest rate.

VIII. Improving the market-based RMB exchange-rate regime

Since the beginning of 2018, cross-border capital flows and demand and supply on the foreign-exchange market remained basically balanced. Expectations about the RMB exchange-rate were stable. The RMB exchange rate experienced appreciations and depreciations driven by market forces, with the flexibility of two-way fluctuations enhanced and the exchange rate stabilized at an appropriate and equilibrium level. In H1, the highest and lowest central parities of the RMB against the USD were RMB6.2764 and RMB6.6166 per USD, respectively. During the 119 trading days, the RMB appreciated on 59 days and depreciated on 60 days. The biggest intra-day appreciation and depreciation were 0.60 percent (377 bps) and 0.59 percent (391 bps), respectively. Meanwhile, movement of the RMB against the euro, the Japanese yen, and other major currencies diverged. At end-June, the central parities of the RMB against the euro and the Japanese yen stood at RMB7.6515 per euro and RMB5.9914 per 100 yen, representing an appreciation of 1.97 percent and a depreciation of 3.39 percent from the end of 2017, respectively. During the period between 2005, when the RMB exchange-rate regime reform was unveiled, and end-June 2018, the RMB appreciated by a cumulative 30.88 percent against the euro and 21.94 percent against the yen.

Box 3 Observations on the Recent RMB Exchange Rate Movements

Since 2017, domestic cross-border capital flows and the supply and demand of foreign exchange have generally been balanced. The RMB exchange rate witnessed appreciations and depreciations driven by market factors, with enhanced flexibility and market expectations basically stable. The central parity of the RMB against the USD appreciated by 6.2 percent in 2017. It then appreciated by 3.9 percent in 2018 Q1, and depreciated by 5.0 percent in Q2 2018, recording a 1.2 percent decline in H1 2018. The CFETS index, which measures the effective RMB exchange rate against a basket of currencies, appreciated by 0.02 percent in 2017. It then appreciated by 2.0 percent in Q1 2018, and depreciated by 1.1 percent in Q2 2018, recording a 0.9 percent gain in H1 2018. The flexible exchange-rate regime has served as an automatic stabilizer for the floating exchange rate. Currently, market expectations are stable and divergent, and cross-border capital flows and the supply and demand of foreign exchange are generally balanced. In fact, against the backdrop of the stronger USD, most non-US currencies witnessed a depreciation against the USD. In H1, the AUD, KRW, RUB, INR, BRL, ZAR declined by 5.2 percent, 3.9 percent, 8.2 percent, 6.7 percent, 14.7 percent, and 9.8 percent against the USD, respectively.

The RMB exchange rate is generally determined by market supply and demand. The PBC will not treat the RMB exchange rate as a tool to tackle external disruptions, such as trade frictions. China implements a managed floating exchange-rate regime based on market supply and demand, and makes adjustments with reference to a basket of currencies. With continuous progress in the market-based exchange-rate regime, exchange-rate flexibility has been increasingly enhanced. The exchange-rate appreciation from 2017 to Q1 2018 and the depreciation in Q2 2018 were driven by market factors, and the PBC has basically withdrawn from regular market interventions. This is demonstrated by the figure for the official foreign-exchange reserves and the RMB equivalent of foreign exchange. China will firmly advance the market-based exchange-rate reform and fully leverage the decisive role of the market in exchange-rate formulations. China will not pursue competitive depreciation and will not treat the RMB exchange rate as a tool to address external disruptions such as trade frictions.

While maintaining exchange-rate flexibility, we should stick to a bottom-line mentality and conduct counter-cyclical adjustments to the supply and demand of foreign exchange through macro-prudential policies when necessary to ensure the stability of the foreign-exchange market. Currently, domestic micro entities have not embraced neutral principle of finance. This may result in pro-cyclical behavior and a herding effect in the foreign-exchange market, intensifying market fluctuations. For such potential pro-cyclical fluctuations, counter-cyclical adjustments should be utilized when necessary. At some points since Q2, a sign of pro-cyclical fluctuations has emerged in the foreign-exchange market. To stabilize market expectations and maintain the stability of the exchange rate at an equilibrium level, the PBC took swift measures. On June 19, Governor Yi Gang of the PBC joined an interview with Shanghai Securities News on the issue of financial market turbulence. On July 3, Governor Yi Gang of the PBC and Administrator Pan Gongsheng of the SAFE issued comments on the RMB exchange rate. On August 6, the PBC increased the risk reserve for foreign-exchange forward sales from 0 to 20 percent. Such timely and straightforward measures have effectively stabilized market expectations.

The current economic fundamentals in China underpin the relative stability of the RMB exchange rate at an appropriate and equilibrium level. In recent years, the supply-side reform, the streamlining of administration, and the delegation of power and the market mechanism have taken effect. The economic restructuring has made positive progress, the shift in growth drivers has accelerated, and the international balance of payments has become generally balanced. This has provided a solid foundation for the RMB exchange rate. In the next stage, the PBC will, in accordance with the guidance from the CPC Central Committee and the State Council, continue to deepen the market-based foreign-exchange reform, maintain RMB exchange-rate flexibility, use the price lever to adjust market supply and demand, and facilitate the automatic balancing of the foreign-exchange market. Meanwhile, regarding the potential pro-cyclical fluctuations in the foreign-exchange market, the PBC will continue to utilize existing measures and sufficient policy tools, take effective measures to conduct counter-cyclical adjustments based on new developments, and keep the RMB exchange rate at an equilibrium level.

Table 8 Trading Volume of the RMB Against Other Currencies in the Interbank Foreign-Exchange Spot Market during the First Half of 2018

Unit: RMB100 million

Currency	USD	EUR	JPY	HKD	GBP	AUD	NZD	SGD	CHF	CAD	MYR	RUB	ZAR
Trading volume	200,583.48	3,539.22	1,169.87	888.91	157.18	344.03	69.95	37.02	48.24	221.47	17.73	45.98	1.26
Currency	KRW	AED	SAR	HUF	PLN	DKK	SEK	NOK	TRY	MXN	THB	MNT	
Trading volume	104.97	1.74	0.30	0.14	0.19	5.81	25.93	2.34	0.23	0	16.78	0.08	

Source: China Foreign Exchange Trade System.

In H1, direct RMB trading was buoyant in the interbank foreign-exchange market, with a clear increase in liquidity, which lowered the conversion costs for market participants and facilitated bilateral trade and investments.

At end-June, under the bilateral currency-swap agreements between the PBC and the foreign monetary authorities, the latter utilized a total of RMB32.066 billion and the former used the equivalent of USD927 million of foreign currency. These operations played a positive role in promoting bilateral trade and investment.

IX. Deepening reform of financial institutions

The reform plan for development and policy financial institutions has been fully implemented. The PBC, together with members of the reform working group, systematically advanced the reform through measures such as establishing and improving the role of the board of directors and the governance structure and clarifying the business scope of the relevant banks. In particular, new boards of directors for the CDB and for the China EximBank were established and they have operated effectively.

The deposit insurance scheme was improved. Since the implementation of the *Regulations on Deposit Insurance*, relevant work has proceeded smoothly. Deposits in financial institutions have grown steadily, while the structure of deposits in large, medium-sized, and small banks has remained stable. The insurance limit of RMB500,000 covers 99.6 percent of all depositors and has remained stable. The PBC has continued to implement a risk-based differentiated premium-rate arrangement and has explored ways to improve risk insurance assessments and the premium-rate mechanism so that the differentiated premium-rate arrangement will provide positive incentives and will limit risks. Additionally, the PBC made efforts to monitor and identify risks by strengthening risk monitoring and reviewing all types of insured institutions, thereby providing risk warnings and carrying out early corrections. The PBC also actively communicated and coordinated with local governments and supervisory bodies to promote risk resolution in accordance with the rules and regulations. Finally, the PBC enhanced public training about deposit insurance and continued regular premium collections and fund management.

X. Deepening reform of the foreign exchange administration

Improvements were made in foreign-exchange management to better serve the real economy. First, efforts were made to better exercise law-based governance and to deepen reforms to streamline administration, delegate powers, and improve regulations and services. The PBC has consistently taken steps to streamline administration and modify or abolish outdated regulations. Second, coordination with relevant agencies is needed to deepen the development of the domestic derivatives market, such as the commodity futures derivatives market, and to clarify the rules for foreign-exchange management of physical deliveries of iron ore futures.

Reforms in key areas deepened. First, the pilot programs for Qualified Domestic Limited Partners (QDLP) and Qualified Domestic Investment Enterprises (QDIE) have resumed in Shanghai and Shenzhen, with the quota increased to USD5 billion. Second, the PBC has relaxed management of outbound remittances of QFII and RQFII quotas, removed the lock-up period, and allowed investors to hedge against exchange-rate risks so as to expand the opening-up of the capital market in an orderly fashion. Third, reforms to the Qualified Domestic Institutional Investor (QDII) scheme advanced steadily to better meet the demands of domestic investors to allocate their assets globally.

Further enhancing foreign-exchange market regulation. First, stepping up efforts to penalize activities in violation of the foreign-exchange regulations, such as outbound foreign-exchange remittances by evading the foreign-exchange regulations, currency speculation targeting the spread between onshore and offshore RMB, illegal foreign-exchange transactions, and fraudulent transactions. Second, various agencies worked in concert to crack down on underground banks and related transaction counterparties. Third, strictly clamping down on illegal online platforms engaging in foreign-currency speculation, to improve the foreign-exchange market environment.

PART 3 Financial Market Analysis

In the first half of 2018, the financial market generally operated smoothly. Money-market interest rates declined and transactions were active, with lending on the interbank market growing rapidly and interbank CDs and CD businesses experiencing orderly development. Bond yields and coupon rates declined, and the growth rate of the volume of bond issuances accelerated year on year. The stock market indices fell, whereas the volume of trading on the stock market increased slightly. The growth of assets in the insurance industry slowed down.

I. Financial market analysis

1. Money-market interest rates declined, and market transactions were active.

Liquidity in the banking system was at a reasonable and adequate level, and money-market interest rates moved down. In June, the weighted average interest rate of interbank lending and pledged repos posted 2.73 percent and 2.89 percent, respectively, down 18 basis points and 22 basis points from December 2017. The weighted average interest rate of repos between deposit-taking institutions with rate securities as pledges posted 2.61 percent, down 13 basis points from December 2017, and lower than that of pledged repos by 28 basis points. The Shibor rates declined. At end-June, the overnight and 7-day Shibor posted 2.63 percent and 2.86 percent respectively, down 21 basis points and 9 basis points respectively from end-2017. The 3-month and 1-year Shibor posted 4.16 percent and 4.33 percent respectively, down 75 basis points and 43 basis points from end-2017.

Growth in the volume of repo transactions on the interbank market slowed down, while lending on the interbank market grew rapidly, with Chinese-funded large and medium-sized banks as major net lenders. In the first half (H1) of 2018, the cumulative volume of bond repos reached RMB327.9 trillion on the interbank market, representing a daily average of RMB2.7 trillion, an increase of 18.9 percent year on year and a deceleration of 11.9 percentage points from Q1 of 2018. The cumulative volume of interbank lending reached RMB60.6 trillion, with a daily average of RMB492.5 billion and an increase of 56.1 percent year on year, accelerating 8.8 percentage points from Q1 of 2018. In terms of the maturity structure, overnight repos and overnight lending accounted for 78.3 percent and 88.8 percent respectively of the turnover in bond repos and interbank lending. The volume of bond repos on the exchange markets decreased 7.5 percent year on year to RMB117.5 trillion. In terms of financing among financial institutions, the flow of funds displayed the following characteristics. First, Chinese-funded large and medium-sized banks were net lenders. During H1 of 2018, net lending by Chinese-funded large banks totaled RMB136.8 trillion through repos and interbank lending, up 26.3 percent year on year. Second, insurance institutions quickened the pace of their fund-raising. Insurance institutions, which previously were net lenders, became net borrowers in the third quarter of 2017. Since then, their net borrowing has increased quarter by quarter and it amounted to RMB2.2 trillion in the first half of 2018. During the second quarter of 2018, their net borrowing totaled RMB1.3 trillion, an increase of RMB350.5 billion. Third, the net borrowing of other financial institutions, vehicles, and securities companies increased rapidly. In particular, net borrowing by other financial institutions and vehicles totaled RMB61.1 trillion, up 58.9 percent year on year. Net borrowing by securities institutions posted RMB37.1 trillion, up 51.5 percent year on year.

The interbank CD and CD businesses witnessed orderly development, and the issuance rate of interbank CDs declined. In H1, a total of 12,845 interbank CDs were issued on the interbank market, raising RMB10.89 trillion. Trading volume on the secondary market totaled RMB67.0 trillion. In June 2018, the average weighted interest rate for the issuance of 3-month interbank CDs was 4.46 percent, 28 basis points lower than that in March. The issuance and trading were all priced based on the Shibor. At end-June, a total of 16,341 CDs was issued by financial institutions, raising RMB4.12 trillion, an increase of RMB999.0 billion year on year. The orderly development of the CD businesses has helped further expand the scope of market-priced liability products, building

Table 9 Fund Flows among Financial Institutions during the First Half of 2018

Unit: RMB100 million

	Repos		Interbank lending	
	H1 2018	H1 2017	H1 2018	H1 2017
Chinese-funded large banks[1]	–748,503	–677,604	–125,183	–78,314
Chinese-funded medium-sized banks[2]	–423,305	–270,848	–71,236	–56,808
Chinese-funded small-sized banks[3]	244,765	380,813	81,901	60,360
Securities institutions[4]	287,958	190,655	83,441	54,562
Insurance institutions[5]	22,111	-23,178	314	18
Foreign-funded banks	35,379	31,198	1,195	4,444
Other financial institutions and vehicles[6]	581,596	368,963	29,568	15,739

Notes: 1. Chinese-funded large banks include Industrial and Commercial Bank of China, Agricultural Bank of China, Bank of China, China Construction Bank, China Development Bank, Bank of Communications, and the Postal Savings Bank of China.
2. Chinese-funded medium-sized banks refer to the policy banks, China Merchants Bank and other eight joint-equity commercial banks, Bank of Beijing, Bank of Shanghai, and Bank of Jiangsu.
3. Chinese-funded small-sized banks refer to Hengfeng Bank, China Zheshang Bank, China Bohai Bank, other city commercial banks, rural commercial banks, rural cooperative banks, private banks and village and township banks.
4. Securities institutions include securities firms and fund management and futures companies.
5. Insurance institutions include insurance firms and corporate annuities.
6. Other financial institutions and vehicles include urban credit cooperatives, rural credit cooperatives, finance companies, trust and investment companies, financial leasing companies, asset management companies, social-security funds, mutual funds, wealth management products, trust plans, and other investment vehicles. Some of these financial institutions and vehicles do not participate in the interbank lending market.
7. A negative sign indicates net lending and a positive sign indicates net borrowing.
Source: China Foreign Exchange Trade System.

Table 10 Transactions of Interest-Rate Swaps during the First Half of 2018

	Transactions (lots)	Amount of the notional principal (RMB100 million)
H1 2018	92,040	111,829.78
H1 2017	61,192	55,343.83

Source: China Foreign Exchange Trade System.

the pricing capability of financial institutions and improving the market-based interest-rate mechanism and the transmission mechanism.

Interest-rate swap trading saw rapid growth. In H1, 92,040 deals were reached on the RMB interest-rate swap market, an increase of 50.4 percent year on year, with the volume of the notional principal totaling RMB11.18 trillion, an increase of 102.0 percent year on year. In terms of the maturity structure, contracts with maturities of up to one year traded most briskly and the volume of their aggregate notional principal posted RMB8.72 trillion, accounting for 77.9 percent of the total. In terms of the reference rates, the 7-day fixing repo rate and the Shibor were the two major floating reference rates for RMB interest-rate swap transactions. The notional principal of the interest-rate swaps with the two reference rates as benchmarks accounted for 83.7 percent and 15.0 percent of the total respectively.

2. Bond yields and issuance rates declined, and growth in the issuance volume accelerated year on year

Government bond yields declined notably and their yield curve steepened. In H1, government bond yields generally declined, with short-term bond yields declining more notably than long-term bond yields. At end-June, the yield of 1-year, 5-year, and 10-year government bonds posted 3.16 percent, 3.35 percent, and 3.48 percent respectively, down 63 basis points, 49 basis points, and 41 basis points respectively from the end of 2017. The spread between 1-year and 10-year government bonds was 32 basis points, an increase of 23 basis points from end-2017. The bond indices edged up. The China Bond Composite Index (net price) was up from 97.97 points at the end of 2017 to 99.78 points at end-June 2018, an increase of 1.85 percent. The China Bond Composite Index (full price) rose from 113.37 points at the end of the previous year to 115.82 points at end-June 2018, registering an increase of 2.16 percent. The Shanghai Securities Exchange T-Bond Index increased from 160.85 points at end-2017 to 165.44 points at end-June 2018, an increase of 2.86 percent.

In general, bond coupon rates generally declined. In June, the 10-year bond issuance rate was 3.69 percent, an increase of 13 basis points from those of the same maturity issued in December 2017. The rate of 7-year financial bonds issued by China Development Bank was 4.15 percent, a decline of 79 basis points from those of the same maturity issued in December 2017. The average rate of 1-year short-term financing bills (rated A−1) issued by AAA-rated enterprises was 5.16 percent, 35 basis points lower than those of the same maturity issued in December 2017. The average coupon rate of 5-year medium-

Figure 4 Yield Curves of Government Securities on the Inter-bank Market

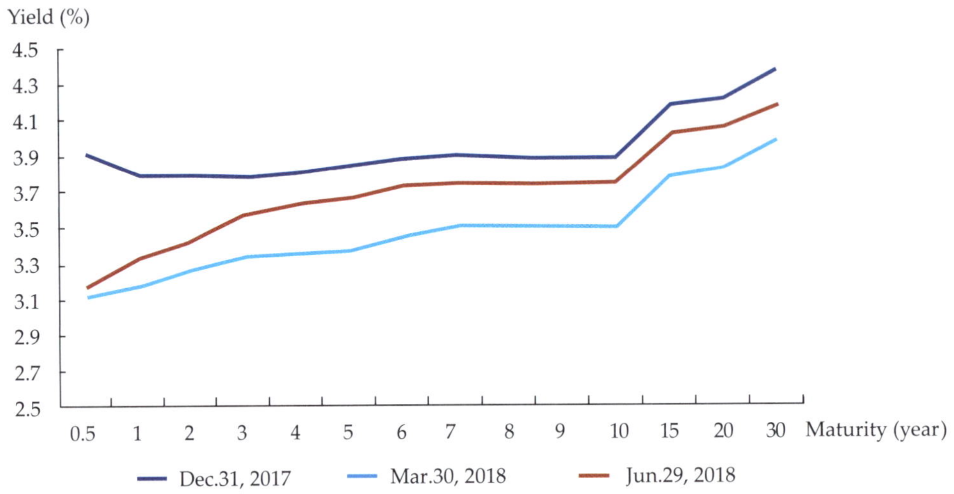

Source: China Central Depository & Clearing Co., Ltd..

term notes was 6.33 percent, an increase of 10 basis points from December 2017. The Shibor continued to serve as an important benchmark rate for bond pricing. In H1, a total of 20 floating-rate bonds and interbank certificates of deposit were issued based on the Shibor, with a gross issuance volume of RMB6.37 billion. A total of 105 fixed-rate enterprise bonds was issued, with a gross issuance volume of RMB89.62 billion, all based on the Shibor. A total of RMB161.6 billion of fixed-rate short-term financing bills was issued based on the Shibor, accounting for 82.0 percent of all fixed-rate short-term financing bills.

Spot bond trading on the interbank market was brisk. In H1, the cumulative volume of spot bond trading posted RMB56.9 trillion, representing a daily average of RMB462.3 billion or an increase of 27.6 percent year on year. In terms of the trading entities, Chinese-funded small- and medium-sized banks and securities institutions were net bond sellers, with net sales totaling RMB4 trillion; other financial institutions and vehicles were net bond buyers, with net purchases totaling RMB3.7 trillion. With respect to the products, a total of RMB7.5 trillion of spot government bonds was traded, accounting for 13.3 percent of the total spot transactions on the interbank market. The volume of spot trading of financial bonds and corporate debenture bonds was RMB41.2 trillion and RMB8.1 trillion respectively, accounting for 72.4 percent and 14.3 percent respectively. Separately, the volume of spot bond transactions on the stock exchanges totaled RMB3 trillion, an increase of 15.3 percent year on year.

Growth in the volume of bond issuances was higher. In H1, a total of RMB20.2 trillion of bonds was issued, a year-on-year increase of RMB2.4 trillion. This was mainly due to the significant increase in the issuance of interbank CDs and debt financing instruments of non-financial enterprises. At end-June, the

Table 11 Bond Issuances during the First Half of 2018

Unit: RMB100 million

Type of bond	Issuances	YOY change
Government securities	15,744	1,463
Local government bonds	14,109	-4,501
Central bank bills	0	0
Financial bonds[1]	137,973	16,602
Of which: Financial bonds issued by China Development Bank and policy financial bonds	19,273	3,001
Inter-bank certificates of deposit	108,592	13,367
Corporate debenture bonds[2]	34,133	10,699
Of which: Debt-financing instruments of non-financial enterprises	26,193	8,539
Enterprise bonds	2696	605
Corporate bonds	5,045	1356
Bonds issued by international institutions	386	153
Total	202,345	24,416

Notes: 1. Including financial bonds issued by China Development Bank, policy financial bonds, ordinary bonds, subordinated bonds and hybrid bonds issued by commercial banks, bonds issued by securities firms, inter-bank certificates of deposit, and so forth.

2. Including debt-financing instruments issued by non-financial enterprises, enterprise bonds, corporate bonds, convertible bonds, bonds with detachable warrants, privately-placed SME bonds, and so forth.

Sources: The People's Bank of China, China Securities Regulatory Commission, and China Central Depository & Clearing Co., Ltd..

total volume of outstanding bonds posted RMB79.1 trillion, an increase of 14.9 percent year on year.

3. The volume of bill acceptances and bill financing stabilized and edged up, while interest rates declined

The outstanding volume of bill acceptances gradually stabilized. In H1, commercial bills issued by enterprises totaled RMB7.7 trillion, a decrease of 18.8 percent year on year. At end-June, outstanding commercial bills posted RMB8.5 trillion, an increase of 3.1 percent year on year. The outstanding volume of bill acceptances at end-June increased RMB361.2 billion from the beginning of 2018, up RMB33.4 billion from end-March. In terms of the issuing industries, outstanding bankers' acceptances were mainly issued by enterprises in the manufacturing, wholesale, and retail industries, with small- and medium-sized enterprises issuing about two-thirds of the total.

The outstanding volume of bill financing picked up, whereas bill market interest rates showed a declining trend. In H1, financial institutions discounted a total of RMB13.9 trillion of commercial bills, a decline of 38.1 percent year on year. At end-June, the outstanding balance of bill discounts stood at RMB4.3 trillion, up 10.0 percent year on year. The balance of outstanding bill financing gradually stabilized and then picked up slightly in Q2. At end-June, the balance increased RMB385.7 billion from the beginning of 2018, up RMB441.7 billion from the end of Q1. The share of outstanding bill financing in the total outstanding loans was

3.31 percent, a decrease of 0.08 percentage point year on year. In Q2, liquidity in the banking system was reasonably adequate. As supply and demand in the bill market was balanced, bill interest rates declined amidst fluctuations.

4. The stock indices declined and the volume of trading increased by a small margin

The stock indices fell. At end-June, the Shanghai Stock Exchange Composite Index closed at 2,847 points, down 13.9 percent from end-2017. The Shenzhen Stock Exchange Component Index closed at 9,379 points, down 15 percent from end-2017. The Growth Enterprise Board (GEM Board) Index (Chinext Price Index) closed at 1,607 points, down 8.3 percent from end-2017. At end-June, the weighted average P/E ratio of A-shares on the Shanghai Stock Exchange fell from 18.2 times at end-2017 to 14.1 times, and that on the Shenzhen Stock Exchange decreased from 36.5 times at end-2017 to 25.3 times.

Turnover on the stock markets increased slightly. In H1, the combined turnover of the Shanghai and Shenzhen Stock Exchanges reached RMB52.5 trillion and the average daily turnover was RMB440.9 billion, an increase of 0.4 percent year on year. Turnover on the GEM Board totaled RMB9.1 trillion, an increase of 17.5 percent year on year. At end-June, the combined market capitalization of the Shanghai and Shenzhen Exchanges posted RMB40.2 trillion, a drop of 3.3 percent year on year. The market capitalization of tradable shares on the GEM Board posted RMB2.9 trillion, a decrease of 2.5 percent year on year.

The amount of equity financing declined year on year. In H1, domestic enterprises and financial institutions raised a total of RMB341.6 billion by way of IPOs, additional offerings, rights issuances, and warrant exercises on the domestic and overseas stock markets, a decrease of 39.3 percent year on year. Among this total, RMB311.0 billion was raised on the A-share market, down 40.7 percent year on year.

5. Growth of assets in the insurance sector moderated

In H1, total premium income in the insurance sector amounted to RMB2.2 trillion, a year-on-year decrease of 3.3 percent. Claim and benefit payments totaled RMB598.8 billion, a year-on-year increase of 3.5 percent. Specifically, total property insurance claim and benefit payments increased 14.6 percent year on year, and total life-insurance claim and benefit payments fell 3.8 percent.

Table 12 Use of Insurance Funds at End-June 2018

Unit: RMB100 million, %

	Outstanding balance		As a share of total assets	
	End-June 2018	End-June 2017	End-June 2018	End-June 2017
Total assets	176,442	164,304	100.0	100.0
Of which: Bank deposits	21,420	21,593	12.1	13.1
Investments	135,453	123,406	76.8	75.1

Source: China Banking and Insurance Regulatory Commission.

Growth of insurance assets moderated further. At end-June, total assets in the insurance industry posted RMB17.6 trillion, up 7.4 percent year on year and a deceleration of 3.4 percentage points from end-2017. Among this total, outstanding bank deposits decreased 0.8 percent year on year, whereas investment-linked assets increased 9.8 percent year on year.

6. Swap transactions on the foreign-exchange market saw rapid growth

Trading on the foreign-exchange market was brisk. In H1, turnover of spot RMB/foreign-exchange transactions totaled USD3.3 trillion, an increase of 12.1 percent year on year. Turnover of RMB/foreign-exchange swap transactions totaled USD7.5 trillion, an increase of 35.8 percent year on year. Specifically, overnight RMB/USD swap transactions posted USD4.4 trillion, accounting for 58.6 percent of the total swap turnovers. Turnovers on the RMB/foreign-exchange forward market totaled USD38.4 billion, a decrease of 4.9 percent year on year. Turnovers of foreign-currency pair transactions totaled USD90.8 billion, an increase of 62.7 percent year on year. In particular, the EUR/USD pair registered the largest trading volume, accounting for 43.1 percent of the total.

Participants on the foreign-exchange market increased further. At end-June, there were 667 members on the foreign-exchange spot market, 203 members on the foreign-exchange forward market, 199 members on the foreign-exchange swap market, 167 members on the currency-swap market, and 119 members on the foreign-exchange options market. There were 32 market-makers on the spot market and 27 market-makers on the forward and swap markets.

7. Gold prices fell after experiencing a rise, and the trading volume grew steadily

Gold prices rallied before declining. In H1, international gold prices peaked at USD1,366.06 per ounce and hit a trough of USD1,245.65 per ounce, closing at USD1,250.45 per ounce at end-June, representing a fall of 3.56 percent from end-2017. The peak and trough prices of gold (AU9999) on the Shanghai Gold Exchange were RMB280.00 per gram and RMB264.80 per gram, respectively. At end-June, the AU9999 closed at RMB267.38 per gram on the Shanghai Gold Exchange, a decrease of 2.06 percent from end-2017.

Trading volume on the Shanghai Gold Exchange generally expanded. In H1, the volume of gold trading on the Shanghai Gold Exchange was 29,700 tons, an increase of 23.48 percent year on year, and the turnover posted RMB8.07 trillion, an increase of 21.16 percent year on year. The trading volume of silver was 427,900 tons, a fall of 23.26 percent year on year, and the turnover posted RMB1.57 trillion, a decrease of 30.49 percent year on year. The trading volume of platinum was 20.56 tons, an increase of 3.45 percent year on year, and the turnover posted RMB4,258 million, a decline of 5.89 percent year on year.

II. The development of institutional arrangements in the financial markets

1. Regulation of asset management products was unified

On April 27, 2018, the PBC, China Banking and Insurance Regulatory Commission (CBIRC), China Securities Regulatory Commission (CSRC), and the State Administration of Foreign Exchange (SAFE) jointly issued the *Guidelines on Regulating the Asset Management Business of Financial Institutions* (hereafter referred to as the *Guidelines*). From the perspective of the entire asset management industry, the *Guidelines* unified the regulatory standards based on the categories of the asset management products, banned multi-re-investments for regulatory arbitrage purposes, set the leverage ratio based on clearly-categorized product types, promoted the use of the net asset value for the management of asset management products, regulated asset investments of non-standard claims, and lowered the risks of shadow banking. After its issuance, the PBC made joint efforts with the relevant authorities to launch rules on standard claim assets and relevant detailed rules, promoted orderly implementation of the *Guidelines* by clamping down on irregularities in the asset management industry and at the same time balancing the intensity and pace of implementation. Earnest efforts were made to place non-standard assets back on the balance sheet and to improve the supporting instructional arrangements, such as enhancing the relevant macro-prudential policies. A mix of monetary-policy instruments was used to maintain liquidity at an adequate and reasonable level so as to provide a facilitating monetary and financial environment for the real economy.

2. Efforts were made to enhance regulation of investments made by non-financial institutions in financial institutions

In order to better regulate investments made by non-financial institutions to financial institutions, prevent the cross-institution and the cross-business contagion of risks, and promote positive interactions between the real sector and the financial industry, the PBC, CBIRC, and CSRC issued the *Guidelines on Tightening Regulations of Non-financial Enterprises' Investments in Financial Institutions* (hereafter referred to as the *Guidelines*). To address the identified problems and fill in the regulatory gap, the *Guidelines* focus on maintaining market order while vitalizing market energy. Non-financial institutions are required to invest in financial institutions in compliance with the law, specifically, to focus on their major businesses, to be prudent in their operations, to isolate risks, and to refrain from blind expansion and excessive investments in the financial sector. Differentiated regulations are adopted for different types of shareholders of financial institutions: ordinary financial investments will not be heavily regulated; shareholders, especially those with controlling shares, will be strictly regulated; the specific requirements for controlling the shareholders of financial institutions are defined by both positive and negative lists. The sources of the funds used by non-financial institutions to invest in financial institutions will be regulated more strictly to check on the authenticity of the capital and to ensure compliance. The equity structure and corporate governance will be improved, related-party transactions will be regulated, and the risk isolation mechanism will be improved so as to prevent abuse of control rights and inappropriate interventions in the operation of financial institutions. Penetrating regulations over non-financial institutions and financial institutions will be enhanced to strengthen coordination and information-sharing among regulators. Fully considering their impact on the market, the *Guidelines* will be soundly implemented by specifying a cut-off time-point to apply the new rules on new investments.

3. Regulation of short-term financing bills issued by securities firms was improved

The *Notice on the Management of Short-term Financing Bills Issued by Securities Firms* was issued (PBC Financial Market Document [2018] No. 14), to further improve the requirements that securities firms must meet before issuing such bills, streamline the required documents for application, clarify the rule on reviewing the ceiling of the outstanding value of short-term financing bills, and emphasize in-the-process and ex post monitoring and management of their issuance.

4. Institutional arrangements for regulation in the securities and futures industry

Regulatory rules on the capital market were further improved. First, the CSRC issued the *Administrative Rules on Foreign Investments in Securities Firms* in April, allowing foreign shareholders to have controlling shares in joint-venture securities firms, making clear that the scope of the business of joint-venture securities firms will be gradually opened, and raising further requirements on the qualifications of foreign shareholders. Second, in May, the State Asset Supervision and Administration Commission (SASAC), the Ministry of Finance (MoF), and CSRC jointly issued the *Regulatory Rules on State-owned Shares in Listed Firms*, unifying institutional arrangements and standards concerning the transfer of shares in listed companies by state-owned shareholders, which were previously scattered in various departmental rules and regulatory documents, putting in place a multi-layered regulatory system for state-owned assets, and improving the regulatory rules for the transfer of state-owned shares in listed companies shall be publicly announced and offered. Third, the CSRC and the PBC jointly issued the *Guidelines on Internet-based Sales and the Redemption of Money Market Funds* in June, providing strict enforcement of licensed operations of sales of money-market funds on the Internet, prohibiting embezzlement of funds arising from sales and the settlement of money-market funds, and setting a ceiling for T+0 redemptions and cashing out and also banning irregular advance payments.

A pilot for the domestic issuance of stocks and depository receipts by innovative enterprises was launched. In June, the CSRC issued *(Interim) Administrative Rules on the Issuance and Transaction of Depository Receipts*, and amended the requirements concerning the qualifications for being listed in the *Administrative Rules on Initial Public Offering and the Listing of Stocks* and *Administrative Measures on Initial Public Offerings and the Listing of Stocks on the Growth Enterprise*

Market. Meanwhile, multiple supporting rules and standards for the pilot were released, putting in place well-defined supervisory arrangements for the pilot program.

5. Basic institutional arrangements of the insurance market were improved

Regulatory rules on deferred personal tax commercial pensions entered into effect. In Q2, the CBIRC issued a series of policy documents concerning deferred personal tax commercial pensions (hereafter referred to as tax-deferred pensions), including provisional measures on the administration of the operation and use of funds, guidelines on product development, and conditions for such products. To qualify, insurance companies should meet standards on capital (registered capital and net assets of RMB1.5 billion or above), solvency (comprehensive solvency adequacy ratio of 150 percent or above, and a core solvency adequacy ratio of 100 percent or above), actuary capacity, investment capacity, and so forth. Three types of products were designed, namely those with defined benefits, promised lowest returns, and floating returns. Efforts will be made to ensure fund safety and profitability of the pension funds in the long term by managing such funds based on the principle of "sound returns, long-term investments, lifetime repayment, and actuarial balance." As for the investment and operation of such funds, greater emphasis was put on safety, long-term investment capacity, and risk management.

The insurance sector will open wider. First, restrictions on the scope of businesses of foreign-funded insurance brokerage firms will be lifted to converge with those of Chinese-funded firms. Second, overseas investors will be allowed to provide insurance agent and loss adjustment services in China.

Special inspection campaigns on life insurance products were conducted. The CBIRC issued the *Notice on Organizing Special Inspection Campaigns on Life Insurance Products* in May. Relevant insurance providers were asked to first check their life insurance products and make corrections on their own. Thereafter, they will be checked by the regulator and they will be punished in cases of misconduct, such as irregular product development, challenging the bottom line of the regulatory authorities, products that are not designed to be insurance products, undermining consumer interests, and development of peculiar products for the purpose of sales promotion.

PART 4

Macroeconomic Overview

I. Global economic and financial developments

Since the beginning of 2018, the global economy has continued its recovery, but downside risks have gradually accumulated amid the global trade frictions and the changing financial conditions, as growth is becoming somewhat less synchronized. The pace of recovery diverged in the major advanced economies, with the U.S. growing strongly, while the recovery in the euro area, the UK, and Japan moderating. The emerging market economies generally grew relatively rapidly, but their performance continued to diverge, with some economies still facing economic restructuring and transformation pressures.

1. Economic developments in the major economies

The major advanced economies continued their recovery, but their economic performance diverged. The U.S. saw solid gains in its economic recovery, inflation went up somewhat, and the jobless rate remained at low levels. The annualized quarter-on-quarter GDP growth was 2.2 percent and 4.1 percent in Q1 and Q2 2018 respectively. In particular, growth in Q2 was the highest since Q3 2014. In June, the manufacturing Purchasing Managers' Index (PMI) generated by the Institute for Supply Management (ISM) was 60.2, above 50 for 22 consecutive months; and the University of Michigan's Consumer Sentiment Index stayed high at 98.2. Inflation continued to rally, as the Consumer Price Index (CPI) rose 2.8 percent and 2.9 percent, while the core CPI rose 2.2 percent and 2.3 percent year on year in May and June respectively. The labor market continued to be tight as the jobless rate registered 3.8 percent and 4.0 percent in May and June respectively. In particular, the reading in May was the lowest since 2001.

In the euro area, the economic recovery moderated but the job market remained solid. Year-on-year GDP growth in the euro area was 2.5 percent and 2.1 percent respectively during the first two quarters of this year, slightly slower than the growth in previous quarters. The manufacturing PMI fell further to 54.90 in June. Inflation remained subdued, as the year-on-year growth of the core Harmonized Index of Consumer Prices (HICP) was 0.9 percent in June. The unemployment rate fell to 8.3 percent both in May and June, the lowest level since January 2009. In addition, financial market volatility increased as the market was unsettled by swings in efforts to form a government in Italy in May.

Growth in the UK moderated somewhat. GDP growth posted merely 1.2 percent in Q1 2018, the lowest since Q3 2012, and the year-on-year growth of the monthly CPI moderated in Q2 compared with that in Q1.

The Japanese economy moderated. The annualized quarter-on-quarter GDP growth

Table 13 Macroeconomic and Financial Indicators in the Major Advanced Economies

Economy	Indicator	2017Q2			2017Q3			2017Q4			2018Q1			2018Q2		
		Apr.	May	Jun.	Jul.	Aug.	Sept.	Oct.	Nov.	Dec.	Jan.	Feb.	Mar.	Apr.	May	Jun.
United States	Real GDP growth rate (annualized quarterly rate, YOY, %)	3.0			2.8			2.3			2.2			4.1		
	Unemployment rate (%)	4.4	4.3	4.3	4.3	4.4	4.2	4.1	4.1	4.1	4.1	4.1	4.1	3.9	3.8	4.0
	CPI (YOY, %)	2.2	1.9	1.6	1.7	1.9	2.2	2.0	2.2	2.1	2.1	2.2	2.4	2.5	2.8	2.9
	DJ Industrial Average(closing number)	20,941	21,009	21,350	21,891	21,948	22,405	23,377	24,272	24,719	26,149	25,029	24,103	24,163	24,416	24,271
Euro Area	Real GDP growth rate (YOY, %)	2.5			2.8			2.8			2.5			2.1		
	Unemployment rate (%)	9.2	9.2	9.0	9.0	9.0	8.9	8.8	8.7	8.7	8.6	8.5	8.5	8.4	8.3	8.3
	HICP (YOY, %)	1.9	1.4	1.3	1.3	1.5	1.5	1.4	1.5	1.4	1.3	1.1	1.3	1.3	1.9	2.0
	EURO STOXX 50 (closing number)	3,560	3,555	3,442	3,449	3,421	3,595	3,674	3,570	3,504	3,609	3,439	3,362	3,537	3,407	3,396
Japan	Real GDP growth rate (annualized quarterly rate, YOY, %)	2.1			2.0			1.0			–0.6			—		
	Unemployment rate (%)	2.8	3.1	2.8	2.8	2.8	2.8	2.8	2.7	2.8	2.4	2.5	2.5	2.5	2.2	2.4
	Core CPI (YOY, %)	0.4	0.4	0.4	0.4	0.7	0.7	0.2	0.6	1.0	1.4	1.5	1.1	0.6	0.7	0.7
	NIKKEI 225(closing number)	19,925	19,646	20,356	22,012	22,725	22,765	23,098	22,068	21,454	23,098	22,068	21,454	22,468	22,202	22,305

Sources: Statistical bureaus and central banks of the relevant economies.

was –0.6 percent in Q1 2018, the first negative growth since Q4 2015. Inflation remained subdued as employers were reluctant to raise wages and investment sentiment was weak.

Overall growth in the emerging market economies was relatively rapid, though performance continued to diverge. The Indian economy grew rapidly, posting 7.7 percent in Q1 2018 amid improving sentiment indices in the manufacturing and services sectors. Supported by the rebound in the prices of commodities such as oil, Russia's economy gradually stabilized, inflation was under control and it was declining as employment improved. In Brazil, the recovery momentum weakened, as the year-on-year GDP growth slipped to 1.2 percent in Q1 and the expansion of manufacturing and the services sectors decelerated since Q2 and the manufacturing PMI dropped below 50 to 49.8 in June. Growth in South Africa remained anemic amid stubbornly high unemployment, with the GDP rate only adding 0.8 percent year on year in Q1 and inflation going up slightly.

2. Developments in global financial markets

At the beginning of 2018, the USD Index continued its losing streak since the last year, but it rallied sharply in Q2 to appreciate against the currencies of the major economies. Trade frictions and monetary-policy normalization in the major economies, coupled with other factors, triggered large swings in global financial markets. Stock markets, bond markets, and foreign-exchange markets in some emerging market economies slid simultaneously, and stock indexes in the advanced economies also saw some volatility.

The USD Index rallied with a broad currency

depreciation against the USD. At end-June, the USD Index closed at 94.51, up 4.91 percent from end-March. The exchange rates of the Japanese yen, the euro, and the British pound were at 110.66 yen per USD, USD1.1683 per euro, and USD1.3207 per pound, off 3.83 percent, 5.02 percent, and 5.77 percent respectively from the end of March. Among the emerging market currencies, the Argentine peso, the Brazilian real, the Turkish lira, the Mexican peso, the Russian ruble, and the Indian rupee depreciated by 30.37 percent, 14.73 percent, 14.06 percent, 8.66 percent, 8.82 percent, and 4.88 percent respectively against the USD compared with end-March.

Global money-market rates generally edged up due to continuous interest-rate hikes by the Fed, and the USD Libor rose slightly. As of end-June, the 1-year USD Libor was 2.7641 percent, an increase of 9 basis points (bps) and 66 bps compared to the end of March and the end of 2017 respectively. The Euribor edged up on the back of expectations of a policy tightening by the European Central Bank (ECB). As of end-June, the 1-year Euribor registered −0.1810 percent, a gain of 0.9 bp and 0.5 bp from end-March and end-2017 respectively.

The yields of government bonds generally diverged in the major advanced economies and generally rose in the emerging market economies. As of end-June, the yield of 10-year U.S. Treasuries closed at 2.851 percent, up 10.7 bps from end-March, whereas the yield of 10-year German, UK, French, and Japanese government bonds closed at 0.308 percent, 1.279 percent, 0.785 percent, and 0.031 percent, down 18.6 bps, 7.2 bps, 6.1 bps, and 0.8 bp respectively from the end of March. Among the emerging market economies, the yields of 10-year Argentine, Turkish, Brazilian, Russian, and Indian government bonds jumped 428.1 bps, 400 bps, 216.5 bps, 65 bps, and 50.5 bps respectively over those at end-March.

Stock markets in the advanced economies gained marginally, whereas those in some emerging market economies faced pressures. Shares rose slightly in the advanced economies on the back of the sustained economic recovery and the improved earnings of listed companies. As of end-June, the U.S. Dow Jones Industrial Average, the German DAX, the Japanese Nikkei 225, the euro area's STOXX 50, and the UK FTSE 100 added 0.70 percent, 1.73 percent, 5.41 percent, 1.01 percent, and 8.22 percent respectively over the end of March. Currency depreciations, capital outflows, and trade frictions sent stock indexes down in some emerging market economies. At end-June, the MSCI Emerging Markets Index slumped 8.7 percent from end-March. The Argentine BUSE MERVAL, the Turkish BIST30, the Brazilian BOVESPA, and the Russian RTS tumbled 16.32 percent, 15.68 percent, 14.76 percent, and 7.44 percent respectively.

International commodity prices saw a broad-based gain. Due to the deteriorating situation in Syria, the sanctions resumed by the U.S. against Iran, and the sharper-than-expected decline in the U.S. crude oil inventory, in Q2 the average price of Brent crude oil futures on the Intercontinental Exchange surged 47.6

percent year on year and 11.5 percent quarter on quarter. On the London Metal Exchange, the average spot price of copper jumped 21.4 percent year on year, but retreated 1.3 percent quarter on quarter in Q2, whereas that of aluminum added 18.3 percent year on year and 4.6 percent quarter on quarter.

3. Monetary policies in the major economies

The advanced economies were moving in the direction of policy normalization. The U.S. Fed hiked rates in June, the ECB announced that it would exit from the quantitative easing (QE) by the end of 2018, the Bank of England (BOE) raised rates in August, whereas the Bank of Japan (BOJ) kept the rate unchanged. On June 13, the Fed raised the federal funds rate by 25 bps to the 1.75~2.00 percent range, raised the interest rate paid on required and excess reserve balances by 20 bps, and revised up the median projection for the federal funds rate to 2.4 percent and 3.1 percent for the end of this year and the end of next year respectively. The expected rate hikes for 2018 were revised up four times, whereas those for 2019 remained unchanged three times. The Fed continued to unwind, as the decreasing cap for Treasury securities was USD18 billion in June and it increased to USD24 billion in July, and that for agency debt and mortgage-backed securities (MBS) was USD12 billion in June and USD16 billion in July.

On June 14, the ECB decided to keep the benchmark rates unchanged and to keep the rates on hold until at least the summer of 2019. In addition, it decided to maintain its monthly asset-purchase program of EUR30 billion until September, reduce it to EUR15 billion from October to December, and exit from the QE by the end of 2018.

On June 15, the BOJ decided to continue the negative interest rate of –0.1 percent to the Policy-Rate Balances in the current accounts held by financial institutions at the BOJ and to keep the 10-year Japanese government bond (JGB) yield at about zero percent. It decided to maintain its JGB purchases at the current annual pace of about JPY80 trillion, to continue to purchase JPY6 trillion of exchange-traded funds (ETFs) and JPY90 billion of Japan real-estate investment trusts (J-REITs) annually, and to maintain the holding of commercial paper and corporate bonds at around JPY2.2 trillion and JPY3.2 trillion respectively.

The BOE decided to keep its benchmark rate on hold at 0.50 percent on May 10 and on June 21 and then hiked the rate by 25 bps to 0.75 percent on August 2. In the meantime, it decided to maintain the current scale of asset purchases.

The emerging market economies continued to adopt different monetary-policy stances. Given the stabilizing and close-to-target inflation, on June 20 the Central Bank of Brazil decided to keep its policy rate unchanged at 6.5 percent. On June 15 the Central Bank of the Russian Federation kept its key rate on hold at 7.25 percent. In view of the upbeat economic performance and with inflation expected to move closer to the target, on May 24 the Bank of Korea decided to leave its Base Rate unchanged at 1.50 percent. To address exchange-rate volatility, capital outflows, and inflationary pressures, on June 21 the Banco de Mexico raised the overnight interest-rate target by 25 bps to 7.75 percent. Given the rising oil prices and the mounting inflationary pressures caused by depreciation of its currency, on June 6 the Reserve Bank of India raised the repo rate by 25 bps to 6.25 percent. To stem sliding currency and capital outflows, the Central Bank of Turkey hiked rates on June 1 and June 7 by 850 bps and 125 bps respectively to 17.75 percent, and the Central Bank of Argentina increased the policy interest rate on April 27, May 3, and May 4 by 300 bps, 300 bps, and 675 bps respectively to 40 percent.

4. Global economic outlook and key risks

In its updated July 2018 *World Economic Outlook*, the International Monetary Fund (IMF) maintained its April forecast for global economic growth, which is 3.9 percent for both 2018 and 2019. In particular, the 2018 growth forecast for the advanced economies was revised downward, while that for the emerging market and developing economies remained unchanged. Looking ahead, the global economy may face the following risks.

First, escalating trade frictions. Recently, protectionism, unilateralism, and de-globalization have escalated, leading to rising trade frictions, impairing in investor confidence, and increasing volatility in global financial markets. As global industrial structures and financial systems have become interconnected due to economic globalization, the escalation of trade frictions will take a toll on a wider range of global industrial chains. This may create greater macroeconomic risks and even global financial market turmoil, dragging down longer-term economic growth.

Second, a fresh bout of financial volatility in the emerging markets. The strengthening of the USD and the rising risk aversion recently triggered a new round of financial volatility in the emerging markets. Compared to the 2013 and 2015 episodes, this time most emerging market economies have turned out to be more resilient and to have solid economic fundamentals. Nevertheless, as the central banks in the major advanced economies exit their monetary easing, downside risks may persist, weighing down on growth in the emerging markets.

Third, higher financial market vulnerability. The upbeat recoveries in the major advanced economies and the sufficient global liquidity have pushed up asset prices to historical highs. Currently, monetary-policy normalization is becoming more broad-based in the advanced economies. Once the tightening of global liquidity becomes faster than market expectations, there may be a sharp decline in asset prices and higher financial market volatility. Against this backdrop, the uncertain global economic outlook and the escalation of trade frictions may increase risk aversion, initiating a retreat from investment and a turn to safe assets.

Fourth, structural challenges in medium and long-term growth. Over the medium and long term, structural problems will persist, such as the aging population and the slower productivity gains. In addition, due to limited policy space the proactive fiscal policy adopted by the major advanced economies may build up the fiscal deficit and increase the issuance of government bonds, which will drive up interest rates and crowd out funds. On the monetary front, policy space is constrained due to the large-scale central-bank balance sheet in the major economies and the low interest rates.

In addition, geopolitical tensions have occurred in numerous places and risk factors and uncertainties have been growing at a rapid pace, exerting a greater impact on the global economy and financial markets. Meanwhile, risks from new technologies, such as FinTech, should not be neglected as they may pose additional challenges to global financial regulation and supervision.

II. Macroeconomic developments in China

During the first half of 2018, the Chinese economy maintained steady overall growth with positive signs. The structural reforms continued to deepen, supply and demand remained generally balanced, the shift to the new growth momentum accelerated, and the quality and efficiency of the economy steadily improved. Consumption contributed more to economic growth, employment remained stable amid positive signs, and consumption prices rose moderately. Preliminary estimates show that the GDP recorded RMB41.9 trillion in the first half of the year, up 6.8 percent year on year in comparable terms. The CPI went up 2.0 percent year on year. The trade surplus registered RMB901.3 billion.

1. Consumption grew steadily and imports and exports expanded rapidly

Household income grew steadily, the growth of online consumption accelerated, and consumption contributed more to economic growth. In the first half of 2018, per capita disposable income registered RMB14,063, up 8.7 percent year on year, or 6.6 percent in real terms. The per capita disposable income of rural residents grew 8.8 percent to RMB7,142, outpacing that of urban residents by 0.9 percentage point. According to the Q2 Urban Depositors' Survey conducted by the People's Bank of China, 24.7 percent of consumers were inclined to "consume more," which remained basically unchanged from the previous quarter. During the first half of the year, final consumption expenditures contributed 78.5 percent to GDP growth, up 15.1 percentage points year on year. Total retail sales grew 9.4 percent year on year to RMB18.0 trillion. Rural retail sales continued to grow faster than urban retail sales, outpacing the latter by 1.3 percentage points. During the period, online retail sales recorded strong expansion of 30.1 percent, reaching RMB4.1 trillion.

The growth rates of manufacturing investments and private investments rebounded, and economic growth was less dependent on infrastructure investments. In the first half of 2018, fixed-asset investments (excluding those by rural households) reached RMB29.7 trillion, up 6.0 percent year on year. Recent investment activities exhibited the following patterns.First, the growth of manufacturing investments rebounded. In the first half of the year, manufacturing investments increased by 6.8 percent year on year and the expansion continued for three consecutive months. Growth was 3.0 percentage points faster than that in the first quarter and 1.3 percentage points faster than that in the same period of the last year. Second, the growth of private investments recovered. In the first half of the year, private investments grew 8.4 percent year on year, 1.2 percentage points higher than that in the same period of the last year. The share of total investments registered 62.1 percent, 1.4 percentage points higher than that during the same period of the last year. Third, real-estate investments rose steadily, expanding 9.7 percent year on year during the first half of 2018. Fourth, the growth of infrastructure investments moderated, expanding 7.3 percent year on year during the first half of 2018, 13.8 percentage points less than that during the same period of the last year. The slowdown was due to factors such as the growth's reduced reliance on infrastructure investments and regulation of local government financing activities that accompanied the economic restructuring.

Imports and exports continued to grow rapidly, and the share of general trade rose. In the first half of 2018, imports and exports reached RMB14.1 trillion, up 7.9 percent year on year. Exports expanded 4.9 percent year on year to RMB7.5 trillion, and imports grew 11.5 percent year on year to RMB6.6 trillion. The trade surplus narrowed by 26.7 percent year on year and reached RMB901.3 billion. In terms of the USD, exports and imports grew 16 percent to USD2.2 trillion. In terms of the trade components, the trade structure improved further. The share of general trade increased and accounted for 59 percent of total exports and imports, up 2.3 percentage points from the same period of the last year. Broken down by categories, machinery and electronics still dominated exports, growing 7 percent year on year and accounting for 58.6 percent of total exports. Broken down by trade partners, China's exports to and imports from its top three trade partners, namely, the European Union, the United States, and the ASEAN countries, continued to increase, by 5.3 percent, 5.2 percent, and 11 percent respectively year on year. They accounted for 41 percent of China's exports and imports. During the same period, imports from and exports to the 16 countries in Central and Eastern Europe grew 14.7 percent, 6.8 percentage points more than the total imports and exports.

Foreign direct investments (FDI) continued to flow into high-end industries, while outbound investments continued to improve in terms of the composition of the destination industries. During the first half of 2018, actually utilized FDI remained basically stable, rising 1.1 percent year on year to RMB446.29 billion. Broken down by industries, actually utilized FDI in the manufacturing industries grew 4.9 percent to RMB134.83 billion, accounting for 30.2 percent of the total; in the high-tech industries, it grew 1.6 percent year on year, 20.9 percent of the total; in the high-tech manufacturing industries, it grew 25.3 percent year on year to RMB43.37 billion. During the same period, non-financial outbound direct investments registered USD57.18 billion, up 18.7 percent year on year. Outbound direct investments to countries covered by the Belt and Road Initiative grew 12 percent year on year to USD7.4 billion, with steady progress in investment cooperation. The sectoral structure of outbound investments was further optimized. In the first half of 2018, outbound investments mainly focused on leasing/commercial services, manufacturing, mining, and wholesale/retail industries, accounting for 32.6 percent, 15.8 percent, 11.5 percent, and 9.5 percent of the total respectively. There were no new outbound investments in overseas real estate, sports, or entertainment industries.

2. Industrial production was generally stable, and growth of corporate profits accelerated

The tertiary industries continued to expand in terms of their share of value-added. During the first half of 2018, the value-added of the primary, secondary and tertiary industries registered RMB2.2 trillion, RMB16.9 trillion, and RMB22.8 trillion, respectively, up 3.2 percent, 6.1 percent, and 7.6 percent year on year. Their shares in GDP were 5.3 percent, 40.4 percent, and 54.3 percent respectively. The share of tertiary industry further increased by 0.2 percentage point from the same period of the last year, exceeding the share of secondary industry by 13.9 percentage points.

Agricultural production was sound. The crop planting structure was adjusted, and summer grain crops were promising. Supply-side structural reforms in the agricultural industry deepened further, with more farmland allocated to cotton and soybeans. Animal husbandry output was stable. In the first half of the year, the output of pork, beef, mutton, and poultry increased 0.9 percent year on year to 39.95 million tons, with the output of pork increasing by 1.4 percent to 26.14 million tons.

The growth of industrial production was generally stable and corporate profits increased relatively rapidly. In the first half of 2018, the value-added of statistically large industrial firms (SLIFs) increased by 6.7 percent year on year in real terms, down 0.1 percent from the first quarter. The upgrading of the manufacturing industry toward mid- and high-end industries accelerated. During the period, value-added in the high-tech manufacturing and equipment manufacturing industries expanded 11.6 percent and 9.2 percent year on year respectively, which was 4.9 percentage points and 2.5 percentage points higher than that of the SLIFs. New industries and new products were emerging rapidly. In the first half of the year, the value-added of emerging strategic industries grew 8.7 percent year on year, 2.0 percentage points faster than that of the SLIFs. Total profits realized by the SLIFs nationwide registered RMB3,388.21 billion, up 17.2 percent year on year. The profit margin of their main business lines was 6.51 percent, up 0.41 percentage point year on year. According to the Q2 Entrepreneurs' Survey of 5,000 Industrial Enterprises conducted by the People's Bank of China, the Corporate Performance Index posted 58.5 percent, down 0.1 percentage point from the previous quarter. The Profit Index reached 59.7 percent, up 3.0 percentage points from the previous quarter and up 3.6 percentage points from the same period of the last year.

3. Consumer prices increased moderately, and the growth of producer prices accelerated

The growth of food prices moderated, and consumer prices increased mildly. In the first half of 2018, the CPI rose 2.0 percent year on year. In the second quarter, the monthly CPI growth rates stood at 1.8 percent, 1.8 percent, and 1.9 percent respectively, averaging 1.8 percent. CPI growth was 0.3 percentage point lower than that in the previous quarter, but 0.4 percentage point higher than that in the same period of the last year. Increases in food prices declined, whereas the increase in non-food prices remained basically stable. During the second quarter, food prices went up by 0.4 percent year on year, a deceleration of 1.6 percentage points from the previous quarter. Non-food prices moved up by 2.2 percent year on year, which remained unchanged from the previous quarter. Inflation of consumer goods and services moderated. In the second quarter, prices of consumer goods were up by 1.4 percent year on year, a deceleration of 0.3 percentage point from the previous quarter. Prices of services moved up by 2.5 percent year on year, a deceleration of 0.4 percentage point from the previous quarter.

Growth of producer prices accelerated. The PPI rose 3.9 percent in the first half of 2018. In the second quarter, monthly PPI growth rates stood at 3.4 percent, 4.1 percent, and 4.7 percent respectively, averaging 4.1 percent. The PPI growth was 0.4 percentage point higher than that in the previous quarter. The growth in prices of capital goods rebounded. In the second quarter, the prices of capital goods increased by 5.3 percent year on year, an acceleration of 0.4 percentage point from the previous quarter. The Purchasing Price Index for Industrial Products (PPIIP) went up by 4.4 percent year on year during the first half of the year and by an average of 4.4 percent in the second quarter, unchanged from the previous quarter. The Corporate Goods Price Index (CGPI) rose 3.4 percent year on year, with a relatively rapid recovery in the prices of intermediate products and investment products. In the second quarter, the price of agricultural products declined by 3.0 percentage points year on year, falling 1.7 percentage points further over that in the previous quarter; the price of agricultural capital goods grew 3.1 percentage points year on year, rising 1.7 percentage points from the previous quarter.

The growth of import prices accelerated. During the first half of 2018, import and export prices went up by 2.0 percent and 0.4 percent year on year respectively. Monthly year-on-year growth of import prices from April through June stood at 0.5 percent, 2.0 percent, and 4.4 percent respectively, averaging 2.3 percent and 0.7 percentage point higher than that in the previous quarter; monthly year-on-year growth of export prices registered 0.2 percent, 0.6 percent, and 0.4 percent respectively, averaging 0.4 percent, which remained unchanged from the previous quarter.

The growth of the GDP deflator moderated. During the first half of 2018, the GDP deflator (as the ratio of GDP at current prices to GDP at constant prices) rose 3.0 percent year on year. Growth in the second quarter registered 2.9 percent, a deceleration of 0.2 percentage point from the previous quarter.

4. Fiscal revenue grew rapidly

Fiscal revenue maintained its rapid growth, as tax revenue grew at an accelerated pace. In the first half of 2018, total fiscal revenue reached RMB10.4 trillion, up by 10.6 percent year on year and an acceleration of 0.8 percentage point from the same period of the last year. In terms of the revenue structure, tax revenue registered RMB9.2 trillion, up by 14.4 percent year on year and an acceleration of 3.5 percentage points from the same period of the last year; non-tax revenue declined by 10.8 percent year on year to RMB1.3 trillion. In particular, the domestic value-added tax, domestic consumption tax, corporate income tax, personal income tax and the imported value-added and consumption tax were all up, by 16.6 percent, 17.4 percent, 12.8 percent, 20.3 percent, and 10.6 percent year on year, respectively.

Fiscal expenditures were relatively stable. In the first half of 2018, fiscal expenditures registered RMB11.2 trillion, up by 7.8 percent year on year and a deceleration of 8.0 percentage points from the same period of the last year. The fiscal deficit reached RMB726.14 billion, down by RMB191.6 billion year on year. In terms of the expenditure structure, expenditures on science and technology, energy savings and environmental protection, and social security and employment increased rapidly, up by 25.4 percent, 16.3 percent, and 11.3 percent year on year respectively.

5. Employment was stable and improving

The surveyed unemployment rate declined. In the three months of Q2, the surveyed unemployment rate in urban areas was 4.9 percent, 4.8 percent, and 4.8 percent respectively, each down by 0.1 percentage point year on year.

Employment was stable and improving. According to a statistical analysis by the China Human Resources Market Information Monitoring Center of data provided by public employment agencies in 92 cities, in Q2 of 2018 labor demand slightly exceeded labor supply, and the ratio of job vacancies to job seekers was 1.23, which was 0.12 higher year on year and unchanged from the previous quarter. Compared with the same period of the last year, labor demand increased by 183,000, whereas job seekers declined by 215,000. Broken down by industries, the scientific research, technological services, and geological exploration industries, real estate, leasing and commercial services recorded large year-on-year increases in labor demand; labor demand in education, accommodations and catering, manufacturing, and the information transmission, computer services, and the software industries grew steadily. Demand for labor with medium and advanced technical skills or basic and medium professional skills continued to grow.

6. The balance of payments was generally balanced

The current account registered a narrow deficit and the non-reserve financial account registered a small surplus. In the first half of 2018, the current account deficit reached USD28.3 billion. In particular, goods trade registered a surplus of USD155.9 billion and services trade registered a deficit of USD147.3 billion. The capital and financial account posted a surplus of USD66.8 billion. Among this, the capital account registered a deficit of USD200 million, the non-reserve financial account registered a surplus of USD117.1 billion, and reserve assets increased by USD50.1 billion. In Q2 of 2018, the current account registered a surplus of USD5.8 billion, the capital and financial account registered a deficit of USD5.8 billion, and the non-reserve financial account registered a surplus of USD18.2 billion. At end-June, total foreign-exchange reserves stood at USD3.1121 trillion.

The external debt continued to grow. As of end-March, the total outstanding external debt in both domestic and foreign currencies registered USD1.8435 trillion, up by USD132.9 billion from the end of the previous year. Among this, the outstanding short-term external debt registered USD1.1872 trillion, accounting for 64 percent of the total external debt.

7. Analysis by sectors

(1) The real-estate sector

In the first half of 2018, growth of total sold floor area continued to moderate, but housing sales increased at an accelerated pace. Both the month-on-month and year-on-year increases in housing prices in 70 large and medium-sized cities widened. The growth of real-estate investments declined, and the growth of real-estate loans remained largely unchanged.

More cities saw housing prices increase at an accelerated pace. In June, the prices of newly-built housing recorded month-on-month growth in 63 out of 70 large and medium-sized cities, 8 cities more than that in March, and the average growth was up by 0.7 percentage point from March; the prices of newly-built residential housing rose year on year in 61 cities, 1 city more compared with March, and the average growth was 0.3 percentage point higher than that in March. The price of second-hand residential housing increased month on month in 66 cities, 7 cities more than that in March; the price of second-hand residential housing increased year on year in 63 cities, which was the same as that in March.

Growth of total sold floor area continued to moderate and growth of housing sales picked up. In the first half of 2018, the total floor area of sold units posted 770 million square meters, up by 3.3 percent year on year, which was 0.3 percentage point lower than that in Q1. Housing sales reached RMB6.7 trillion, up by 13.2 percent year on year, which was 2.8 percentage points higher than that in Q1. In particular, residential housing accounted for 86.7 percent of the total sold floor area and 84.6 percent of the total housing sales.

Growth of real-estate investments declined steadily. In the first half of 2018, real-estate investments throughout the country registered RMB5.6 trillion, up by 9.7 percent year on year, which was 0.7 percentage point lower than the growth in Q1. Specifically, investments in residential housing, which accounted for 70.2 percent of real-estate investments, reached RMB3.9 trillion, up by 13.6 percent year on year and representing an acceleration of 0.3 percentage point from Q1. The floor area of newly-started real-estate projects gained 11.8 percent year on year to reach 960 million square meters, which was 2.1 percentage points higher than that in Q1. The floor area of real-estate projects under construction grew by 2.5 percent year on year to reach 7.1 billion square meters, an acceleration of 1 percentage point from Q1. The floor area of completed real-estate projects declined by 10.6 percent year on year to 370 million square meters, which was 0.5 percentage point higher than the decline in Q1.

Growth of real-estate loans was largely unchanged. At end-June, outstanding real-estate lending by major financial institutions (including foreign financial institutions) stood at RMB35.8 trillion, up by 20.4 percent year on year and an acceleration of 0.1 percentage point from end-March. Outstanding real-estate loans accounted for 27.7 percent of total lending. Among this, outstanding personal mortgages rose by 18.6 percent year on year to RMB23.8 trillion, 1.4 percentage points lower than the growth at end-March; outstanding housing-development loans increased by 34.2 percent year on year to RMB6.7 trillion, an acceleration of 3 percentage points from end-March; outstanding land-development loans registered RMB1.5 trillion, up by 7.1 percent year on year, 4.9 percentage points higher than that at end-March.

Loans for welfare housing continued to grow rapidly. At end-June, outstanding loans for the development of welfare housing stood at RMB4.1 trillion, up 37.4 percent year on year, a rapid growth though 0.5 percentage point lower than that at end-March. In the first half of 2018, loans for the development of welfare housing grew by RMB740.7 billion, accounting for 62.1 percent of the total new real-estate development loans. In addition, the pilot lending program financed by housing provident funds to support the construction of welfare housing proceeded steadily. By end-June, loans for 373 welfare-housing projects in 85 cities had been approved, RMB87.21 billion had been disbursed based on the progress of the project, and RMB80.57 billion of the loan principal had been repaid.

(2) Online retail and courier services

Online retail and courier services are not only major areas to promote the integration of the Internet, big data, artificial intelligence, and the real economy but also an essential catalyst to develop a digital economy, to promote supply-side structural reforms, and to build a modern economic system. They play a vital role in fostering innovation and entrepreneurship, supporting rural vitalization, and promoting economic transition and upgrading.

In recent years, online retail transactions have developed rapidly in China. This has generated a huge demand for logistics, transportation, and delivery, thus driving up the rapid growth of courier services. In the first half of 2018, online retail sales in China registered RMB4.081 trillion, up by 30.1 percent year on year, which was much higher than the growth of total retail sales of consumer goods. The share of online retail sales in total retail sales of consumer goods rose from 10.6 percent in 2014 to 17.4 percent in the first half of 2018. By the end of 2017, users of online shopping in China had reached 533 million, up by 14.3 percent year on year. The employment created both directly and indirectly by e-commerce had reached 42.5 million. In 2017, online retail sales of physical goods contributed 37.9 percent to the growth of total retail sales of consumer goods, with an increasingly strong driving effect. In particular, online retail sales in rural areas grew by 39.1 percent year on year to RMB1.2 trillion, and online retail sales of agricultural products grew by 53.3 percent to reach RMB240 billion. This has effectively increased farmers' incomes and has promoted an upgrading of the agricultural structure. Driven by the rapid growth of online retail, courier service companies registered a business volume of 22.08 billion pieces during the first half of 2018, up by 27.5 percent year on year; and its business revenue reached RMB274.5 billion, up by 27 percent year on year.

On the demand side, the youthful consumers, the rising disposable household income, and the deepening of urbanization will unleash more consumption potential. On the supply side, the development of digital technology will create richer application scenarios for online retail and will promote the innovation of business models. However, online retail and courier services still face many challenges in their development.

First, the dividend of online flows is almost saturated. From 2014 to 2017, online retail sales grew by 49.7 percent, 33.3 percent, 26.2 percent, and 32.2 percent respectively year on year; the business volume of courier services grew by 51.9 percent, 48 percent, 51.4 percent, and 28 percent respectively year on year; and the business revenue of courier services grew by 41.9 percent, 35.4 percent, 43.5 percent, and 24.7 percent respectively year on year. All demonstrated a general downward trend amid fluctuations.

Second, the cost to win customers and the logistical costs for online retail have increased. With the gradual increase in the cost for online retail—the flow cost plus warehousing/logistics—the low gross margin of pure e-commerce platforms has become a bottleneck in increasing profit margins.

Third, as consumers demand more for services, quality, and experience, the value of outlets and experience in offline retail has become irreplaceable, which has created strong competition to online retail.

Fourth, online retail companies have higher requirements for warehousing, a customized service capacity from third-party logistics companies and operational efficiencies, with the rising costs squeezing the profit margins of courier services.

At the next stage, efforts should be made to encourage financial institutions to make innovations in providing financial services, to improve trade financing and lending to businesses that use inventories, orders, or receivables as mortgages or pledges, and to explore businesses, such as credit insurance and chattel mortgage guarantees, so as to enhance financial services. New financing models should be actively sought. Measures should be taken to attract the participation of venture capital and M&A funds and to create a diverse regime with multiple financing channels for the development of online retail and courier services. Meanwhile, work should be done to strengthen the construction of the credit system, improve the credit evaluation system for online retail, and build a joint disciplinary system for dishonest behavior to create a fair and competitive environment for the development of online retail and courier services.

PART 5 Monetary Policy Stance to be Adopted during the Next Stage

I. Outlook for the Chinese economy

During the next period, several favorable factors will support the sustained and sound growth of the Chinese economy. The global economic recovery is expected to continue. In July, the IMF forecast average growth, which will be 3.9 percent of the growth rate of the global economy in this year and the next year. The Chinese economy is resilient, with favorable long-term momentum and fundamentals remaining unchanged. The economy has a huge growth potential, with much room for development in new urbanization, services, advanced manufacturing, and consumption upgrading. There is also fairly large room for policy maneuvers. Reform of the economic system has been furthered. Supported by the supply-side reforms and the market mechanism, China has achieved an overall balance of supply and demand in the economy, with favorable employment, an accelerated shift in the economic growth drivers, development of emerging industries, sound transformation and upgrading of traditional industries, higher capacity utilization, and improvements in the economic structure. Meanwhile, leverage in the economy has stabilized, and early achievements have been made in preventing financial risks. The dynamics between the real economy and the financial sector is undergoing some changes. At the stage of high-quality development and economic restructuring, lower financing growth can still support sound economic performance. Supported by numerous factors, the Chinese economy continued its sound development in the first half of 2018, with steady progress in economic restructuring and upgrading, continued shifting from old to new economic driving forces, strengthened economic resilience, better quality, and higher efficiency. The PBC's Quarterly Survey of Entrepreneurs and Bankers in Q1 of 2018 reveals that the macroeconomic indicator, confidence indicator, and other indicators rose both quarter on quarter and year on year. The Survey of Urban Depositors shows that household employment expectations remain at a high level.

Nevertheless, it is worth noting that structural and deep-rooted problems that weigh on sustained economic growth still exist. It remains an arduous task to accelerate the establishment of a modern economy and to promote high-quality development. Meanwhile, we should be aware of the economic fluctuations caused by a combination of adverse factors on the demand side in the short term. In terms of the international situation, trade frictions, which create uncertainties about China's exports, may lead to a diminishing marginal pulling effect of external demand on growth and probably weaken investor sentiment and intensify financial market fluctuations. The increasingly complex global economic and political developments, uncertainties in the normalization of the monetary policies of the major advanced economies, and notable geopolitical risks may bring shocks to financial markets and capital flows. In terms of the domestic situation, there has been stronger compliance in local government financing and the conduct of financial institutions, and the growth of infrastructure investment has slowed down, which may negatively affect the economy in the short term. But in the long run, this will facilitate a shift in the economic growth drivers. The risks of some corporate debts have been exposed. Private investment is sluggish. Endogenous growth forces remain to be strengthened. Structural problems are still acute. It is still challenging to strike a balance among steady growth, structural adjustments, and risk prevention.

Box 4 Current Economic Performance and Monetary Policy

China's economy is quite resilient, with its growth rate remaining at between 6.7 percent and 6.9 percent for 12 successive quarters and with employment remaining sound and industrial production remaining stable. Based on such favorable situations, the steady growth is expected to continue. In past years, the growth of investment in the manufacturing sector was consistently above 20 percent, and capacity growth exceeded GDP growth. Due to the obvious excessive capacity, a drop in demand will likely have a large impact on enterprises and the market. Due to progress in the supply-side structural reform, the streamlining of administrative procedures and the delegation of powers, and the growing role of the market mechanism, excess capacity is being addressed and capacity utilization has improved. Overall supply and demand is more balanced and the shift in the growth drivers is making progress. In mid-2016, GDP growth exceeded that of manufacturing investment, and roughly at the same time macroeconomic growth stabilized. As the supply and demand situation improved, the profits of industrial enterprises rallied and enterprise expectations improved. The growth of industrial output remained rapid and the growth of manufacturing investment rebounded. The profits of industrial enterprises increased 21 percent year on year in 2017 and posted 17.2 percent in the first half of 2018. In the first half of 2018, manufacturing investment was up 6.8 percent year on year, an acceleration of 1.3 percentage points year on year; the utilization of industrial capacity reached 76.7 percent, up 0.3 percentage point year on year. Innovation and new business start-ups are booming and the employment situation is stable, creating a favorable situation for continued and stable economic growth. Nevertheless, it is worth noting that given the notable changes in the external environment, trade frictions might weaken the marginal pulling effect of external demand on the Chinese economy. In the long run, strengthening regulation and oversight will help improve the sound operation of economic entities at the micro level and the healthy development of the financial market. Nevertheless, in the short term the strengthening of supervision and regulation might to some extent aggravate the negative impact of the external environment and affect the real economy and financial stability.

In view of the new developments and changes in the real economy and the financial sector, the PBC continued to implement a sound and neutral monetary policy in accordance with the overall arrangements of the CPC Central Committee and the State Council. The PBC has maintained policy consistency, strengthened efforts in monitoring and making forward-looking assessments of the situation, and taken measures to make preemptive adjustments and fine-tuning. While the macro leverage ratio is being effectively controlled, measures have been adopted as necessary to mitigate external uncertainties and potential credit tightening in some sectors and to beef up support to micro and small enterprises. The sound and neutral monetary policy has produced relatively good results. The reasonably adequate liquidity in the banking system and the relatively rapid growth of credit and its structural improvements have supported economic growth and helped stabilize market expectations. From the perspective of monetary-policy transmission, after liquidity is injected into the banking system its effective use and transmission are determined by the willingness and capacity of the fund suppliers and users. At the same time, against the backdrop of escalating trade frictions and monetary-policy tightening in the major economies, special attention should be paid to coordination between domestic and overseas monetary policies. The PBC and the relevant authorities, after joint studies, have further clarified the provisions for regulating the asset management business of financial institutions, which has effectively helped stabilize market expectations.

Recently, at its second meeting the State Council Financial Stability and Development Committee, focused on further improving the monetary-policy transmission mechanism and improving the capacity of the financial sector to serve the real sector. Going forward, while efforts will continue to intensify financial regulation, policy coordination will be enhanced to properly manage the pace and intensity of policy measures. Joint efforts will be made to achieve policy synergy to enhance the endogenous drivers of financial institutions to serve the real economy, and small and micro enterprises in particular. Under the precondition that supply-side structural reforms will continue, special attention will be given to supporting the creation of final demand to build a new momentum for the real economy. The proactive fiscal policy will be allowed to play a larger role in boosting domestic demand and structural adjustments. The role of market mechanisms will be tapped to address the problem of zombie enterprises and projects featuring excess capacity, poor efficiency, and no viability, to reduce market distortions and wastes of funds through market exit. Efforts will be made to deepen the reform of the fiscal and taxation system, the financial sector, and state-owned enterprises, to improve central and local fiscal relations, to establish a long-term real-estate adjustment mechanism, to develop direct financing, to expand channels for bank capital replenishments, to step up property-rights protection, to maintain stable market expectations, to improve the positive incentive mechanism, to give full play to the initiatives of staff members in the financial sector, to enhance endogenous growth drivers, and to promote high-quality development.

Prices are generally stable. The pace of price hikes is determined by the economic fundamentals and the relative changes in supply and demand. Globally, inflation in the major economies remains at a subdued level, despite some moderate increases. Domestically, stable economic growth, large production of agricultural products, and completion of the current round of reforms of medical-service prices in some regions will help keep price levels stable. Nevertheless, prices may go up due to various factors, such as the rebound of commodity prices and some agricultural products, along with a stronger tailing effect for consumer prices in 2018. But, in general, inflationary pressures remain well-anchored. According to the Q2 Urban Depositors' Survey conducted by the PBC, the Future Price Expectation Index was higher by 1.4 percentage points from the previous quarter. It is necessary to continue to monitor potential uncertainties in the future.

II. Monetary policy during the next stage

Going forward, the PBC will act in accordance with the decisions and overall arrangements of the CPC Central Committee and the State Council, follow the guidance of Xi Jinping's Thought on Socialism with Chinese Characteristics for a New Era, continue to adhere to the guiding principles of seeking progress while maintaining stability and to the new vision for development, meet the requirements for high-quality development, fully grasp the evolution of the principal contradiction in the economy and society, focus on the three tasks of serving the real economy, guarding against financial risks, and deepening the financial reforms, adopt innovative approaches and improve financial macro-management, maintain policy consistency and stability, and make policies more visionary, flexible, and effective. It is important that sound monetary policies remain neutral and moderate to control money supply, not to adopt indiscriminate stimuli, to conduct fine-tunings based on changes in the situation, to attach importance to expectation management, and to enhance policy coordination, so as to build a favorable monetary and financial environment for supply-side structural reforms and high-quality development. The PBC will improve the two-pillar framework underpinned by the monetary and macro-prudential policies, deepen the market-based interest-rate and exchange-rate regime reforms, and optimize the transmission mechanism for monetary and credit policies. Measures will be taken to promote financial-sector reforms and opening-up and to enhance the capability and incentives of the financial sector to serve the real economy by institutional innovations. It is important to maintain the proper strength and pace of the policies to win the battle against financial risks and to prevent systemic financial risks.

First, the sound and neutral monetary policy will continue, and money supply will be properly managed. The PBC will adopt a variety of monetary-policy instruments in a flexible manner, make a reasonable combination of instruments and maintain a sound pace, enhance preemptive fine-tunings, keep liquidity at a reasonable and sufficient level, maintain total social financing at an appropriate level, and strike a balance among steady growth, structural adjustments, and risk prevention. Measures will be taken to further enhance macro-prudential management, make full use of the MPA in counter-cyclical adjustments, and to take advantage of its guiding role and to guide financial institutions to give more support to micro and small enterprises and to other parts of the real economy.

Second, measures will be adopted to facilitate structural optimization to support economic structural adjustments, transformation, and upgrading. In a bid to provide more efficient financial services to the supply-side structural reforms, continued efforts will be made to optimize the direction and structure of liquidity and to reinforce the role of credit policy in providing guidance. It is important to contain the growth of implicit debts, to properly resolve existing banking debts, to promote differentiated solutions to different categories of existing debts, and to protect the legitimate rights and interests of creditors. Measures will be taken to support the industrial sector to achieve stable growth, structural adjustments, and better performance, to enhance financial support and services for the transformation and upgrading of the manufacturing sector, and to provide financial services for the resolution of excess capacity. Financial support will be enhanced for key national strategies, such as the coordinated development of Beijing, Tianjin, and Hebei, and for the modern services sector, including green finance, logistics, and old-age care. It is important to allow credit asset securitization to play a more active role in making full use of credit assets to improve the quality and performance of economic development and economic transformation and upgrading. Financial services will be provided to support rural development. The PBC will formulate opinions on guiding the financial sector to promote rural development and to encourage banking institutions, following strategies for rural development, to efficiently allocate credit resources, to enhance internal incentives, such as differentiated performance evaluations and due diligence exemptions, and to provide sound financial support for rural development. The PBC will strengthen implementation of policies and measures regarding micro and small-sized enterprises, guide financial institutions to develop detailed measures and objectives based on local circumstances to meet the objectives of expanding the access of micro and small-sized enterprises to financial resources at lower costs. Measures will be taken to deepen the integrated development of the financial sector and technology. It is important to explore a long-term and market-oriented mechanism for the financial sector to support technological innovation and to improve financial services to the critical sectors, of the economy such as technology, culture, and emerging industries with strategic importance.

Third, the market-based interest-rate reform and the RMB exchange-rate regime reform will be furthered to improve the efficiency of financial resource allocations and to improve the financial management system. Financial institutions will be urged to strengthen their internal control systems and to improve their capability for independent and rational pricing and risk management. To deepen the financial market, measures will continue to be adopted to develop market-based benchmark rates, to improve the yield curves of government securities, and to continuously improve the market-based interest-rate pricing mechanism. The PBC will explore the interest-rate corridor mechanism, enhance the capacity of the central bank to make interest-rate adjustments, and to further improve the transmission of central-bank policy rates to the financial market and the real economy. Oversight of the irrational pricing behavior of financial institutions will be strengthened. The important role of the market interest-rate self-disciplinary mechanism will be tapped. Effective approaches will be adopted to regulate interest-rate pricing, while industry self-discipline and risk prevention will be reinforced to maintain order for fair pricing. The market-based RMB exchange-rate regime will be deepened to improve the managed floating exchange-rate regime based on market supply and demand and with reference to a basket of currencies, to allow the market to play a greater role in determining the exchange rate, to enhance two-way flexibility in the RMB exchange rate, and to keep the RMB exchange rate basically stable at an adaptive and equilibrium level. Development of the foreign-exchange market will be accelerated to provide exchange-rate risk management services based on actual needs in accordance with the principle that finance should serve the real economy. The PBC will steadily promote the RMB to be convertible under the capital account, improve the policy framework and infrastructure for the RMB used in cross-border activities, and attach equal importance to development, reform, and risk prevention. The PBC will closely monitor the impact of international developments on capital flows and will improve macro-prudential management of cross-border capital flows.

Fourth, the financial-market system will be improved to enhance its role in stabilizing economic growth, facilitating structural adjustments, promoting reforms, and preventing risks. In accordance with the principle that the financial sector must serve the real economy, measures will be taken to further promote product innovations in the bond market, optimize the issuance and rating systems, improve default risk prevention and resolution, promote the integration of rules for issuance, entrance, and disclosure of corporate credit debts, and strengthen the supervision and management of the duration of green financial bonds. The two-way opening of the bond market will continue to be facilitated by encouraging various overseas institutions to issue bonds on the onshore RMB market and for domestic institutions to place bonds on offshore markets, and to encourage overseas institutions to invest in the onshore bond market. Development of the secondary bond market will be facilitated via better institutional arrangements for trading, clearing, and settlement, and improvements in the market-maker assessment system so as to have a more liquid bond market. Supporting policies for accounting, audits, and taxes will be improved to create a more friendly and convenient investment environment. Actions will be taken to build a coordinated management framework for the financial infrastructure and to further strengthen the market infrastructure to ensure the safe and efficient operation and overall stability of the financial market. A unified law enforcement mechanism for the bond market will be built to crack down on crimes and illegal activities in the market to protect investors' interests, safeguard order in the bond market, and promote the sound development of the financial market.

Fifth, reform of financial institutions will be deepened, and financial services will be improved by increasing supply and enhancing competition. Reform of large commercial banks and other large financial institutions will be further deepened by improving corporate governance, regulating the relationship among the shareholders' meeting, the board of directors, the board of supervisors, and management, improving the operation authorization system, establishing an effective system for decision making, execution, and checks and balances, and improving the quality of operations and management and risk-control capacity. Further reforms of the management and operational mechanisms of the Agricultural and Rural Financial Service Division of the Agricultural Bank of China will be promoted, and effective measures will be taken to revitalize the County Service Division to improve its capacity to serve the real economy at the county level. The reform program for development and policy financial institutions will be implemented in a comprehensive manner. The PBC will coordinate the relevant authorities, based on the requirements and division of responsibilities put forward by the reform plan, to rapidly complete the follow-up tasks for improving the governance structure, specifying the scope of businesses, improving the risk compensation mechanisms, and deepening the reforms in order to nurture development and policy financial institutions with Chinese characteristics that provide services for economic development and operate on a sustainable basis. In accordance with the principle of pre-established national treatment and a negative list and based on the progress in the RMB exchange-rate regime reform and the program to facilitate RMB convertibility under the capital account, measures will be taken to greatly open the financial sector and enhance its competitiveness in the international context. While, at the same time, equal importance will be given to financial risk prevention. Actions will be taken to expand the scope for cooperation between domestic and foreign financial markets, and to build and improve the qualified foreign investor mechanism featuring fairness, transparency, convenience, and controllable risks.

Sixth, measures will be taken to strengthen risk prevention and management in key fields. Thinking about the worst-case scenario and with a view to seeking progress amidst stability, the PBC will grasp the principal contradictions, follow the leadership of the Financial Stability and Development Committee under the State Council, earnestly fulfill its role as the committee's office, and work together with the relevant government agencies to identify the timeline, roadmap, and priorities, to keep steady the pace and strength, to effectively control the macro leverage ratio and risks in key areas, to address risks stemming from shadow-banking, to earnestly handle risks pertaining to various financial institutions, to clean up and overhaul financial risks across the board, to enhance expectation management and guidance of public opinion so as to prevent the risks of abnormal fluctuations in financial markets and the risks stemming from external shocks. It is our hope that, with efforts during the next three years, there will be a more adaptable financial structure, a stronger capacity for the financial sector to serve the real economy, increasingly law-based financial management, a strengthened financial hard-constraint mechanism, and effectively controlled systemic risks so as to create a favorable financial environment for building a moderately prosperous society in all respects.

附录一　2018年第二季度中国货币政策大事记

4月3日，中国人民银行与阿尔巴尼亚中央银行续签规模为20亿元人民币/342亿阿尔巴尼亚列克的双边本币互换协议。

4月11日，中国人民银行与南非中央银行续签规模为300亿元人民币/540亿南非兰特的双边本币互换协议。

4月17日，中国人民银行向全国人大财经委员会汇报2018年第一季度货币政策执行情况。

4月18日，中国人民银行印发《关于加强宏观信贷政策指导 推动金融更好服务实体经济的意见》（银发〔2018〕93号），着力加强宏观信贷政策指导，充分发挥宏观信贷政策的结构性调控功能，引导银行业金融机构回归本源、防范风险，增强服务实体经济的能力和水平。

4月20日，为进一步规范人民币合格境内机构投资者境外证券投资活动，印发《中国人民银行办公厅关于进一步明确人民币合格境内机构投资者境外证券投资管理有关事项的通知》（银办发〔2018〕81号）。

4月25日，中国人民银行下调大型商业银行、股份制商业银行、城市商业银行、非县域农村商业银行和外资银行人民币存款准备金率1个百分点以置换中期借贷便利并支持小微企业融资。

4月27日，为规范金融机构资产管理业务，统一同类资产管理产品监管标准，中国人民银行、中国银行保险监督管理委员会、中国证券监督管理委员会、国家外汇管理局联合发布《关于规范金融机构资产管理业务的指导意见》（银发〔2018〕106号）。

4月27日，为规范非金融企业投资金融机构行为，强化对非金融企业投资金融机构的监管，中国人民银行、中国银行保险监督管理委员会、中国证券监督管理委员会联合发布《关于加强非金融企业投资金融机构监管的指导意见》（银发〔2018〕107号）。

4月27日，中国人民银行与尼日利亚中央银行签署规模为150亿元人民币/7 200亿奈拉的双边本币互换协议。

5月2日，人民币跨境支付系统（二期）全面投产，符合要求的直接参与者同步上线。

5月4日，以人民币计价的大连商品交易所铁矿石期货正式引入境外投资者。

5月9日，人民币合格境外机构投资者（RQFII）试点地区扩大至日本，投资额度为2 000亿元。

5月10日，中国人民银行与白俄罗斯中央银行续签规模为70亿元人民币/22.2亿白俄罗斯卢布的双边本币互换协议。

5月11日，发布《2018年第一季度中国货币政策执行报告》。

5月16日，印发《中国人民银行办公厅关于进一步完善跨境资金流动管理 支持金融市场开放有关事宜的通知》（银办发〔2018〕96号），进一步完善跨境资金流动管理，推进金融市场开放。

5月23日，中国人民银行与巴基斯坦中央银行续签规模为200亿元人民币/3 510亿巴基斯坦卢比的双边本币互换协议。

5月25日，中国人民银行与智利中央银行续签规模为220亿元人民币/22 000亿智利比索的双边本币互换协议。

5月28日，中国人民银行与哈萨克斯坦中央银行续签规模为70亿元人民币/3 500亿哈萨克斯坦坚戈的双边本币互换协议。

6月1日，中国人民银行决定适当扩大中期借贷便利（MLF）担保品范围，将不低于AA级的小微、绿色和“三农”金融债，AA+、AA级公司信用类债券，优质的小微企业贷款和绿色贷款纳入MLF担保品范围。

6月12日，为规范人民币合格境外机构投资者境内证券投资管理，发布《中国人民银行 国家外汇管理局关于人民币合格境外机构投资者境内证券投资管理有关问题的通知》（银发〔2018〕157号）。

6月22日，发布《中国区域金融运行报告（2018）》。

6月25日，中国人民银行、中国银行保险监督管理委员会、中国证券监督管理委员会、国家发展改革委、财政部联合印发《关于进一步深化小微企业金融服务的意见》（银发〔2018〕162号），提出8个方面、23条改进优化小微金融服务、提升小微企业融资可得性和精准度的政策措施，推动实现小微企业金融服务扩投入降成本目标。

6月27日，中国人民银行货币政策委员会召开2018年第二季度例会。

6月28日，发布《中国人民银行办公厅关于加大再贷款再贴现支持力度 引导金融机构增加小微企业信贷投放的通知》（银办发〔2018〕110号），进一步完善信贷政策支持再贷款、再贴现管理，将不低于AA级的小微、绿色和“三农”金融债，AA+、AA级公司信用类债券纳入信贷政策支持再贷款和常备借贷便利（SLF）担保品范围。

6月29日，中国人民银行等五部门联合召开全国深化小微企业金融服务电视电话会议，提出把做好小微企业金融服务作为服务实体经济、防范化解金融风险的重要抓手，加大政策贯彻落实力度，切实改进小微企业金融服务。

Appendix 1 Highlights of China's Monetary Policy in the Second Quarter of 2018

On April 3, the PBC renewed a bilateral local currency swap agreement with the Bank of Albania. The size of the swap facility is RMB2 billion/ ALL34.2 billion.

On April 11, the PBC renewed a bilateral local currency swap agreement with the South African Reserve Bank. The size of the swap facility is RMB30 billion/ ZAR54 billion.

On April 17, the PBC reported to the Financial and Economic Affairs Committee of the National People's Congress on the conduct of monetary policy in Q1 2018.

On April 18, the PBC issued the *Opinions on Strengthening Policy Guidance of the Macro Credit Policy, Enabling the Financial Sector to Better Serve the Real Economy* (PBC Document [2018] No. 93) to strengthen guidance of the macro credit policy, give full play to the structural adjustment function of the macro credit policy to guide banking institutions to return to their core business, strengthen risk management, and improve the capacity and effectiveness of serving the real economy.

On April 20, the *Public Notice of the PBC General Administration Department on Further Clarifying Regulations on Outbound Portfolio Investments by RQDIIs* (Yinbanfa [2018] No. 81) was released to improve regulation of outbound portfolio investments by RQDIIs.

On April 25, the PBC cut the RMB reserve requirement ratio by 1 percentage point for large commercial banks, joint-stock commercial banks, urban commercial banks, rural commercial banks, and foreign banks to replace the Mid-term Lending Facility (MLF) and to support the financing of small and micro businesses.

On April 27, the PBC, China Banking and Insurance Regulatory Commission (CBIRC), China Securities Regulatory Commission (CSRC), and the State Administration of Foreign Exchange (SAFE) jointly issued the *Guidelines on Regulating the Asset Management Business of Financial Institutions* (PBC Document [2018] No. 106) to regulate the asset management business of financial institutions and to unify the regulatory standards for similar asset management products.

On April 27, the PBC, CBIRC, and CSRC jointly issued the *Guidelines on Tightening Regulations of Non-financial Enterprises' Investments in Financial Institutions* (PBC Document [2018] No. 107) to regulate investments in financial institutions by non-financial enterprises and to strengthen supervision of such investments.

On April 27, the PBC and the Central Bank of Nigeria signed a bilateral local currency swap agreement. The size of the facility is RMB15 billion/NGN720 billion.

On May 2, the RMB Cross-border Interbank Payment System (Phase II) was fully launched, and the eligible direct participants were successfully connected to the CIPS.

On May 4, overseas investors formally participated in RMB-denominated iron ore futures trading in the Dalian Commodity Exchange.

On May 9, the RMB qualified foreign institutional investor (RQFII) pilot area was expanded to Japan, with an investment quota of RMB200 billion.

On May 10, the PBC and the National Bank of the Republic of Belarus renewed a bilateral local currency swap agreement. The size of the facility is RMB7 billion/BYR2.22 billion.

On May 11, *China Monetary Policy Report Q1, 2018* was released.

On May 16, the General Administration Office of the PBC issued the *Notice on Further Improving Cross-Border Capital Flow Management to Support the Opening Up of Financial Markets* (Yinbanfa [2018] No. 96) to further improve cross-border capital flow management and to promote the opening of China's financial markets.

On May 23, the PBC and the State Bank of Pakistan renewed a bilateral local currency swap agreement. The size of the facility is RMB20 billion/PKR351 billion.

On May 25, the PBC and the Central Bank of Chile renewed a bilateral local currency swap agreement. The size of the facility is RMB22 billion/CLP2.2 trillion.

On May 28, the PBC and the National Bank of Kazakhstan renewed a bilateral local currency swap agreement. The size of the facility is RMB7 billion/KZT350 billion.

On June 1, the PBC decided to moderately expand the acceptable collateral range of the medium-term lending facility (MLF). The newly included collaterals were small and micro businesses (SMBs), green, and agricultural financial bonds that are rated AA and above; corporate credit bonds that are rated AA+ or AA, including enterprise bonds, medium-term notes, short-term financing bills, etc., and high-quality SMB and green loans.

On June 12, the PBC and the SAFE jointly issued the *Notice on the Management of Investments in Domestic Securities by RQFIIs* to regulate portfolio investments made by RQFIIs in China's onshore market. (PBC Document [2018] No. 157).

On June 22, *China Regional Financial Operations Report (2018)* was released.

On June 25, the PBC, the CBIRC, the CSRC, the National Development and Reform

Commission, and the Ministry of Finance jointly issued the *Opinions on Further Improving Financial Services for Small and Micro Businesses* (PBC Document [2018] No. 162), rolling out 23 policy measures from eight perspectives to improve financial services for small and micro enterprises and the availability and accuracy of SME financing to achieve the goal of expanding inputs and reducing the costs of financial services for SMEs.

On June 27, the PBC Monetary Policy Committee held its second quarterly meeting of 2018.

On June 28, the General Administration Office of the PBC released the *Notice on Intensifying Support through Central-Bank Lending and Central Bank Discounts to Guide Financial Institutions to Increase Credit for SMBs* (PBC Document [2018] No. 110) to further improve the management of credit policy supporting central-bank lending and central-bank discounts. Furthermore, small and micro businesses (SMBs), green, and agricultural financial bonds that are rated AA and above; corporate credit bonds that are rated AA+ or AA, were included in the collateral range of the credit policy supporting central-bank lending and the standing lending facility (SLF).

On June 29, five ministries, including the PBC, jointly held a nationwide teleconference on further improving financial services for the SMBs. The meeting decided that an important priority in providing financial services to the real sector and forestalling and mitigating financial risks will be to improve financial services to SMBs and to adopt earnest measures to enhance policy implementation.

附录二 2018年第二季度主要经济体中央银行货币政策

一、美联储

美联储5月2日宣布维持联邦基金利率不变并继续推进缩表计划。6月13日，美联储例会决定提高联邦基金利率25 个基点至1.75%～2.00%，提高超额准备金利率(IOER)20个基点，分别上调2018年和2019年联邦基金利率预期至2.4%和3.1%，将2018年预期加息次数上调至四次、2019年预期加息次数维持三次不变；同时，继续缩减美联储资产负债表，6月缩减规模上限分别为180亿美元国债和120亿美元机构抵押支持证券（MBS），7月缩减规模上限分别增加至240亿美元国债和160亿美元MBS。

二、欧洲中央银行

欧央行4月26日决定维持主要再融资利率0%、边际贷款便利利率0.25%、存款便利利率–0.4%不变，继续保持每月300亿欧元的资产购买规模至2018年9月。6月14日，欧央行宣布维持各项基准利率不变，并保持当前利率水平不变至少至2019年夏天；此外，欧央行宣布当前每月300亿欧元的资产购买规模将持续至9月，10月至12月每月资产购买规模将削减为150亿欧元，并在2018年底结束量化宽松政策。

三、日本银行

日本银行在第二季度两次例会上均决定继续实施收益率曲线管理下的量化和质化宽松货币政策（QQE），以实现2%的价格稳定目标。在收益率曲线管理方面，对金融机构存放在日本银行的部分超额准备金利率维持在–0.1%不变，同时继续以每年80万亿日元的规模购买日本政府债券，从而将10年期国债收益率维持在0%附近，以期实现长期利率目标。在资产购买方面，继续每年购买约6万亿日元的交易所交易基金（ETFs）及约900 亿日元的房地产投资信托（J-REITs），并将商业票据与企业债的持有存量分别维持在约2.2万亿日元与约3.2 万亿日元。

四、英格兰银行

英格兰银行在2018年第二季度的两次例会上均决定维持基准利率0.5%不变，并维持100亿英镑的投资级非金融公司债购买计划和4 350亿英镑的资产购买规模不变。

Appendix 2 Monetary Policies of the Central Banks of the Major Economies in the Second Quarter of 2018

1. U.S. Federal Reserve

At its May 2 meeting, the Federal Reserve kept the target range for the federal funds rate unchanged and continued its balance sheet normalization program. On June 13, the Federal Reserve decided to raise the target range for the federal funds rate by 25 basis points to 1.75 percent to 2.00 percent, and to raise the interest rate paid on excess reserve balances (IOER) by 20 basis points. The median projection for the federal funds rate will be revised up to 2.4 percent by the end of 2018 and to 3.1 percent by the end of 2019 respectively, implying an upward projection of four rate hikes in 2018 and an unchanged projection of three rate hikes in 2019. The Federal Reserve also continued its balance-sheet normalization program, according to which only maturing principals above USD18 billion per month for Treasuries and USD12 billion per month for agency mortgage-backed securities (MBS) will be reinvested in June. These caps will be raised to USD24 billion for Treasuries and USD16 billion for MBS respectively, effective in July.

2. European Central Bank

On April 26, the European Central Bank (ECB) decided that interest rates on the main refinancing operations, the marginal lending facility, and the deposit facility will remain unchanged at 0.00 percent, 0.25 percent, and –0.40 percent, respectively. With respect to unconventional monetary policy measures, the ECB will maintain net asset purchases at a monthly pace of EUR30 billion until September 2018. On June 14, the ECB decided to keep all key interest rates unchanged and it expected them to remain at their present levels at least through the summer of 2019. Regarding non-standard monetary policy measures, the ECB announced that it will keep the current monthly pace of net asset purchases at EUR30 billion until the end of September, and it anticipated that, after September 2018, the monthly pace of net asset purchases will be reduced to EUR15 billion until the end of December 2018 and that thereafter net purchases will end.

3.Bank of Japan

At both of its meetings in Q2 of 2018, the Bank of Japan (BOJ) decided to continue qualitative and quantitative easing (QQE) with yield curve control, aiming to achieve its price-stability target of 2 percent. With respect to yield curve control, the BOJ will continue to apply a negative interest rate of –0.1 percent to the Policy-Rate Balances in the current accounts held by financial institutions at the BOJ and will purchase, at more or less the current pace, that is, an annual pace of increases in the amount outstanding of its JGB holdings at about JPY80 trillion to keep the 10-year JGB yield at about 0 percent and to achieve the long-term interest-rate target. Regarding asset purchases other than JGB purchases, the BOJ will purchase exchange-traded funds (ETFs) and Japan real-estate investment trusts (J-REITs) at annual paces of about JPY6 trillion and JPY90 billion, respectively. Regarding commercial paper and corporate bonds, the BOJ will maintain their outstanding amounts at about JPY2.2 trillion and about JPY3.2 trillion, respectively.

4.Bank of England

At both of its meetings in Q2 of 2018, the Bank of England (BOE) kept unchanged the Bank Rate at 0.5 percent, the stock of sterling non-financial investment-grade corporate bond purchases at GBP10 billion, and the stock of UK government bond purchases at GBP435 billion.

附录三 中国主要经济和金融指标

Appendix 3 China's Major Economic and Financial Indicators

一、经济增长与经济发展水平

1. Economic Growth

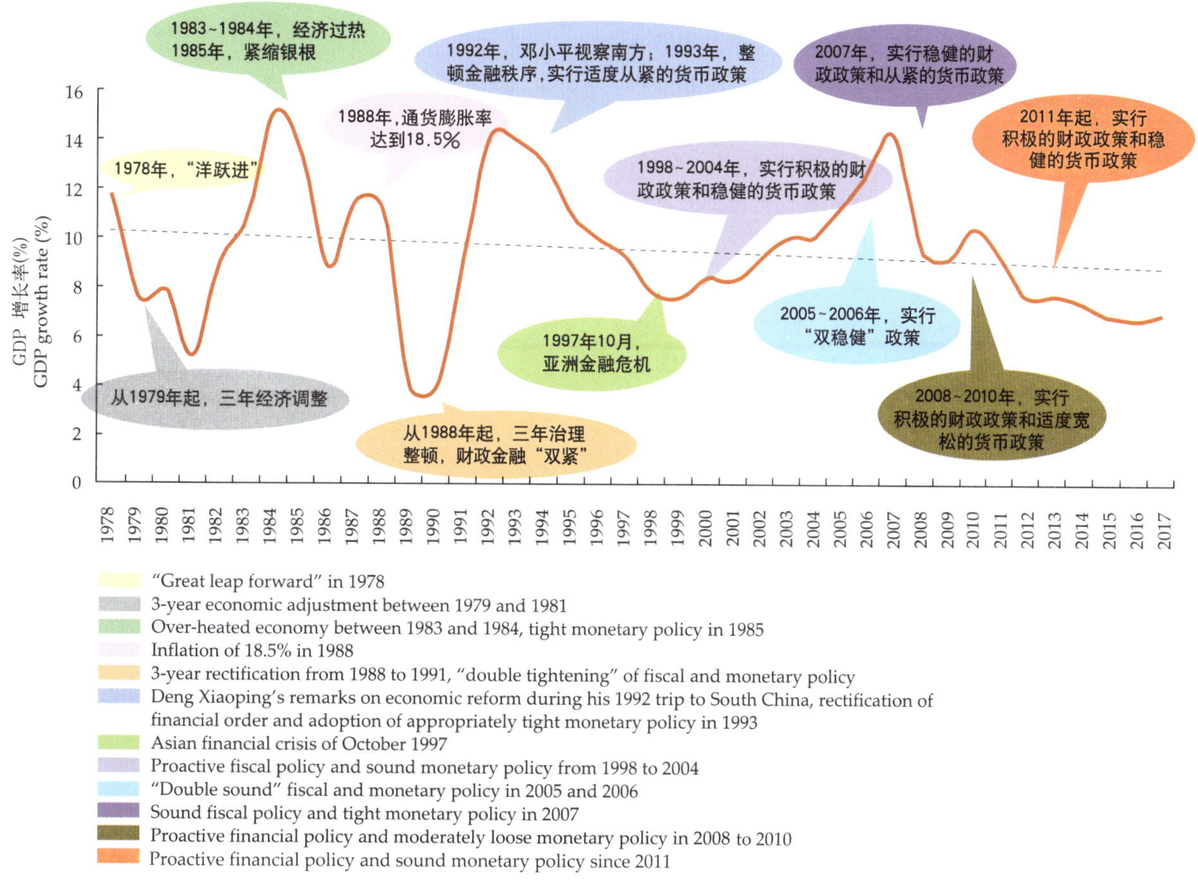

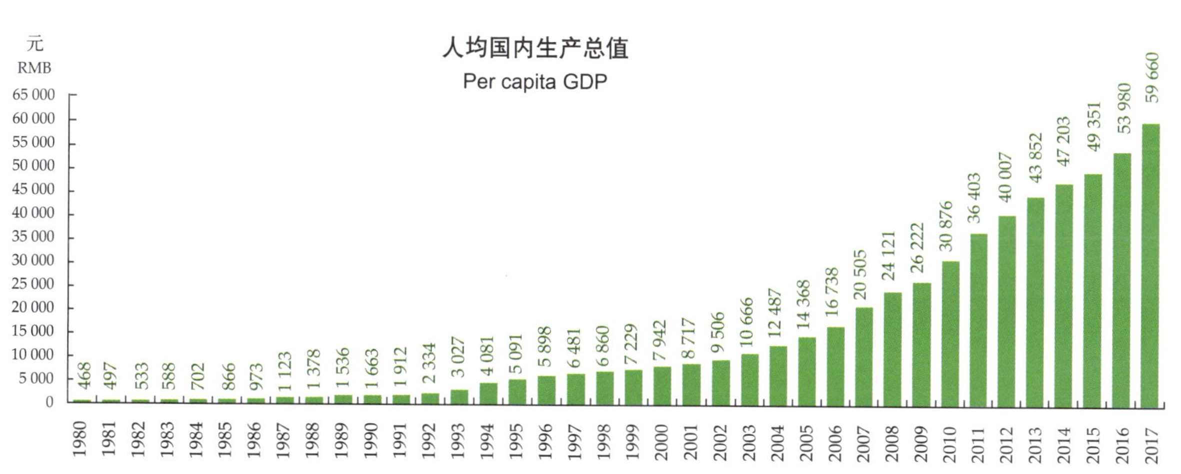

注：图中数据根据国家统计局最新数据修订。
Note: Data are revised by National Bureau of Statistics of China.

GDP总量：据世界银行按汇率折算法测算，2017年中国GDP总量为12.24万亿美元，占世界GDP总量80.68万亿美元的15.2%，位居第二，排在美国之后。根据《2017年世界发展指标》，按购买力平价法估算，2017年中国GDP总量为23.30万亿美元，占世界GDP总量127.57万亿美元的18.3%，位居第一。

人均GDP：2017年，中国人均GDP为59 660元人民币，按年末汇率折算为9 130美元。

人均国民收入：据世界银行按汇率折算法测算，2017年世界人均国民收入为10 366美元，中国人均国民收入为8 690美元，位居世界189个经济体由高向低排列的第70位。按购买力平价法估算，2017年中国人均国民收入为16 760美元，相当于世界人均国民收入16 927美元的99.0%，位居世界187个经济体由高向低排列的第77位。

Gross Domestic Product (GDP): The World Bank estimated that the world total GDP and China's GDP in 2017 were USD80.68 trillion and USD12.24 trillion respectively based on Atlas methodology. Accounting for 15.2 percent of the world total, China's GDP ranked 2nd in the world after U.S.. The World Bank estimated that the world total GDP and China's GDP in 2017 were USD127.57 trillion and USD23.30 trillion respectively based on a PPP basis, according to the *World Development Indicators 2017*. Accounting for 18.3 percent of the world total, China's GDP ranked 1st in the world.

GDP per capita: In 2017, China's GDP per capita reached RMB59,660, or USD9,130 based on the exchange rate at the end of 2017.

Gross National Income (GNI) per capita: The World Bank estimated that in 2017 the GNI per capita for the world as a whole was USD10,366 based on Atlas methodology. The GNI per capita in China was USD8,690, ranking 70th among 189 worldwide economies. In PPP terms, the GNI per capita in China in 2017 was USD16,760, equivalent to 99.0 percent of the world figure which was USD16,927, thus ranking 77th among the 187 worldwide economies.

2017年世界银行按汇率折算法测算的GDP总量前10名排序

Top ten economies in terms of GDP based on Atlas methodology in 2017 (World Bank estimation)

排名 Rank	国家	Country	GDP(万亿美元) GDP (USD1 trillion)	占世界GDP总量的比重(%) As a percent of the world total (%)
1	美国	U.S.	19.39	24.0
2	**中国**	**China**	**12.24**	**15.2**
3	日本	Japan	4.87	6.0
4	德国	Germany	3.68	4.6
5	英国	U.K.	2.62	3.3
6	印度	India	2.60	3.2
7	法国	France	2.58	3.2
8	巴西	Brazil	2.06	2.5
9	意大利	Italy	2.93	2.4
10	加拿大	Canada	1.65	2.0
	世界	**World total**	**80.68**	**100.0**

2017年世界银行按购买力平价方法估算的GDP总量前10名排序

Top ten economies in terms of GDP based on PPP in 2017 (World Bank estimation)

排名 Rank	国家	Country	GDP(万亿美元) GDP (USD1 trillion)	占世界GDP总量的比重(%) As a percent of the world total (%)
1	**中国**	China	**23.30**	**18.3**
2	美国	U.S.	19.39	15.2
3	印度	India	9.45	7.4
4	日本	Japan	5.49	4.3
5	德国	Germany	4.19	3.3
6	俄罗斯	Russia	3.82	3.0
7	印尼	Indonesia	3.24	2.5
8	巴西	Brazil	3.24	2.5
9	法国	France	2.88	2.3
10	英国	U.K.	2.86	2.2
	世界	**World total**	**127.57**	**100.0**

世界银行估算的2017年人均国民收入

National income per capita in 2017 (estimated by the World Bank)

单位：美元 Unit: USD

	世界平均 Global average	低收入国家 Low-income countries	中等收入国家 Middle-income countries		高收入国家 High-income countries
			较低收入组 Lower-middle-income countries	较高收入组 Upper-middle-income countries	
汇率折算法 On Atlas methodology	10,366	744	2,118	8,192	40,136
购买力平价法 On a PPP basis	16,927	2,088	7,191	17,559	47,657

国内生产总值
Gross domestic product

年/季度 Year /Quarter		国内生产总值 GDP		第一产业 Primary industry		第二产业 Secondary industry		第三产业 Tertiary industry	
		绝对值(亿元) Absolute value (RMB100 million)	增长(%) Growth(%)	绝对值(亿元) Absolute value (RMB100 million)	增长(%) Growth(%)	绝对值(亿元) Absolute value (RMB100 million)	增长(%) Growth(%)	绝对值(亿元) Absolute value (RMB100 million)	增长(%) Growth(%)
2009	I	74 053	6.4	4 441	3.8	32 550	5.8	37 062	7.2
	I-II	158 035	7.3	11 428	3.7	71 929	7.1	74 678	8.1
	I-III	248 049	8.5	21 594	3.9	113 243	8.7	113 212	9.1
	I-IV	349 081	9.4	34 162	4.0	160 172	10.3	154 748	9.6
2010	I	87 617	12.2	4 945	3.9	39 365	15.4	43 307	10.0
	I-II	187 149	11.4	12 920	3.7	86 788	14.0	87 441	9.8
	I-III	293 388	10.9	24 834	4.0	135 696	13.1	132 858	9.7
	I-IV	413 030	10.6	39 363	4.3	191 630	12.7	182 038	9.7
2011	I	104 641	10.2	5 768	3.2	47 195	11.3	51 679	9.9
	I-II	223 816	10.1	15 194	2.9	104 080	11.1	104 542	10.1
	I-III	350 797	9.8	29 475	3.5	162 703	11.0	158 619	9.9
	I-IV	489 301	9.5	46 163	4.2	227 039	10.7	216 099	9.5
2012	I	117 594	8.1	6 687	3.7	52 317	9.5	58 590	7.3
	I-II	249 276	7.9	16 967	4.3	113 752	8.7	118 558	7.6
	I-III	387 899	7.8	32 164	4.2	176 009	8.3	179 726	7.8
	I-IV	540 367	7.9	50 902	4.5	244 643	8.4	244 822	8.0
2013	I	129 747	7.9	7 170	3.0	55 862	7.8	66 715	8.4
	I-II	273 714	7.7	18 012	2.8	120 994	7.7	134 708	8.3
	I-III	426 619	7.8	34 605	3.3	187 744	7.9	204 271	8.4
	I-IV	595 244	7.8	55 329	3.8	261 956	8.0	277 959	8.3
2014	I	140 618	7.4	7 492	3.2	59 222	7.6	73 905	7.6
	I-II	297 080	7.4	19 145	3.7	128 763	7.7	149 172	7.6
	I-III	462 792	7.3	36 821	4.1	199 787	7.6	226 183	7.6
	I-IV	643 974	7.3	58 344	4.1	277 572	7.4	308 059	7.8
2015	I	150 987	7.0	7 770	3.1	60 725	6.4	82 492	7.8
	I-II	319 490	7.0	20 257	3.5	131 872	6.3	167 361	8.1
	I-III	496 200	6.9	38 345	3.8	203 537	6.2	254 318	8.2
	I-IV	689 052	6.9	60 862	3.9	282 040	6.2	346 150	8.2
2016	I	161 456	6.7	8 803	2.9	61 385	6.0	91 268	7.5
	I-II	342 071	6.7	22 097	3.0	135 116	6.2	184 858	7.5
	I-III	532 434	6.7	40 667	3.5	210 755	6.3	281 012	7.5
	I-IV	743 586	6.7	63 673	3.3	296 548	6.3	383 365	7.7
2017	I	180 385	6.9	8 654	3.0	70 084	6.4	101 647	7.7
	I-II	380 944	6.9	21 987	3.5	153 213	6.4	205 744	7.7
	I-III	592 540	6.9	41 229	3.7	238 446	6.3	312 865	7.8
	I-IV	827 122	6.9	65 468	3.9	334 623	6.1	427 032	8.0
2018	I	198 783	6.8	8 904	3.2	77 451	6.3	112 428	7.5
	I-II	418 961	6.8	22 087	3.2	169 299	6.1	227 576	7.6

注：1. 表中绝对数按当年价格计算，"比上年同期增长"按不变价格计算。
2. 表中数据根据国家统计局最新数据修订。

Notes: 1. Absolute figures in this table are calculated at current prices, and the year-on-year growth rates are calculated at constant prices.
2. Data are revised by National Bureau of Statistics of China.

1978年以来GDP及其增长率
GDP and its annual growth rate since 1978

年 Year	GDP(万亿元) GDP(RMB1 trillion)	GDP增长率(%) GDP growth rate(%)
1978	0.4	11.7
1979	0.4	7.6
1980	0.5	7.8
1981	0.5	5.1
1982	0.5	9.0
1983	0.6	10.8
1984	0.7	15.2
1985	0.9	13.4
1986	1.0	8.9
1987	1.2	11.7
1988	1.5	11.2
1989	1.7	4.2
1990	1.9	3.9
1991	2.2	9.3
1992	2.7	14.2
1993	3.6	13.9
1994	4.9	13.0
1995	6.1	11.0
1996	7.2	9.9
1997	8.0	9.2
1998	8.5	7.8
1999	9.1	7.7
2000	10.0	8.5
2001	11.1	8.3
2002	12.2	9.1
2003	13.7	10.0
2004	16.2	10.1
2005	18.7	11.4
2006	21.9	12.7
2007	27.0	14.2
2008	32.0	9.7
2009	34.9	9.4
2010	41.3	10.6
2011	48.9	9.5
2012	54.0	7.9
2013	59.5	7.8
2014	64.4	7.3
2015	68.9	6.9
2016	74.4	6.7
2017	82.7	6.9

注：表中数据根据国家统计局最新数据修订。
Note: Data are revised by National Bureau of Statistics of China.

GDP及其增长率
GDP and its annual growth rate

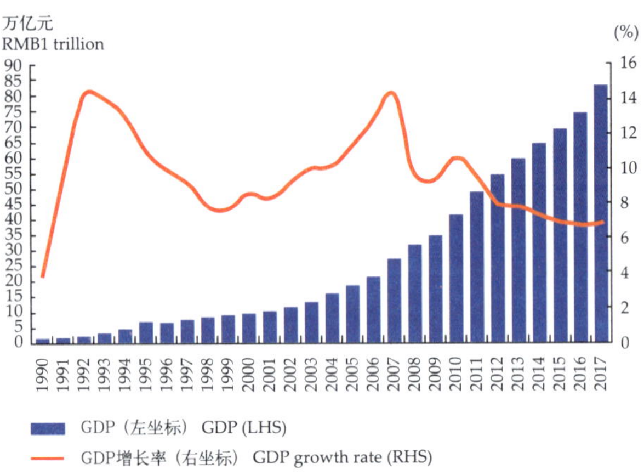

2007年以来GDP季度累计增长率
Quarterly accumulated GDP growth rates since 2007

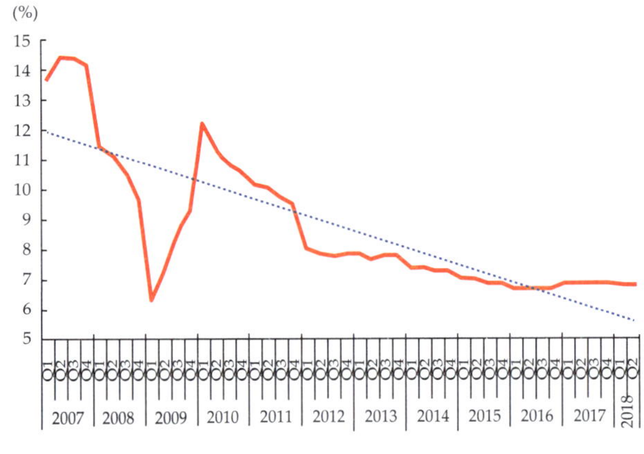

季度GDP三次产业所占的比重与增长率变化
Shares of industries in GDP and their growth rates on a quarterly basis

单位：% Unit: %

年/季度 Year/Quarter	第一产业所占的比重 Share of primary industry	第二产业所占的比重 Share of secondary industry	第三产业所占的比重 Share of tertiary industry	第一产业同比累计增长 YOY accumulated growth of primary industry	第二产业同比累计增长 YOY accumulated growth of secondary industry	第三产业同比累计增长 YOY accumulated growth of tertiary industry
2010Q1	5.7	44.9	49.4	3.9	15.4	10.0
2010Q2	6.9	46.4	46.7	3.7	14.0	9.8
2010Q3	8.4	46.3	45.3	4.0	13.1	9.7
2010Q4	9.5	46.4	44.1	4.3	12.7	9.7
2011Q1	5.5	45.1	49.4	3.2	11.3	9.9
2011Q2	6.8	46.5	46.7	2.9	11.1	10.1
2011Q3	8.4	46.4	45.2	3.5	11.0	9.9
2011Q4	9.4	46.4	44.2	4.2	10.7	9.5
2012Q1	5.7	44.5	49.8	3.7	9.5	7.3
2012Q2	6.8	45.6	47.6	4.3	8.7	7.6
2012Q3	8.3	45.4	46.3	4.2	8.3	7.8
2012Q4	9.4	45.3	45.3	4.5	8.4	8.0
2013Q1	5.5	43.1	51.4	3.0	7.8	8.4
2013Q2	6.6	44.2	49.2	2.8	7.7	8.3
2013Q3	8.1	44.0	47.9	3.3	7.9	8.4
2013Q4	9.3	44.0	46.7	3.8	8.0	8.3
2014Q1	5.3	42.1	52.6	3.2	7.6	7.6
2014Q2	6.5	43.3	50.2	3.7	7.7	7.6
2014Q3	8.0	43.1	48.9	4.1	7.6	7.6
2014Q4	9.1	43.1	47.8	4.1	7.4	7.8
2015Q1	5.2	40.3	54.5	3.1	6.4	7.8
2015Q2	6.4	41.3	52.3	3.5	6.3	8.1
2015Q3	7.8	41.0	51.2	3.8	6.2	8.2
2015Q4	8.9	40.9	50.2	3.9	6.2	8.2
2016Q1	5.5	37.9	56.6	2.9	6.0	7.5
2016Q2	6.5	39.4	54.1	3.0	6.2	7.5
2016Q3	7.7	39.5	52.8	3.5	6.3	7.5
2016Q4	8.6	39.8	51.6	3.3	6.3	7.7
2017Q1	4.8	38.7	56.5	3.0	6.4	7.7
2017Q2	5.8	40.1	54.1	3.5	6.4	7.7
2017Q3	7.0	40.1	52.9	3.7	6.3	7.8
2017Q4	7.9	40.5	51.6	3.9	6.1	8.0
2018Q1	4.5	39.0	56.5	3.2	6.3	7.5
2018Q2	5.3	40.4	54.3	3.2	6.1	7.6

注：表中数据根据国家统计局最新数据修订。
Note: Data are revised by National Bureau of Statistics of China.

季度GDP三次产业所占的比重与增长率变化
Shares of industries in GDP and their growth rates on a quarterly basis

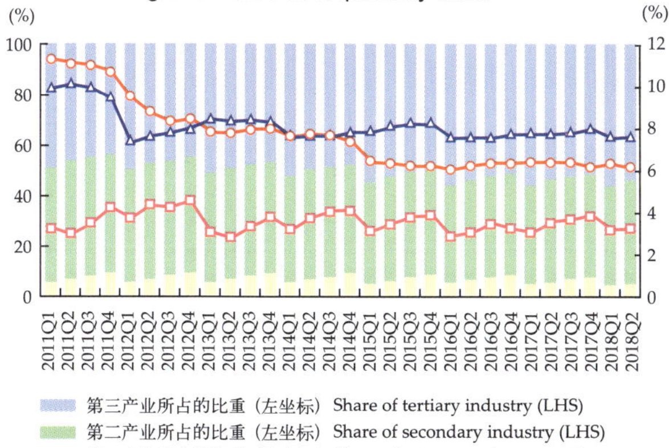

第三产业所占的比重（左坐标） Share of tertiary industry (LHS)
第二产业所占的比重（左坐标） Share of secondary industry (LHS)
第一产业所占的比重（左坐标） Share of primary industry (LHS)
第三产业同比累计增长（右坐标） YOY accumulated growth of tertiary industry (RHS)
第二产业同比累计增长（右坐标） YOY accumulated growth of secondary industry (RHS)
第一产业同比累计增长（右坐标） YOY accumulated growth of primary industry (RHS)

2004年以来年度GDP中三大产业比重
Shares of industries in GDP since 2004

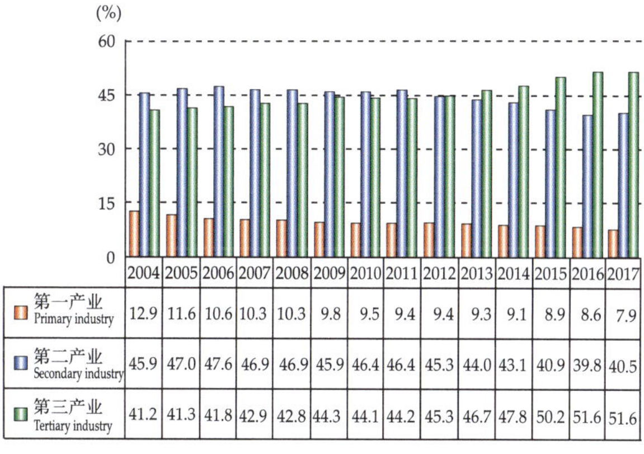

	2004	2005	2006	2007	2008	2009	2010	2011	2012	2013	2014	2015	2016	2017
第一产业 Primary industry	12.9	11.6	10.6	10.3	10.3	9.8	9.5	9.4	9.4	9.3	9.1	8.9	8.6	7.9
第二产业 Secondary industry	45.9	47.0	47.6	46.9	46.9	45.9	46.4	46.4	45.3	44.0	43.1	40.9	39.8	40.5
第三产业 Tertiary industry	41.2	41.3	41.8	42.9	42.8	44.3	44.1	44.2	45.3	46.7	47.8	50.2	51.6	51.6

注：图中数据根据国家统计局最新数据修订。
Note: Data are revised by National Bureau of Statistics of China.

工业增加值增长速度
Growth rate of value added of industry

单位：% Unit: %

年/月 Year/Month		工业增加值 Value added	采矿业 Mining	制造业 Manufacturing	电力、热力、燃气及水生产和供应业 Electricity, gas & water production and supply	国有及国有控股企业 State-owned and state-holding enterprises	集体企业 Collectively-owned enterprises	股份制企业 Joint-stock enterprises	外商及港澳台投资企业 Enterprises with foreign, HongKong, Macau, and Taiwan investment
		比上年同期增长(%) Year-on-year growth rate(%)							
2017	1	—	—	—	—	—	—	—	—
	2	—	—	—	—	—	—	—	—
	3	7.6	-0.8	8.0	9.7	7.7	1.5	7.9	7.1
	4	6.5	-0.4	6.9	7.8	5.6	1.9	6.9	5.5
	5	6.5	0.5	6.9	6.4	6.2	3.2	6.8	5.9
	6	7.6	-0.1	8.0	7.3	6.8	3.9	7.7	8.0
	7	6.4	-1.3	6.7	9.8	6.7	-3.6	6.7	6.7
	8	6.0	-3.4	6.9	8.7	7.8	-2.1	5.8	7.9
	9	6.6	-3.8	8.1	7.8	9.0	-2.6	7.1	8.9
	10	6.2	-1.3	6.7	9.2	6.6	3.6	6.1	6.5
	11	6.1	-1.7	6.8	4.5	6.3	-0.7	6.2	6.8
	12	6.2	-0.9	6.5	8.2	5.0	0.5	6.7	5.7
2018	1	—	—	—	—	—	—	—	—
	2	—	—	—	—	—	—	—	—
	3	6.0	-1.1	6.6	5.8	5.7	3.9	6.5	4.9
	4	7.0	-0.2	7.4	8.8	7.7	-6.4	7.1	6.8
	5	6.8	3.0	6.6	12.2	8.1	-2.9	6.1	8.4
	6	6.0	2.7	6.0	9.2	6.1	-1.9	6.1	5.4
2017	1～2	6.3	-3.6	6.9	8.4	5.4	-0.1	6.2	6.8
	1～3	6.8	-2.4	7.4	8.9	6.2	0.5	6.9	6.9
	1～4	6.7	-1.8	7.3	8.6	6.1	0.9	6.9	6.5
	1～5	6.7	-1.2	7.2	8.2	6.1	1.4	6.9	6.4
	1～6	6.9	-1.0	7.4	8.1	6.2	1.9	7.1	6.7
	1～7	6.8	-1.0	7.3	8.3	6.3	1.1	7.0	6.7
	1～8	6.7	-1.2	7.2	8.4	6.5	0.7	6.8	6.9
	1～9	6.7	-1.6	7.3	8.4	6.8	0.3	6.8	7.1
	1～10	6.7	-1.6	7.2	8.5	6.8	0.7	6.7	7.0
	1～11	6.6	-1.6	7.2	8.1	6.7	0.6	6.6	7.0
	1～12	6.6	-1.5	7.2	8.1	6.5	0.6	6.6	6.9
2018	1～2	7.2	1.6	7.0	13.3	9.0	-2.3	7.3	5.9
	1～3	6.8	0.9	7.0	10.8	7.9	0.1	7.0	5.5
	1～4	6.9	0.5	7.1	10.3	7.9	-1.6	7.0	5.8
	1～5	6.9	1.3	7.0	10.8	7.9	-1.9	6.8	6.4
	1～6	6.7	1.6	6.9	10.5	7.6	-1.9	6.7	6.2

注：1. 自2011年起，工业统计范围调整为年主营收入2 000万元及以上的工业企业。
2. 本表中“比上年同期增长”按可比价格计算。

Notes: 1. Since 2011, the statistical coverage of industry has been adjusted to industrial enterprises with the annual sales income from main business of RMB20 million and above.
2. The year-on-year changes in this table are calculated at comparable prices.

工业增加值增长速度及工业产品销售率
Growth rate of industrial value added and ratio of sales to output of industrial products

单位：% Unit: %

年/月 Year/Month		当月工业增加值同比增长 YOY growth of monthly industrial value added	工业增加值月度累计同比增长 YOY growth of monthly accumulated industrial value added	当月销售率 Monthly ratio of sales to output
2016	1	—	—	—
	2	—	5.4	—
	3	6.8	5.8	97.1
	4	6.0	5.8	97.5
	5	6.0	5.9	97.3
	6	6.2	6.0	97.2
	7	6.0	6.0	97.6
	8	6.3	6.0	98.1
	9	6.1	6.0	97.9
	10	6.1	6.0	97.9
	11	6.2	6.0	97.8
	12	6.0	6.0	98.8
2017	1	—	—	—
	2	—	6.3	—
	3	7.6	6.8	96.9
	4	6.5	6.7	97.6
	5	6.5	6.7	97.7
	6	7.6	6.9	97.7
	7	6.4	6.8	97.9
	8	6.0	6.7	98.5
	9	6.6	6.7	98.3
	10	6.2	6.7	97.8
	11	6.1	6.6	97.8
	12	6.2	6.6	98.8
2018	1	—	—	—
	2	—	7.2	—
	3	6.0	6.8	97.3
	4	7.0	6.9	98.9
	5	6.8	6.9	97.8
	6	6.0	6.7	97.8

工业增加值增长速度及工业产品销售率

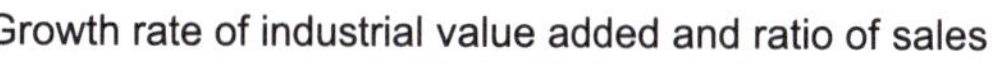

Growth rate of industrial value added and ratio of sales to output of industrial products

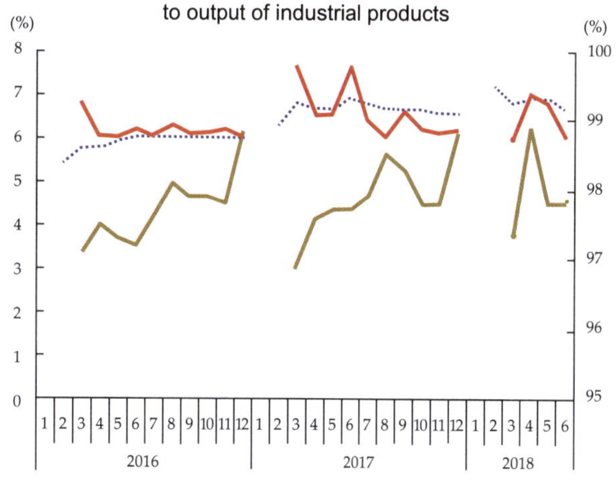

当月工业增加值同比增长（左坐标）
YOY growth of monthly industrial value added (LHS)

工业增加值月度累计同比增长（左坐标）
YOY growth of monthly accumulated industrial value added (LHS)

当月销售率（右坐标）
Monthly ratio of sales to output (RHS)

二、价格走势
2. Price Development

1.各种价格指数一览
(1) Overview of price indices

各种价格指数变动表
Changes in price indices

单位：% Unit: %

年/月 Year/Month	居民消费价格指数 Consumer price indices			农业生产资料价格指数 Price indices of mean of agricutural production		工业生产者购进价格指数 Purchasing price index for industrial producers		工业生产者出厂价格指数 Producer price index for manufactured goods		固定资产投资价格指数 Price indices of investment in fixed assets		进出口同比价格指数 Import-export price index (YOY)		
	月环比 MOM	当月同比 YOY	累计同比 Accu-mulated YOY	当月同比 YOY	累计同比 Accu-mulated YOY	当月同比 YOY	累计同比 Accu-mulated YOY	当月同比 YOY	累计同比 Accu-mulated YOY	当季同比 YOY	累计同比 Accu-mulated YOY	出口 Exports	进口 Imports	贸易条件 Terms of trade
2016 1	0.5	1.8	1.8	0.3	0.3	−6.3	−6.3	−5.3	−5.3			−6.1	−13.1	108.1
2	1.6	2.3	2.0	0.6	0.4	−5.8	−6.0	−4.9	−5.1			−6.1	−13.1	108.1
3	−0.4	2.3	2.1	0.2	0.4	−5.2	−5.8	−4.3	−4.8	−2.7	−2.7	−3.7	−11.6	108.9
4	−0.2	2.3	2.2	0.1	0.3	−4.4	−5.4	−3.4	−4.5			−2.6	−3.9	101.4
5	−0.5	2.0	2.1	0.3	0.3	−3.8	−5.1	−2.8	−4.1			−3.3	−4.8	101.6
6	−0.1	1.9	2.1	0.6	0.3	−3.4	−4.8	−2.6	−3.9	−0.8	−1.8	−2.3	−3.4	101.1
7	0.2	1.8	2.1	0.2	0.3	−2.6	−4.5	−1.7	−3.6			−1.9	−2.9	101.0
8	0.1	1.3	2.0	−0.3	0.2	−1.7	−4.1	−0.8	−3.2			−0.9	1.0	98.1
9	0.7	1.9	2.0	−0.3	0.2	−0.6	−3.8	0.1	−2.9	−0.1	−1.2	−3.1	−0.8	97.7
10	−0.1	2.1	2.0	−0.5	0.1	0.9	−3.3	1.2	−2.5			−1.3	1.0	97.7
11	0.1	2.3	2.0	−0.1	0.1	3.5	−2.7	3.3	−2.0			−2.1	4.0	94.1
12	0.2	2.1	2.0	0.6	0.1	6.3	−2.0	5.5	−1.4	1.4	−0.6	2.1	8.1	94.4
2017 1	1.0	2.5	2.5	1.1	1.1	8.4	8.4	6.9	6.9			4.1	12.8	92.3
2	−0.2	0.8	1.7	1.2	1.1	9.9	9.1	7.8	7.3			6.7	13.9	93.7
3	−0.3	0.9	1.4	1.4	1.2	10.0	9.4	7.6	7.4	4.5	4.5	4.5	13.6	92.0
4	0.1	1.2	1.4	1.1	1.2	9.0	9.3	6.4	7.2			6.9	13.5	94.2
5	−0.1	1.5	1.4	0.1	1.0	8.0	9.0	5.5	6.8			5.4	12.4	93.8
6	−0.2	1.5	1.4	−0.9	0.7	7.3	8.7	5.5	6.6	4.7	4.6	5.1	9.5	96.0
7	0.1	1.4	1.4	−0.7	0.5	7.0	8.5	5.5	6.4			4.0	6.7	97.5
8	0.4	1.8	1.5	0.0	0.4	7.7	8.4	6.3	6.4			2.9	6.4	96.7
9	0.5	1.6	1.5	0.4	0.4	8.5	8.4	6.9	6.5	6.5	5.2	2.7	9.0	94.2
10	0.1	1.9	1.5	1.1	0.5	8.4	8.4	6.9	6.5			2.3	6.6	96.0
11	0.0	1.7	1.5	1.5	0.6	7.1	8.3	5.8	6.4			3.1	5.7	97.5
12	0.3	1.8	1.6	1.3	0.6	5.9	8.1	4.9	6.3	7.4	5.8	0.4	5.0	95.7
2018 1	0.6	1.5	1.5	1.3	0.6	5.2	5.2	4.3	4.3			0.5	5.1	95.6
2	1.2	2.9	2.2	1.2	1.2	4.4	4.8	3.7	4.0			−1.9	−1.4	99.5
3	−1.1	2.1	2.1	1.9	1.4	3.7	4.4	3.1	3.7	6.2	6.2	2.7	1.1	101.6
4	−0.2	1.8	2.1	2.4	1.7	3.7	4.2	3.4	3.6			0.2	0.5	99.7
5	−0.2	1.8	2.0	3.1	2.0	4.3	4.2	4.1	3.7			0.6	2.0	98.6
6	−0.1	1.9	2.0	3.7	2.3	5.1	4.4	4.7	3.9	5.2	5.7	0.4	4.4	96.2

注：国家统计局从2011年1月开始实施新的工业生产者价格统计调查制度方法。“工业品价格统计”改称为“工业生产者价格统计”，相应地将“原材料、燃料、动力购进价格指数”改称为“工业生产者购进价格指数”，将“工业品出厂价格指数”改称为“工业生产者出厂价格指数”。

Note: Since January 2011, NBS begins to conduct new statistical system and survey methods on PPI. "Prices statistics on industrial goods" is renamed to "prices statistics on industrial producers". Accordingly, "purchasing prices for raw material,fuels and power" is renamed to "purchasing price for industrial producers", "producer price index of industrial products" is renamed to "producer price index for manufactured goods".

居民消费价格月环比指数变动
Change in CPI (month-on-month)

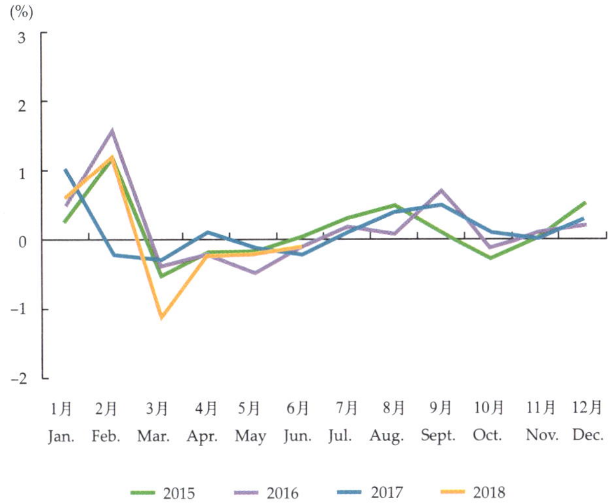

居民消费价格同比指数变动
Change in CPI (year-on-year)

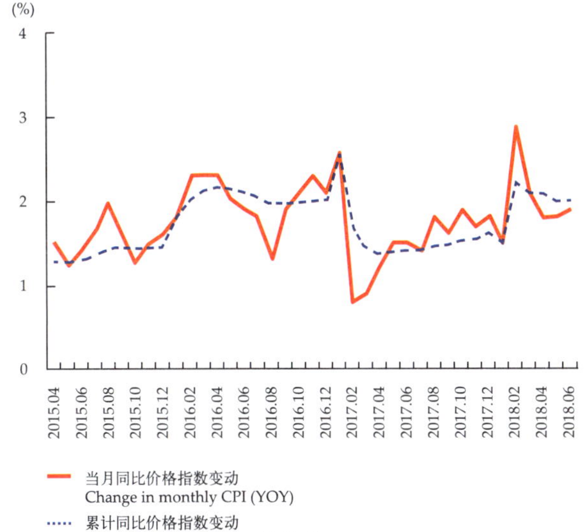

居民消费价格指数与生产价格指数的比较
Comparison between changes in CPI and PPI

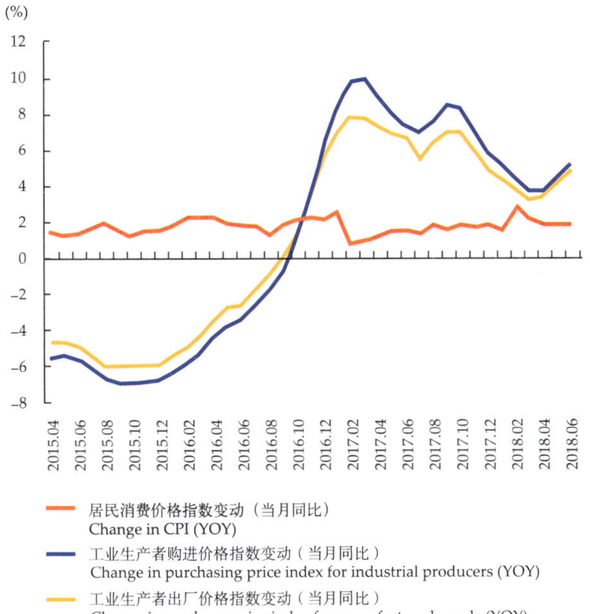

进出口价格指数和贸易条件
Import-export price index and terms of trade

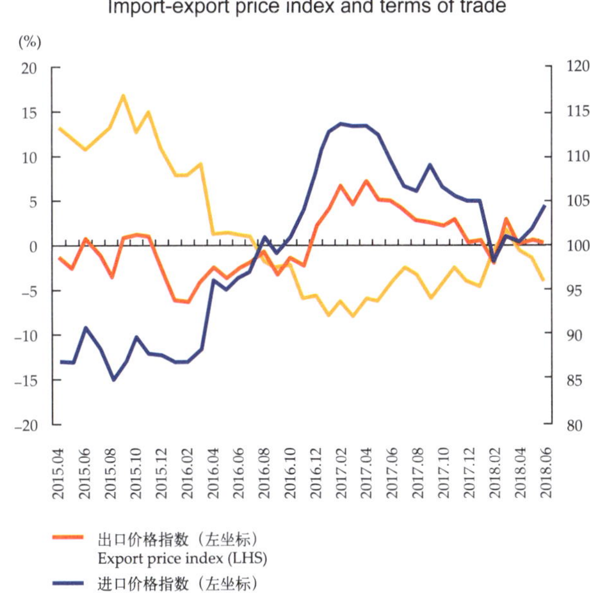

2.分类指数
(2) Breakdown of indices

居民消费价格当月同比分类指数变动

Breakdown of changes in CPI (YOY)

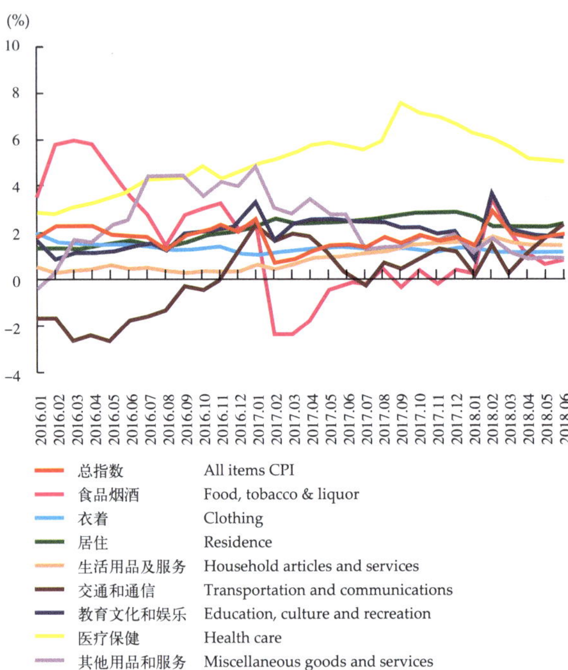

注：国家统计局于2016年1月调整了CPI构成，数据和以前年度不可比。

Note: NBS adjusted the composition of CPI in January 2016, which made the data uncomparable.

工业生产者出厂价格当月同比指数变动
按生产资料和生活资料分类

Breakdown of changes in producer price index (PPI) for manufactured goods by means of production and means of consumer goods (YOY)

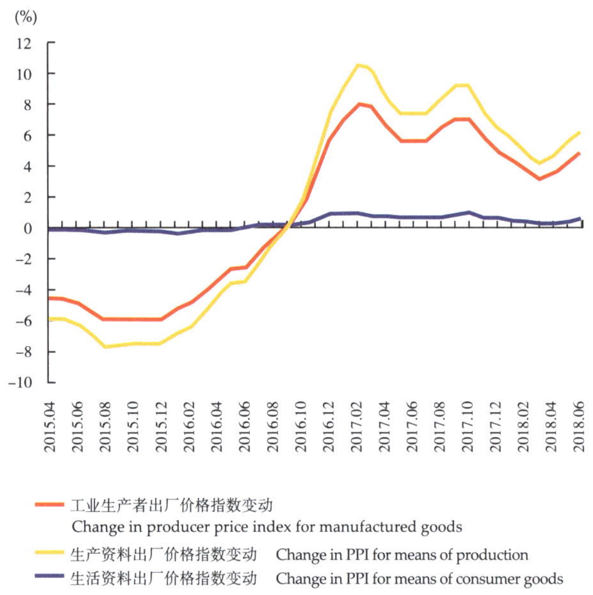

生活资料出厂价格当月同比分类指数变动

Breakdown of changes in PPI for means of consumer goods (YOY)

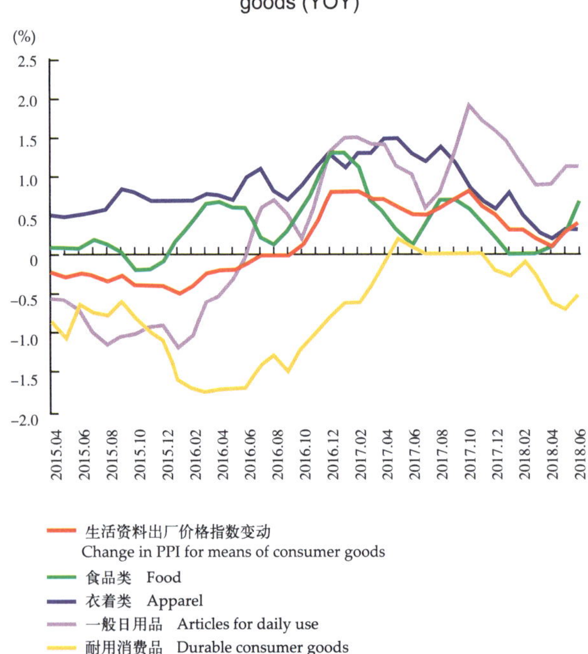

生产资料出厂价格当月同比分类指数变动

Breakdown of changes in PPI for means of production (YOY)

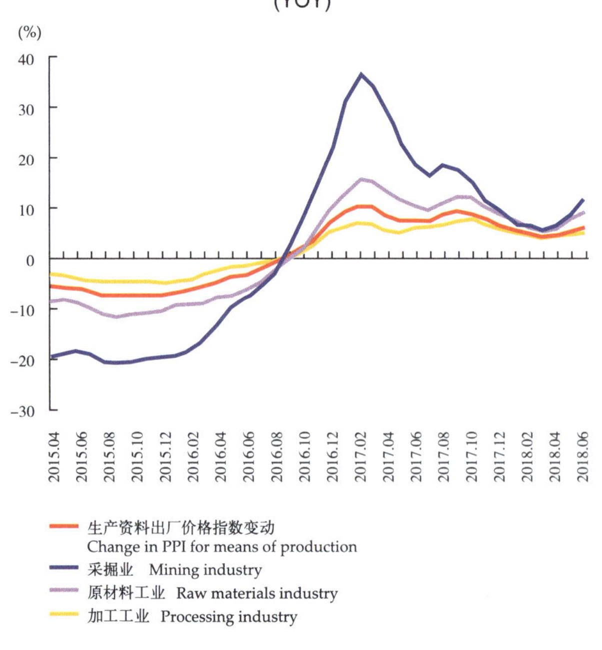

三、就业、失业与收入
3. Employment, Unemployment and Income

人口与就业基本情况
Population and employment

年 Year	年底总人口（亿人）Population at the end of the year (100 million people)	城镇 Urban	比重(%) Share (%)	乡村 Rural	比重(%) Share (%)	15～64岁人口数(亿人) Population between 15~64 years of age (100 million people)	就业人员(亿人) Employment (100 million people)
2001	12.8	4.8	38	8.0	62		7.3
2002	12.8	5.0	39	7.8	61	9.0	7.3
2003	12.9	5.2	41	7.7	59	9.1	7.4
2004	13.0	5.4	42	7.6	58	9.2	7.4
2005	13.1	5.6	43	7.5	57	9.4	7.5
2006	13.1	5.8	44	7.3	56	9.5	7.5
2007	13.2	6.1	46	7.1	54	9.6	7.5
2008	13.3	6.2	47	7.0	53	9.7	7.6
2009	13.3	6.5	48	6.9	52	9.7	7.6
2010	13.4	6.7	50	6.7	50	10.0	7.6
2011	13.5	6.9	51	6.6	49	10.0	7.6
2012	13.5	7.1	53	6.4	47	10.0	7.7
2013	13.6	7.3	54	6.3	46	10.1	7.7
2014	13.7	7.5	55	6.2	45	10.0	7.7
2015	13.7	7.7	56	6.0	44	10.0	7.7
2016	13.8	7.9	57	5.9	43	10.0	7.8
2017	13.9	8.1	59	5.8	41	10.0	7.8

注：表中数据根据第六次人口普查数据重新修订。
Note:Data are revised according to the 6th National Population Census.

就业人员按城乡和产业分类
Employment in urban and rural areas and in industries

年 Year	就业人员(亿人) Employment (100 million people)	按城乡分 Urban & rural: 城镇 Urban	比重(%) Share (%)	乡村 Rural	比重(%) Share (%)	按产业分 Industries: 第一产业 Primary industry	比重(%) Share (%)	第二产业 Secondary industry	比重(%) Share (%)	第三产业 Tertiary industry	比重(%) Share (%)
2001	7.28	2.41	33.1	4.87	66.9	3.64	50.0	1.62	22.3	2.02	27.7
2002	7.33	2.52	34.3	4.81	65.7	3.66	50.0	1.57	21.4	2.10	28.6
2003	7.37	2.62	35.6	4.75	64.4	3.62	49.1	1.59	21.6	2.16	29.3
2004	7.43	2.73	36.8	4.70	63.2	3.48	46.9	1.67	22.5	2.27	30.6
2005	7.46	2.84	38.0	4.63	62.0	3.34	44.8	1.78	23.8	2.34	31.4
2006	7.50	2.96	39.5	4.53	60.5	3.19	42.6	1.89	25.2	2.41	32.2
2007	7.53	3.10	41.1	4.44	58.9	3.07	40.8	2.02	26.8	2.44	32.4
2008	7.56	3.21	42.5	4.35	57.5	2.99	39.6	2.06	27.2	2.51	33.2
2009	7.58	3.33	43.9	4.25	56.1	2.89	38.1	2.11	27.8	2.59	34.1
2010	7.61	3.47	45.6	4.14	54.4	2.79	36.7	2.18	28.7	2.63	34.6
2011	7.64	3.59	47.0	4.05	53.0	2.66	34.8	2.25	29.5	2.73	35.7
2012	7.67	3.71	48.4	3.96	51.6	2.58	33.6	2.32	30.3	2.77	36.1
2013	7.70	3.82	49.7	3.87	50.3	2.42	31.4	2.32	30.1	2.96	38.5
2014	7.73	3.93	50.9	3.79	49.1	2.28	29.5	2.31	29.9	3.14	40.6
2015	7.75	4.04	52.2	3.70	47.8	2.19	28.3	2.27	29.3	3.28	42.4
2016	7.76	4.14	53.4	3.62	46.6	2.15	27.7	2.23	28.8	3.38	43.5
2017	7.76	4.25	54.7	3.52	45.3	2.09	27.0	2.18	28.1	3.49	44.9

注：表中数据根据第六次人口普查数据重新修订。
Note:Data are revised according to the 6th National Population Census.

居民人均可支配收入
Per capita disposable income

年/季度 Year/Quarter	农村居民人均可支配收入 Per capita disposable income in rural area		城镇居民人均可支配收入 Per capita disposable income in urban area	
	绝对值(元) Absolute value (RMB)	同比实际增长(%) Growth in real terms (YOY) (%)	绝对值(元) Absolute value (RMB)	同比实际增长(%) Growth in real terms (YOY) (%)
2015 I	3 279	8.9	8 572	7.0
I~II	5 554	8.3	15 699	6.7
I~III	8 297	8.1	23 512	6.8
I~IV	11 422	7.5	31 195	6.6
2016 I	3 578	7.0	9 255	5.8
I~II	6 050	6.7	16 957	5.8
I~III	8 998	6.5	25 337	5.7
I~IV	12 363	6.2	33 616	5.6
2017 I	3 880	7.2	9 986	6.3
I~II	6 562	7.4	18 322	6.5
I~III	9 778	7.5	27 430	6.6
I~IV	13 432	7.3	36 396	6.5
2018 I	4 226	6.8	10 781	5.7
I~II	7 142	6.8	19 770	5.8

城镇失业人数和失业率
Unemployed urban population and unemployment rate

年/季度末 Year/End of quarter	城镇登记失业人数(万人) Registered unemployment in urban areas (10 000 people)	城镇登记失业率(%) Registered unemployment rate in urban areas(%)
2015 I	952	4.1
II	952	4.0
III	962	4.1
IV	966	4.1
2016 I	972	4.0
II	978	4.1
III	983	4.0
IV	982	4.0
2017 I	976	4.0
II	976	4.0
III	979	4.0
IV	972	3.9
2018 I	971	3.9
II	969	3.8

四、国内需求

4. Domestic Demand

1.按支出法计算的国内生产总值

(1) Expenditure-based GDP

按支出法计算的国内生产总值及其构成

Expenditure-based GDP and its composition

年 Year	按支出法计算的国内生产总值 Expenditure-based GDP	最终消费 Final consumption	居民消费 Household consumption	城镇居民 Urban	农村居民 Rural	政府消费 Government consumption	资本形成总额 Total capital formation	固定资本形成 Fixed capital formation	存货增加 Increased inventory	货物和服务净出口 Net exports of goods and services
	绝对值(亿元) Absolute value (RMB100 million)									
2001	111 250	68 547	50 709	34 411	16 298	17 838	40 379	38 064	2 315	2 325
2002	122 292	74 068	55 076	38 060	17 017	18 992	45 130	43 797	1 333	3 094
2003	138 315	79 513	59 344	41 569	17 775	20 169	55 837	53 964	1 872	2 965
2004	162 742	89 086	66 587	47 354	19 233	22 499	69 421	65 670	3 751	4 236
2005	189 190	101 448	75 232	54 320	20 912	26 215	77 534	75 810	1 724	10 209
2006	221 207	114 729	84 119	61 480	22 640	30 610	89 823	87 223	2 600	16 655
2007	271 699	136 229	99 793	74 205	25 589	36 436	112 047	105 052	6 995	23 423
2008	319 936	157 466	115 338	86 498	28 841	42 128	138 243	128 002	10 241	24 227
2009	349 883	172 728	126 661	95 995	30 666	46 067	162 118	156 735	5 383	15 037
2010	410 708	198 998	146 058	112 447	33 610	52 941	196 653	185 827	10 826	15 057
2011	486 038	241 022	176 532	135 457	41 075	64 490	233 327	219 671	13 656	11 689
2012	540 989	271 113	198 537	153 314	45 223	72 576	255 240	244 601	10 639	14 636
2013	596 963	300 338	219 763	170 330	49 432	80 575	282 073	270 924	11 149	14 552
2014	647 182	328 313	242 540	188 174	54 366	85 773	302 718	290 053	12 664	16 152
2015	699 109	362 267	265 980	206 837	59 143	96 286	312 836	301 503	11 333	24 007
2016	745 632	399 910	293 443	228 517	64 145	106 467	329 138	318 084	11 054	16 585
2017	812 038	435 453	317 510	—	—	117 944	360 627	346 441	14 186	15 958
	构成(%) Composition (%)									
2001	100.0	61.6	45.6	30.9	14.6	16.0	36.3	34.2	2.1	2.1
2002	100.0	60.6	45.0	31.1	13.9	15.5	36.9	35.8	1.1	2.5
2003	100.0	57.5	42.9	30.1	12.9	14.6	40.4	39.0	1.4	2.1
2004	100.0	54.7	40.9	29.1	11.8	13.8	42.7	40.4	2.3	2.6
2005	100.0	53.6	39.8	28.7	11.1	13.9	41.0	40.1	0.9	5.4
2006	100.0	51.9	38.0	27.8	10.2	13.8	40.6	39.4	1.2	7.5
2007	100.0	50.1	36.7	27.3	9.4	13.4	41.2	38.7	2.6	8.6
2008	100.0	49.2	36.1	27.0	9.0	13.2	43.2	40.0	3.2	7.6
2009	100.0	49.4	36.2	27.4	8.8	13.2	46.3	44.8	1.5	4.3
2010	100.0	48.5	35.6	27.4	8.2	12.9	47.9	45.2	2.6	3.7
2011	100.0	49.6	36.3	27.9	8.5	13.3	48.0	45.2	2.8	2.4
2012	100.0	50.1	36.7	28.3	8.4	13.4	47.2	45.2	2.0	2.7
2013	100.0	50.3	36.8	28.5	8.3	13.5	47.3	45.4	1.9	2.4
2014	100.0	50.7	37.5	29.1	8.4	13.3	46.8	44.8	2.0	2.5
2015	100.0	51.8	38.0	29.6	8.5	13.8	44.7	43.1	1.6	3.4
2016	100.0	53.6	39.4	30.6	8.6	14.3	44.1	42.7	1.5	2.2
2017	100.0	53.6	39.1	—	—	14.5	44.4	42.7	1.7	2.0

注：表中数据根据国家统计局最新数据修订。
Note: Data are revised by National Bureau of Statistics of China.

按支出法计算的国内生产总值构成变化

Changes in the composition of GDP (based on expenditures)

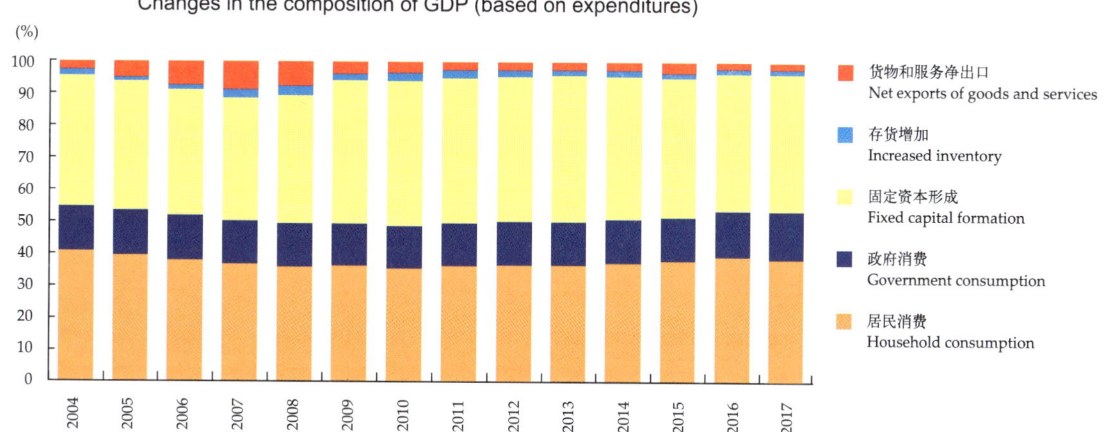

投资率和消费率
Investment ratio and consumption ratio

单位：% Unit: %

年 Year	资本形成率(投资率) Capital formation ratio (investment ratio)	最终消费率(消费率) Final consumption ratio (consumption ratio)
1986	38.2	64.2
1987	37.8	62.1
1988	39.5	61.5
1989	37.5	63.6
1990	34.4	62.9
1991	35.7	61.5
1992	39.6	59.4
1993	44.0	57.9
1994	40.8	57.9
1995	39.6	58.8
1996	38.2	59.8
1997	36.2	59.4
1998	35.6	60.2
1999	34.9	62.3
2000	34.3	63.3
2001	36.3	61.6
2002	36.9	60.6
2003	40.4	57.5
2004	42.7	54.7
2005	41.0	53.6
2006	40.6	51.9
2007	41.2	50.1
2008	43.2	49.2
2009	46.3	49.4
2010	47.9	48.5
2011	48.0	49.6
2012	47.2	50.1
2013	47.3	50.3
2014	46.8	50.7
2015	44.7	51.8
2016	44.1	53.6
2017	44.4	53.6

注：表中数据根据国家统计局最新数据修订。
Note: Data are revised by National Bureau of Statistics of China.

生产法现价GDP与支出法现价GDP及其增长率比较
Comparison between production-based GDP and expenditure-based GDP at current price

年 Year	(1)生产法GDP Production-based GDP		(2)支出法GDP Expenditure-based GDP		(1)−(2)	
	绝对量(亿元) Absolute value (RMB100 million)	现价增速(%) Growth rate at current price(%)	绝对量(亿元) Absolute value (RMB100 million)	现价增速(%) Growth rate at current price(%)	绝对量(亿元) Absolute value (RMB100 million)	现价增速(%) Growth rate at current price(%)
1991	22 006	16.6	22 124	16.0	−119	0.56
1992	27 195	23.6	27 334	23.5	−140	0.03
1993	35 673	31.2	35 900	31.3	−227	−0.16
1994	48 638	36.3	48 823	36.0	−185	0.35
1995	61 340	26.1	61 539	26.0	−199	0.07
1996	71 814	17.1	72 103	17.2	−289	−0.09
1997	79 715	11.0	80 025	11.0	−310	0.02
1998	85 196	6.9	85 486	6.8	−291	0.05
1999	90 564	6.3	90 824	6.2	−259	0.06
2000	100 280	10.7	100 577	10.7	−297	−0.01
2001	110 863	10.6	111 250	10.6	−387	−0.06
2002	121 717	9.8	122 292	9.9	−575	−0.13
2003	137 422	12.9	138 315	13.1	−893	−0.20
2004	161 840	17.8	162 742	17.7	−902	0.11
2005	187 319	15.7	189 190	16.3	−1 872	−0.51
2006	219 439	17.1	221 207	16.9	−1 768	0.22
2007	270 232	23.1	271 699	22.8	−1 467	0.32
2008	319 516	18.2	319 936	17.8	−420	0.48
2009	349 081	9.3	349 883	9.4	−802	−0.11
2010	413 030	18.3	410 708	17.4	2 322	0.93
2011	489 301	18.5	486 038	18.3	3 263	0.12
2012	540 367	10.4	540 989	11.3	−622	−0.87
2013	595 244	10.2	596 963	10.3	−1 719	−0.19
2014	643 974	8.2	647 182	8.4	−3 208	−0.23
2015	689 052	7.0	699 109	8.0	−10 057	−1.02
2016	743 586	7.9	745 632	6.7	−2 047	1.26
2017	827 122	11.2	812 038	8.9	15 084	2.33

注：表中数据根据国家统计局最新数据修订。
Note: Data are revised by National Bureau of Statistics of China.

投资率和消费率
Investment ratio and consumption ratio

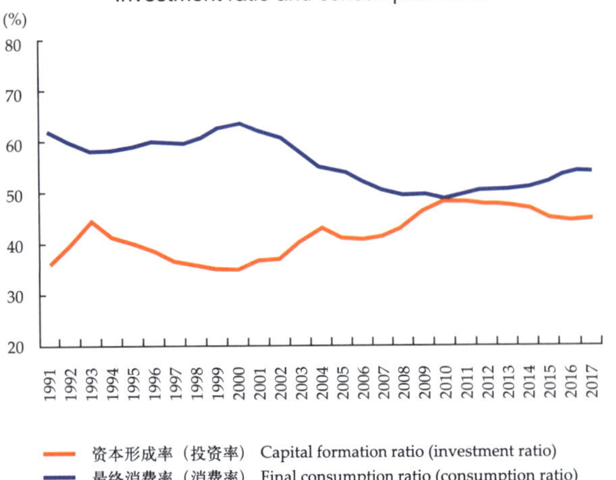

生产法现价GDP与支出法现价GDP增速比较
Comparison of growth rate at current prices between production-based GDP and expenditure-based GDP

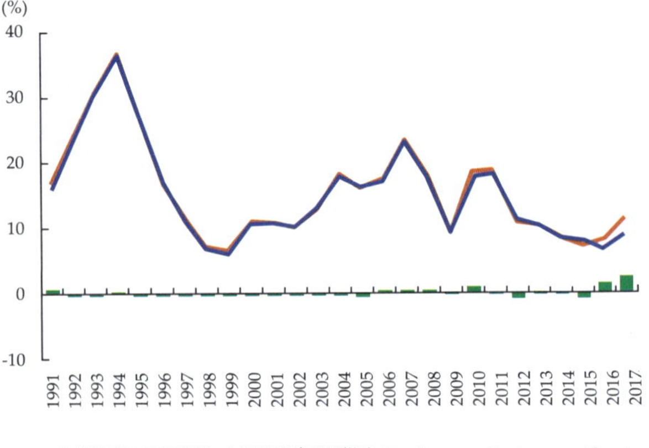

2.社会消费品零售额

(2) Retail sales of consumer goods

社会消费品零售总额
Retail sales of consumer goods

单位：亿元
Unit: RMB100 million

年/月 Year/Month	当月社会消费品零售总额 Monthly retail sales of consumer goods	当月同比增长率(%) Monthly growth rate (YOY)(%)	社会消费品零售总额累计 Accumulative retail sales of consumer goods	累计同比增长率(%) Accumulative growth rate (YOY)(%)
2016.01	—	—	—	—
2016.02	—	—	52 910	10.2
2016.03	25 114	10.5	78 024	10.3
2016.04	24 646	10.1	102 670	10.3
2016.05	26 611	10.0	129 281	10.2
2016.06	26 857	10.6	156 138	10.3
2016.07	26 827	10.2	182 966	10.3
2016.08	27 540	10.6	210 505	10.3
2016.09	27 976	10.7	238 482	10.4
2016.10	31 119	10.0	269 601	10.3
2016.11	30 959	10.8	300 560	10.4
2016.12	31 757	10.9	332 316	10.4
2017.01	—	—	—	—
2017.02	—	—	57 960	9.5
2017.03	27 864	10.9	85 823	10.0
2017.04	27 279	10.7	113 102	10.2
2017.05	29 459	10.7	142 561	10.3
2017.06	29 808	11.0	172 369	10.4
2017.07	29 610	10.4	201 979	10.4
2017.08	30 330	10.1	232 308	10.4
2017.09	30 870	10.3	263 178	10.4
2017.10	34 241	10.0	297 419	10.3
2017.11	34 108	10.2	331 528	10.3
2017.12	34 734	9.4	366 262	10.2
2018.01	—	—	—	—
2018.02	—	—	61 082	9.7
2018.03	29 194	10.1	90 275	9.8
2018.04	28 542	9.4	118 817	9.7
2018.05	30 359	8.5	149 176	9.5
2018.06	30 842	9.0	180 018	9.4

注：为消除春节日期不固定因素带来的影响，增强数据的可比性，按照国家统计制度，历年1~2月数据一起调查、一起发布。
Note: In order to eliminate the impact of the different date of "Spring Festival" of each year,and enhance the comparability of data, in accordance with the national statistical system,the data in January and February was investigated and released together.

社会消费品零售总额与最终消费增长率的比较
Comparison of growth rate at current prices between retail sales of consumer goods and final consumption expenditure

单位：万亿元
Unit: RMB1 trillion

年 Year	社会消费品零售总额 Retail sales of consumer goods	最终消费 Final consumption	社会消费品零售总额现价增长率(%) Growth rate at current prices of retail sales of consumer goods(%)	最终消费现价增长率(%) Growth rate at current prices of final consumption expenditure(%)
1991	0.94	1.36	13.4	13.5
1992	1.10	1.62	16.8	19.2
1993	1.43	2.08	29.8	28.2
1994	1.86	2.83	30.5	35.9
1995	2.36	3.62	26.8	28.0
1996	2.84	4.31	20.1	19.0
1997	3.13	4.75	10.2	10.3
1998	3.34	5.15	6.8	8.3
1999	3.56	5.66	6.8	10.0
2000	3.91	6.37	9.7	12.4
2001	4.31	6.85	10.1	7.7
2002	4.81	7.41	11.8	8.1
2003	5.25	7.95	9.1	7.4
2004	5.95	8.91	13.3	12.0
2005	6.84	10.14	14.9	13.9
2006	7.91	11.47	15.8	13.1
2007	9.36	13.62	18.2	18.7
2008	11.48	15.75	22.7	15.6
2009	13.27	17.27	15.5	9.7
2010	15.70	19.90	18.3	15.2
2011	18.39	24.10	17.1	21.1
2012	21.03	27.11	14.3	12.5
2013	24.28	30.03	15.5	10.8
2014	27.19	32.83	12.0	9.3
2015	30.09	36.23	10.7	10.3
2016	33.23	39.99	10.4	10.4
2017	36.63	43.55	10.2	8.9

注：表中数据根据国家统计局最新数据修订。
Note: Data are revised by National Bureau of Statistics of China.

累计社会消费品零售总额及其增长率
Accumulative retail sales and growth rates of consumer goods

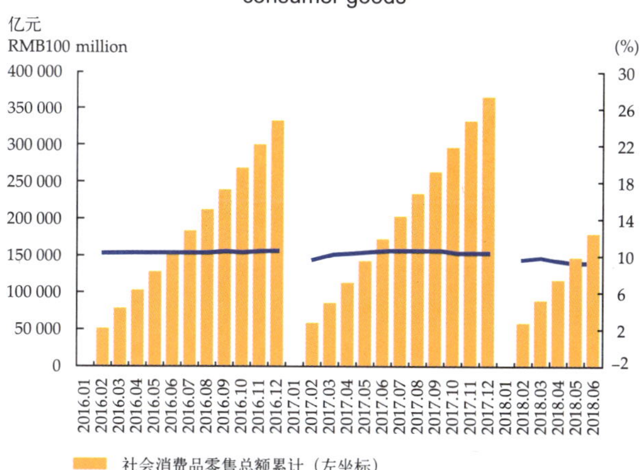

社会消费品零售总额及最终消费增长趋势
Growth trend of retail sales of consumer goods and final consumption expenditure

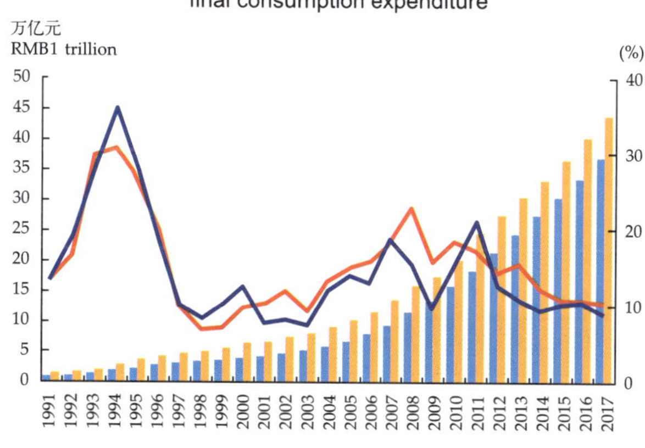

3.固定资产投资完成额
(3) Completed fixed-asset investment

固定资产投资（不含农户）完成额
Completed investment in fixed assets (excluding rural households)

单位：亿元
Unit: RMB100 million

年/月 Year/Month	投资完成额 Investment completed	增长率(%) Growth rate (%)
2016 1~2	38 007.8	10.2
1~3	85 842.8	10.7
1~4	132 592.0	10.5
1~5	187 671.0	9.6
1~6	258 360.0	9.0
1~7	311 694.3	8.1
1~8	366 339.2	8.1
1~9	426 906.4	8.2
1~10	484 429.0	8.3
1~11	538 548.0	8.3
1~12	596 500.8	8.1
2017 1~2	41 377.9	8.9
1~3	93 777.1	9.2
1~4	144 326.8	8.9
1~5	203 718.3	8.6
1~6	280 604.8	8.6
1~7	337 409.5	8.3
1~8	394 150.1	7.8
1~9	458 478.2	7.5
1~10	517 818.0	7.3
1~11	575 057.1	7.2
1~12	631 684.0	7.2
2018 1~2	44 626.0	7.9
1~3	100 763.0	7.5
1~4	154 358.0	7.0
1~5	216 043.0	6.1
1~6	297 316.0	6.0

注：自2011年起，投资项目统计起点标准由原来的50万元调整为500万元，"固定资产投资（不含农户）"等于原口径的城镇固定资产投资加上农村企事业组织项目投资。
Notes: Since 2011, investment indicators are calculated using new threshold criteria of RMB5 million instead of RMB500 thousand in the past. "Investment in fixed assets (excluding rural households)" equals to "investment in fixed assets in urban area" under the old criteria plus "investment of rural enterprises and institutions".

固定资产投资（不含农户）完成额
Completed investment in fixed assets (excluding rural households)

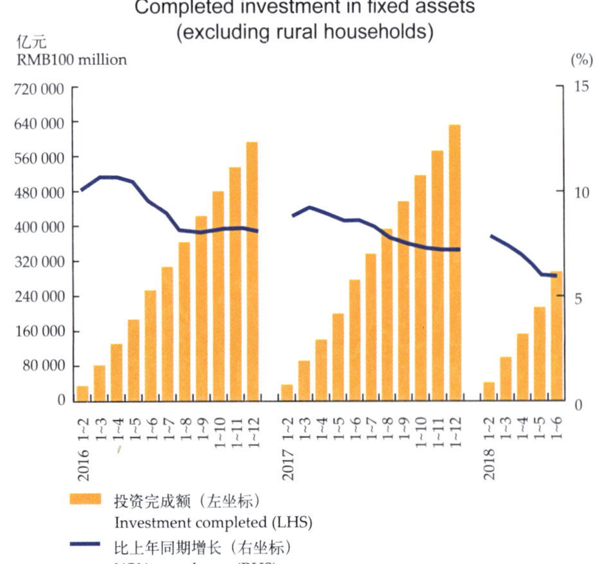

固定资产投资完成额和固定资本形成总额的比较
Comparison of completed fixed-asset investment and gross capital formation

单位：万亿元
Unit: RMB1 trillion

年 Year	全社会固定资产投资完成额 Total completed fixed-asset investment	固定资本形成总额 Gross capital formation	全社会固定资产投资现价增长率(%) Growth rate of total fixed-asset investment at current prices(%)	固定资本形成总额现价增长率(%) Growth rate of gross capital formation at current prices(%)
1991	0.56	0.61	23.9	25.7
1992	0.81	0.85	44.4	46.0
1993	1.31	1.36	61.8	60.4
1994	1.70	1.72	30.4	26.6
1995	2.00	2.04	17.5	18.4
1996	2.29	2.33	14.5	14.6
1997	2.49	2.54	8.8	8.8
1998	2.84	2.88	13.9	13.4
1999	2.99	3.02	5.1	5.2
2000	3.29	3.35	10.3	10.9
2001	3.72	3.81	13.1	13.5
2002	4.35	4.38	16.9	15.1
2003	5.56	5.40	27.7	23.2
2004	7.05	6.57	26.8	21.7
2005	8.88	7.58	26.0	15.4
2006	11.00	8.72	23.9	15.1
2007	13.73	10.51	24.8	20.4
2008	17.28	12.80	25.9	21.8
2009	22.46	15.67	30.0	22.4
2010	25.17	18.58	12.1	18.6
2011	31.15	21.97	23.8	18.2
2012	37.47	24.46	20.3	11.3
2013	44.63	27.09	19.1	10.8
2014	51.20	29.01	14.7	7.1
2015	56.20	30.15	9.8	3.9
2016	60.65	31.81	7.9	5.5
2017	64.12	34.64	5.7	8.9

注：表中数据根据国家统计局最新数据修订。
Note: Data are revised by National Bureau of Statistics of China.

固定资产投资完成额和固定资本形成总额
Completed fixed-asset investment and gross capital formation

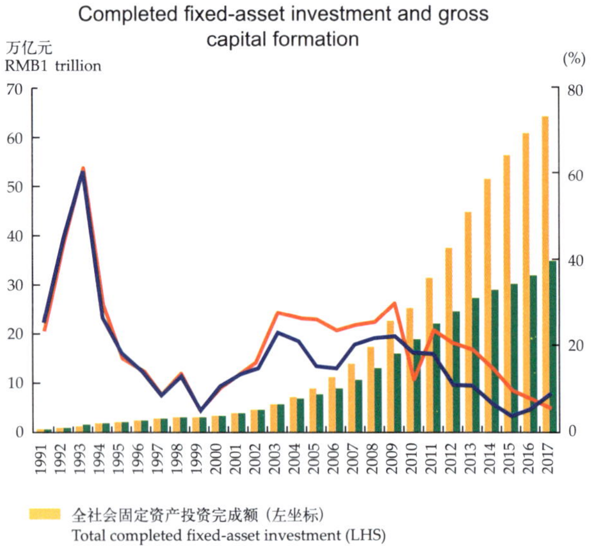

按建设性质分固定资产投资（不含农户）累计完成额及增长率

Completed investment in fixed assets (excluding rural households) and growth rate by type of construction

年/月 Year/Month	绝对值(亿元) Absolute value (RMB100 million)			增长率(%) Growth rate (%)		
	新建 New construction	扩建 Expansion	改建 Transformation	新建 New construction	扩建 Expansion	改建 Transformation
2016 1~2	19 225.6	3 947.0	4 583.9	16.5	-1.8	11.1
1~3	44 455.8	9 561.0	11 331.0	15.7	1.8	10.1
1~4	69 917.3	15 024.8	17 957.5	14.7	1.0	11.1
1~5	99 886.4	21 616.4	25 486.5	13.2	2.6	8.9
1~6	138 324.3	29 653.7	35 033.4	12.7	3.7	7.0
1~7	166 514.7	36 085.4	42 959.1	11.7	3.0	6.4
1~8	196 111.6	42 517.4	50 779.5	11.5	3.6	6.6
1~9	229 502.7	48 963.5	59 414.5	11.9	3.1	6.6
1~10	259 412.4	55 839.1	68 488.6	11.7	2.9	6.8
1~11	287 835.1	62 076.9	76 760.5	11.9	2.9	6.9
1~12	318 579.7	68 981.9	85 391.5	11.8	2.5	4.3
2017 1~2	21 131.4	4 119.2	5 145.0	9.9	4.4	12.2
1~3	49 416.8	9 782.9	12 637.7	11.2	2.3	11.5
1~4	77 393.1	15 417.7	19 824.5	10.7	2.6	10.4
1~5	110 435.4	21 719.1	28 247.9	10.6	0.5	10.8
1~6	153 658.1	29 376.3	38 845.0	11.1	-0.9	10.9
1~7	184 592.5	35 909.1	47 205.5	10.9	-0.5	9.9
1~8	216 084.4	41 624.6	55 312.0	10.4	-1.9	9.0
1~9	251 356.0	48 152.0	64 720.8	9.6	-1.6	9.0
1~10	282 739.1	54 763.7	74 080.2	9.5	-1.5	8.5
1~11	313 550.1	60 703.9	82 827.6	9.4	-1.8	8.6
1~12	342 684.6	67 597.4	91 873.3	8.8	-0.4	9.5
2018 1~2	22 568.3	4 012.1	6 153.4	6.8	-2.6	19.6
1~3	52 184.1	9 861.2	14 760.8	5.6	0.8	16.8
1~4	81 727.1	15 171.0	22 699.1	5.6	-1.6	14.5
1~5	115 846.8	21 697.4	30 903.2	4.9	-0.1	9.4
1~6	160 572.7	29 640.7	42 962.5	4.5	0.9	10.6

注：按建设性质分组的投资不含房地产投资。
Note: Investment grouped by type of construction does not include real estate investment.

按建筑性质分固定资产投资（不含农户）完成额构成变化

Completed investment in fixed assets (excluding rural households) by type of construction

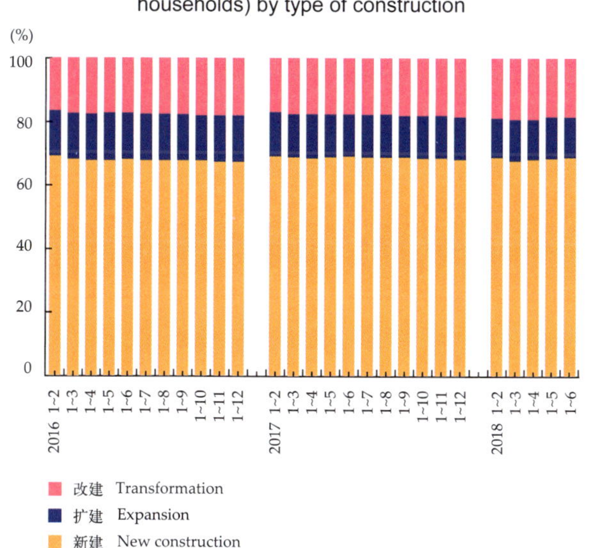

按建筑性质分固定资产投资（不含农户）完成额增长趋势

Growth of monthly accumulated completed investment in fixed assets (excluding rural households) by type of construction

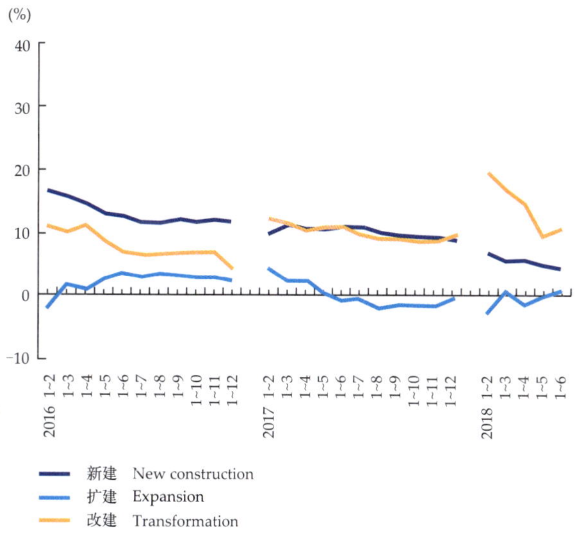

2018年上半年分省固定资产投资（不含农户）及房地产开发投资情况
Accumulated completed investment in fixed assets (excluding rural households) and real estate development by province in the first half of 2018

单位：亿元 Unit: RMB100 million

	固定资产投资（不含农户）累计完成额增长率（%） Growth rate of accumulated completed investment in fixed assets (excluding rural households)(%)	房地产开发投资完成额 Accumulated completed investment in real estate development	
			增长率(%) Growth rate (%)
Guizhou 贵州	17.4	1 182.6	5.7
Tibet 西藏	14.1	27.7	56.1
Fujian 福建	13.4	2 404.9	1.6
Shaanxi 陕西	12.9	1 513.9	11.1
Liaoning 辽宁	12.1	1 364.5	15.5
Anhui 安徽	11.8	3 067.8	22.5
Jiangxi 江西	11.7	973.0	7.3
Guangxi 广西	11.5	1 367.7	12.3
Sichuan 四川	11.0	2 646.5	−1.7
Yunnan 云南	11.0	1 342.2	9.6
Hubei 湖北	10.5	2 409.3	8.5
Hunan 湖南	10.3	1 614.9	10.1
Guangdong 广东	10.1	6 454.6	20.2
Henan 河南	9.3	3 131.3	5.6
Shandong 山东	6.1	3 550.3	11.0
Shanghai 上海	6.0	1 816.9	3.6
Zhejiang 浙江	5.7	4 795.0	24.2
Chongqing 重庆	5.5	1 967.9	10.0
Jiangsu 江苏	5.3	5 653.3	16.6
Hebei 河北	5.2	1 964.0	−12.3
Heilongjiang 黑龙江	0.3	303.8	30.0
Jilin 吉林	−1.5	376.0	17.0
Qinghai 青海	−2.6	161.4	13.2
Hainan 海南	−4.8	823.9	−7.8
Gansu 甘肃	−9.0	461.2	10.9
Beijing 北京	−9.6	1 429.9	−6.5
Tianjin 天津	−17.3	1 301.4	9.1
Ningxia 宁夏	−18.4	198.2	−22.1
Shanxi 山西	−19.5	642.2	13.0
Inner Mongolia 内蒙古	−38.4	341.2	−8.6
Xinjiang 新疆	−48.9	243.5	−36.3

4.房地产
(4) Real estate development

房地产开发投资按工程用途分的完成额及增长率
Real estate development investment completed and growth rate by purpose of engineering

单位：亿元 Unit: RMB100 million

年/月 Year/Month	房地产开发投资完成额 Real estate development investment completed		按工程用途 By purpose of engineering							
			住宅投资 Residential building investment		办公楼投资 Office building investment		商业用房投资 Commercial and business building investment		其他投资 Other investment	
	绝对值 Absolute value	增长率(%) Growth rate (%)	绝对值 Absolute value	增长率(%) Growth rate (%)	绝对值 Absolute value	增长率(%) Growth rate (%)	绝对值 Absolute value	增长率(%) Growth rate (%)	绝对值 Absolute value	增长率(%) Growth rate (%)
2016 1~2	9 052	3.0	6 028	1.8	658	16.1	1 356	2.7	1 010	3.4
1~3	17 677	6.2	11 670	4.6	1 242	14.2	2 712	7.1	2 053	9.5
1~4	25 376	7.2	16 887	6.4	1 717	15.4	3 915	7.6	2 857	6.9
1~5	34 564	7.0	23 118	6.8	2 256	12.8	5 361	8.2	3 828	3.7
1~6	46 631	6.1	31 149	5.6	3 016	10.1	7 229	7.8	5 236	4.6
1~7	55 361	5.3	36 981	4.5	3 541	8.5	8 573	6.9	6 265	6.2
1~8	64 387	5.4	43 076	4.8	4 086	5.7	9 954	7.1	7 271	6.8
1~9	74 598	5.8	49 931	5.1	4 722	6.0	11 543	7.3	8 402	7.4
1~10	83 975	6.6	56 294	5.9	5 308	6.2	12 941	7.8	9 431	9.1
1~11	93 387	6.5	62 588	6.0	5 934	5.0	14 377	7.7	10 488	8.9
1~12	102 581	6.9	68 704	6.4	6 533	5.2	15 838	8.4	11 507	8.9
2017 1~2	9 854	8.9	6 571	9.0	654	−0.6	1 517	11.8	1 112	10.1
1~3	19 292	9.1	12 981	11.2	1 194	−3.8	2 935	8.2	2 182	6.3
1~4	27 732	9.3	18 671	10.6	1 736	1.1	4 222	7.8	3 103	8.6
1~5	37 595	8.8	25 423	10.0	2 371	5.1	5 678	5.9	4 123	7.7
1~6	50 610	8.5	34 318	10.2	3 159	4.8	7 589	5.0	5 543	5.9
1~7	59 761	7.9	40 683	10.0	3 708	4.7	8 834	3.0	6 535	4.3
1~8	69 494	7.9	47 440	10.1	4 284	4.8	10 195	2.4	7 575	4.2
1~9	80 644	8.1	55 109	10.4	4 978	5.4	11 710	1.4	8 847	5.3
1~10	90 544	7.8	61 871	9.9	5 583	5.2	13 088	1.1	10 002	6.1
1~11	100 387	7.5	68 670	9.7	6 162	3.9	14 422	0.3	11 132	6.1
1~12	109 799	7.0	75 148	9.4	6 761	3.5	15 640	−1.2	12 249	6.5
2018 1~2	10 831	9.9	7 379	12.3	653	−0.2	1 445	−4.8	1 355	21.8
1~3	21 291	10.4	14 705	13.3	1 193	−0.1	2 743	−6.5	2 651	21.5
1~4	30 592	10.3	21 331	14.2	1 646	−5.1	3 893	−7.8	3 721	19.9
1~5	41 420	10.2	29 037	14.2	2 185	−7.8	5 150	−9.3	5 048	22.4
1~6	55 531	9.7	38 990	13.6	2 834	−10.3	6 854	−9.7	6 853	23.6

房地产开发投资按工程用途分的构成变化
Change in composition of real estate development investment by purpose of engineering

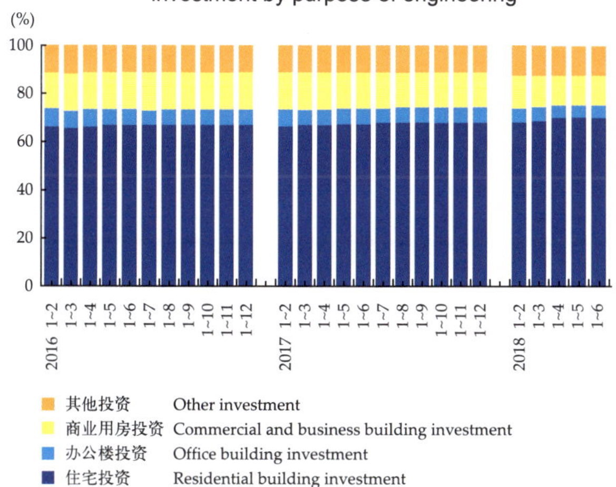

房地产开发投资按工程用途分的增长趋势
Growth of composition of real estate development investment by purpose of engineering

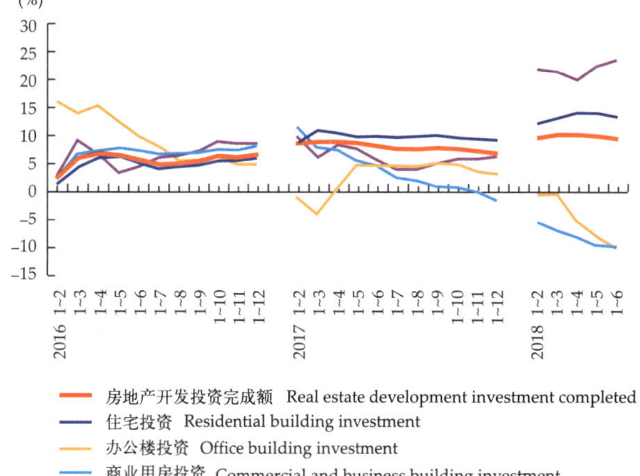

房地产开发投资按地区分的完成额及增长率
Real estate development investment completed and growth rate by region

单位：亿元 Unit: RMB100 million

年/月 Year/Month	东部地区投资 Investment in eastern area		中部地区投资 Investment in central area		西部地区投资 Investment in western area		东北地区投资 Investment in northeastern area	
	绝对值 Absolute value	增长率(%) Growth rate(%)	绝对值 Absolute value	增长率(%) Growth rate(%)	绝对值 Absolute value	增长率(%) Growth rate(%)	绝对值 Absolute value	增长率(%) Growth rate(%)
2017 1-4	15 437	8.7	5 755	16.8	5 794	7.7	747	-13.7
1-5	20 659	8.4	7 853	16.9	7 918	7.0	1 166	-16.1
1-6	27 252	8.4	10 631	16.0	10 991	6.8	1 737	-14.0
1-7	32 069	8.5	12 612	13.8	12 901	5.1	2 179	-11.3
1-8	37 099	8.8	14 773	13.3	14 966	4.0	2 655	-7.4
1-9	42 869	9.0	17 169	13.3	17 410	3.6	3 197	-3.3
1-10	47 936	8.0	19 379	13.1	19 612	4.1	3 617	-0.4
1-11	52 880	7.4	21 610	12.4	21 997	4.3	3 900	1.4
1-12	58 023	7.2	23 884	11.6	23 877	3.5	4 015	1.0
2018 1-2	6 497	11.6	2 147	13.4	2 055	3.7	132	-15.3
1-3	12 277	11.8	4 443	15.0	4 122	2.9	449	1.3
1-4	17 181	11.3	6 604	14.8	5 980	3.2	827	10.7
1-5	22 992	11.3	8 895	13.3	8 136	2.8	1 397	19.9
1-6	30 194	10.8	11 839	11.4	11 454	4.2	2 044	17.7

房地产开发投资按地区分的构成变化
Change in composition of real estate development investment by region

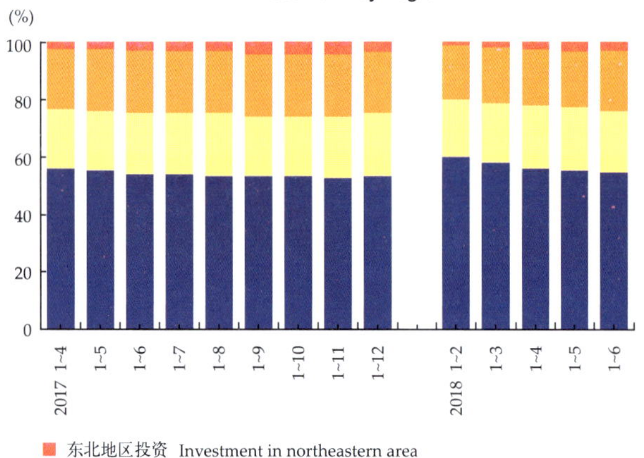

房地产开发投资按地区分的增长趋势
Growth of composition of real estate development investment by region

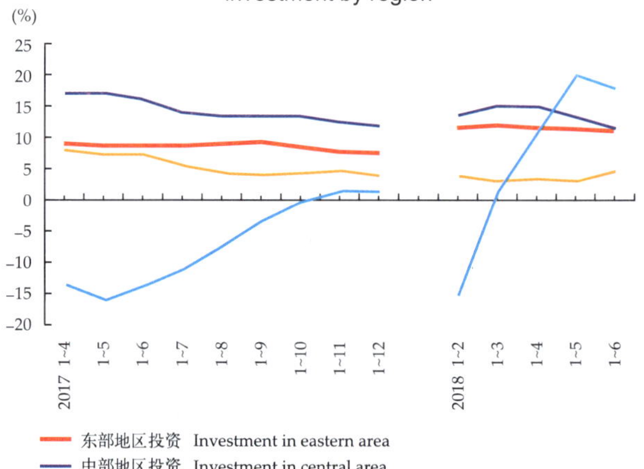

商品房建筑与销售
Construction and sales of commercial buildings

单位：亿平方米、亿元
Unit: 100 million square meters, RMB100 million

年/月 Year/Month	施工面积 Area under construction	同比增长(%) YOY growth(%)	竣工面积 Area completed	同比增长(%) YOY growth(%)	销售面积 Area sold	同比增长(%) YOY growth(%)	销售面积与竣工面积之比(%) Ratio of sold to completed areas(%)	月度累计销售额 Monthly accumulated sales volume	增长率(%) Growth rate (%)
2016 1~2	60.4	5.9	1.4	28.9	1.1	28.2	81	8 577	43.6
1~3	61.8	5.8	2.0	17.7	2.4	33.1	121	18 524	54.1
1~4	63.4	5.8	2.5	20.1	3.6	36.5	141	27 656	55.9
1~5	65.1	5.6	3.2	20.4	4.8	33.2	150	36 775	50.7
1~6	67.0	5.0	4.0	20.0	6.4	27.9	163	48 682	42.1
1~7	68.6	4.8	4.6	21.3	7.6	26.4	165	57 569	39.8
1~8	70.0	4.6	5.1	19.1	8.7	25.5	173	66 623	38.7
1~9	71.6	3.2	5.7	12.1	10.5	26.9	184	80 208	41.3
1~10	73.1	3.3	6.5	6.6	12.0	26.8	185	91 482	41.2
1~11	74.5	2.9	7.7	6.4	13.6	24.3	176	102 503	37.5
1~12	75.9	3.2	10.6	6.1	15.7	22.5	148	117 627	34.8
2017 1~2	62.3	3.2	1.6	15.8	1.4	25.1	87	10 806	26.0
1~3	63.7	3.1	2.3	15.1	2.9	19.5	126	23 182	25.1
1~4	65.4	3.1	2.8	10.6	4.2	15.7	148	33 223	20.1
1~5	67.1	3.1	3.4	5.9	5.5	14.3	162	43 632	18.6
1~6	69.2	3.4	4.2	5.0	7.5	16.1	180	59 152	21.5
1~7	70.7	3.2	4.7	2.4	8.6	14.0	184	68 461	18.9
1~8	72.2	3.1	5.2	3.4	9.9	12.7	188	78 096	17.2
1~9	73.8	3.1	5.8	1.0	11.6	10.3	201	91 904	14.6
1~10	75.2	2.9	6.6	0.6	13.0	8.2	199	102 990	12.6
1~11	76.8	3.1	7.6	-1.0	14.7	7.9	192	115 481	12.7
1~12	78.1	3.0	10.1	-4.4	16.9	7.7	167	133 701	13.7
2018 1~2	63.2	1.5	1.4	-12.1	1.5	4.1	103	12 454	15.3
1~3	64.7	1.5	2.1	-10.1	3.0	3.6	145	25 597	10.4
1~4	66.4	1.6	2.5	-10.7	4.2	1.3	168	36 222	9.0
1~5	68.5	2.0	3.0	-10.1	5.6	2.9	185	48 778	11.8
1~6	71.0	2.5	3.7	-10.6	7.7	3.3	208	66 945	13.2

商品房施工面积、竣工面积与销售面积
Area of commercial housing under construction, completed, and sold

商品房施工面积、竣工面积与销售面积增长趋势
Growth of area of commercial housing under construction, completed, and sold

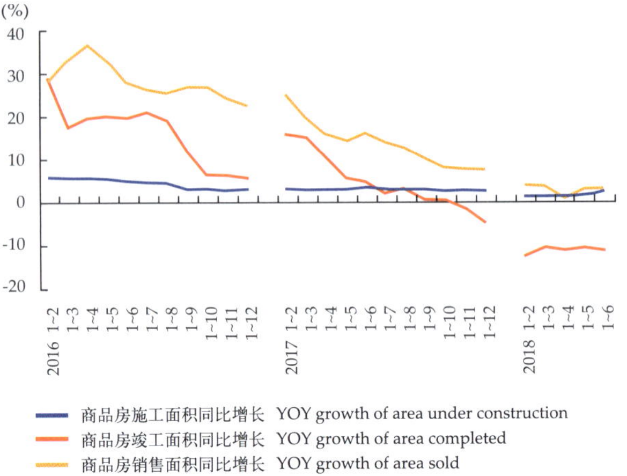

商品房销售额及其增长率
Sales volume of commercial housing and its growth rate

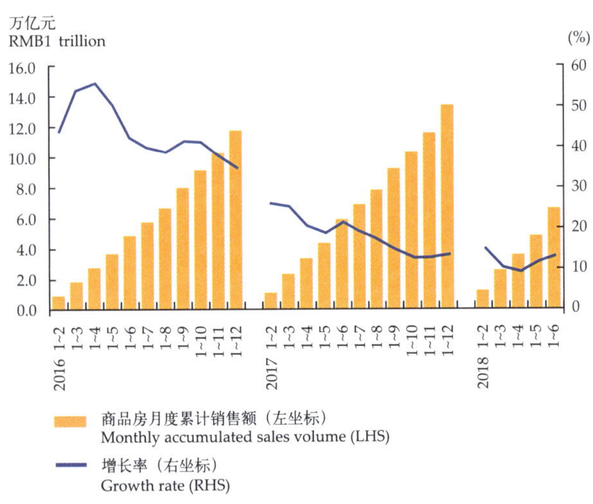

住宅在商品房施工面积、竣工面积与销售面积中所占的比重
Share of residences in commercial housing under construction, completed, and sold

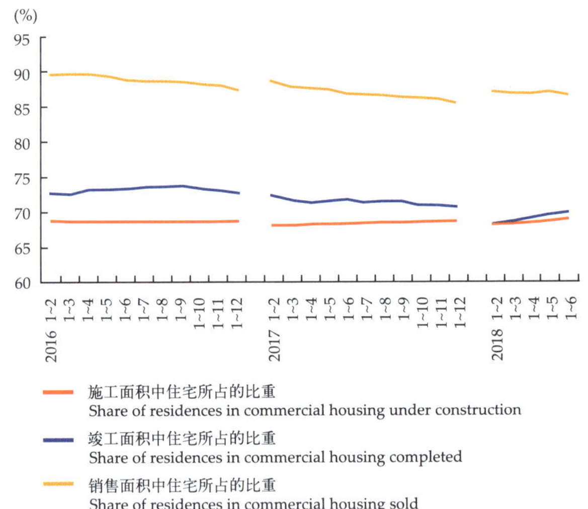

主要经济指标环比增速
MOM growth rates of main economic indicators

年/季度 Year/Quarter	国内生产总值（%）Gross domestic product (%)	年/月 Year/Month		规模以上工业增加值（%）Value added of industry (%)	固定资产投资（不含农户）（%）Completed investment in fixed assets (excluding rural households) (%)	社会消费品零售总额（%）Retail sales of consumer goods (%)
2016		2016	1	0.49	0.75	0.83
			2	0.39	0.63	0.60
I	1.4		3	0.62	0.88	0.90
			4	0.42	0.91	0.81
			5	0.45	0.73	0.80
II	1.9		6	0.50	0.69	0.91
			7	0.51	0.55	0.79
			8	0.56	0.66	0.89
III	1.7		9	0.45	0.58	0.81
			10	0.50	0.59	0.72
			11	0.54	0.57	0.94
IV	1.6		12	0.49	0.56	0.86
2017		2017	1	0.58	0.54	0.55
			2	0.57	0.62	0.98
I	1.5		3	0.76	0.61	0.85
			4	0.46	0.58	0.76
			5	0.51	0.56	0.79
II	1.9		6	0.76	0.50	0.91
			7	0.40	0.46	0.77
			8	0.47	0.43	0.82
III	1.8		9	0.56	0.45	0.94
			10	0.50	0.44	0.88
			11	0.46	0.44	0.77
IV	1.6		12	0.52	0.42	0.76
2018		2018	1	0.58	0.43	0.66
			2	0.58	0.44	0.59
I	1.4		3	0.37	0.43	0.78
			4	0.61	0.42	0.70
			5	0.55	0.42	0.39
II	1.8		6	0.37	0.44	0.80

注：1. 自2011年4月起，国家统计局对外公布国内生产总值、规模以上工业增加值、固定资产投资（不含农户）、社会消费品零售总额四项统计指标的经季节调整的环比数据。
2. 表中数据根据国家统计局最新数据修订。

Notes:1. From April 2011, National Bureau of Statistics began to publish four seasonally-adjusted MOM indices, namely: gross domestic product, value added of industry, completed investment in fixed assets (excluding rural households), retail sales of consumer goods.
2. Data are revised by National Bureau of Statistics of China.

五、对外部门
5. External Sector

1. 外贸
(1)Foreign trade

据世界贸易组织统计，2017年，中国货物贸易出口总值为2.26万亿美元，占世界货物贸易出口总值17.73万亿美元的12.8%，比2016年降低0.4个百分点，在全球货物贸易出口排名中位居第一。2017年，中国货物贸易进口总值为1.84万亿美元，占世界货物贸易进口总值18.02万亿美元的10.2%，比2016年提高0.4个百分点，在全球货物贸易进口中排名第二，位于美国之后。

According to WTO statistics, in 2017, China's export volume of goods totaled USD2.26 trillion, accounting for 12.8 percent of the world total of USD17.73 trillion, 0.4 percentage point lower than that in 2016. China's goods export ranked 1st in the world. China's import volume of goods reached USD1.84 trillion, accounting for 10.2 percent of the world total of USD18.02 trillion, 0.4 percentage point higher than that in 2016. China ranked 2nd in the world after the U.S. in terms of goods imports.

2017年世界货物贸易出口前十位排名
Top ten economies in the world in terms of goods exported in 2017

	出口(10亿美元) Exports (USD1 billion)	比重(%) Share (%)
世界 World total	**17 730**	**100.0**
1 中 国 China	**2 263**	**12.8**
2 美 国 U.S.	1 547	8.7
3 德 国 Germany	1 448	8.2
4 日 本 Japan	698	3.9
5 荷 兰 Netherlands	652	3.7
6 韩 国 Korea	574	3.2
7 中国香港 HK SAR of China	550	3.1
8 法 国 France	535	3.0
9 意大利 Italy	506	2.9
10 英 国 U.K.	445	2.5

2017年世界货物贸易进口前十位排名
Top ten economies in the world in terms of goods imported in 2017

	进口(10亿美元) Imports (USD1 billion)	比重(%) Share (%)
世界 World total	**18 024**	**100.0**
1 美 国 U.S.	2 410	13.4
2 中 国 China	**1 842**	**10.2**
3 德 国 Germany	1 167	6.5
4 日 本 Japan	672	3.7
5 英 国 U.K.	644	3.6
6 法 国 France	625	3.5
7 中国香港 HK SAR of China	590	3.3
8 荷 兰 Netherlands	574	3.2
9 韩 国 Korea	478	2.7
10 意大利 Italy	453	2.5

年度进出口额及其增长率
Annual imports & exports and growth rates

单位：亿美元
Unit: USD100 million

年 Year	进出口 Imports & Exports		出口 Exports		进口 Imports		进出口差额 Trade balance
	总额 Total value	增长率(%) Growth rate (%)	总额 Total value	增长率(%) Growth rate (%)	总额 Total value	增长率(%) Growth rate (%)	
1991	1 357	17.6	719	15.8	638	19.6	81
1992	1 655	22.0	849	18.1	806	26.3	44
1993	1 957	18.2	917	8.0	1 040	29.0	-122
1994	2 366	20.9	1 210	31.9	1 156	11.2	54
1995	2 809	18.7	1 488	23.0	1 321	14.2	167
1996	2 899	3.2	1 510	1.5	1 388	5.1	122
1997	3 252	12.2	1 828	21.0	1 424	2.5	404
1998	3 239	-0.4	1 837	0.5	1 402	-1.5	435
1999	3 606	11.3	1 949	6.1	1 657	18.2	292
2000	4 743	31.5	2 492	27.8	2 251	35.8	241
2001	5 097	7.5	2 661	6.8	2 436	8.2	225
2002	6 208	21.8	3 256	22.4	2 952	21.2	304
2003	8 510	37.1	4 382	34.6	4 128	39.8	255
2004	11 546	35.7	5 933	35.4	5 612	36.0	321
2005	14 219	23.2	7 620	28.4	6 600	17.6	1 020
2006	17 604	23.8	9 689	27.2	7 915	19.9	1 775
2007	21 766	23.6	12 205	25.9	9 561	20.8	2 643
2008	25 633	17.8	14 307	17.2	11 326	18.5	2 981
2009	22 075	−13.9	12 016	−16.0	10 059	−11.2	1 957
2010	29 740	34.7	15 778	31.3	13 962	38.8	1 815
2011	36 419	22.5	18 986	20.3	17 433	24.9	1 549
2012	38 671	6.2	20 487	7.9	18 184	4.3	2 303
2013	41 590	7.5	22 090	7.8	19 500	7.2	2 590
2014	43 015	3.4	23 423	6.0	19 592	0.4	3 831
2015	39 530	-8.0	22 735	-2.9	16 796	-14.2	5 939
2016	36 856	-6.8	20 976	-7.7	15 879	-5.5	5 097
2017	41 045	0.1	22 635	0.1	18 410	0.2	4 225

注：表中数据根据海关总署最新数据修订。
Note: Data are revised by General Administration of Customs of the People's Republic of China.

出口总值与GDP之比
Total exports over GDP

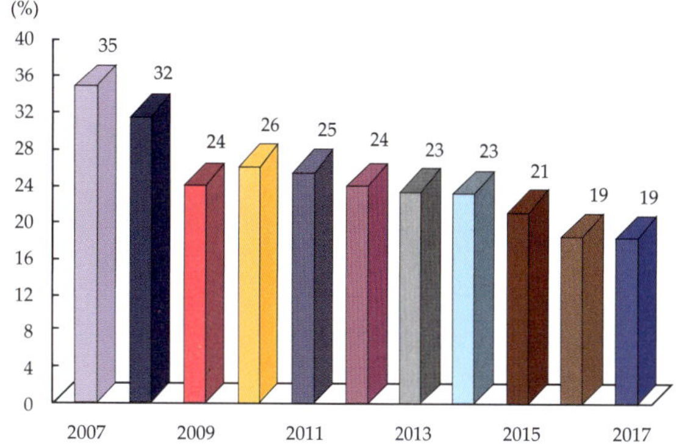

注：图中数据根据国家统计局最新数据修订。
Note: Data are revised by National Bureau of Statistics of China.

贸易差额
Trade balance

亿美元
USD100 million

6 400
5 600
4 800
4 000
3 200
2 400
1 600
800
0

2 643
2 981
1 957
1 815
1 549
2 303
2 590
3 831
5 939
5 097
4 225

2007
2009
2011
2013
2015
2017

贸易总额及其增长趋势
Total trade volume and growth rates

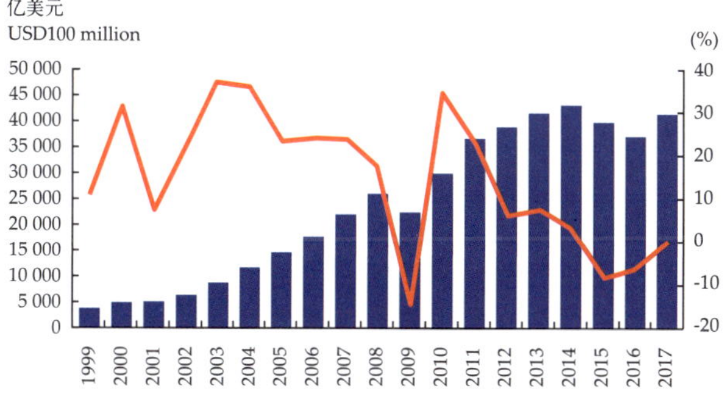

贸易总额与GDP之比
Total trade volume over GDP

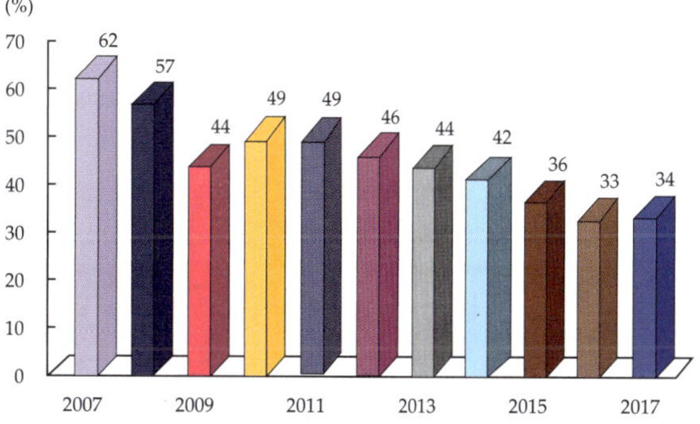

注：图中数据根据国家统计局最新数据修订。
Note: Data are revised by National Bureau of Statistics of China.

当月进出口总值及其增长率
Total monthly imports, exports, and growth rates

单位：亿美元
Unit: USD100 million

年/月 Year/Month	出口总值 Total exports	进口总值 Total imports	出口同比增长率(%) Growth rate of exports (YOY)(%)	进口同比增长率(%) Growth rate of imports (YOY)(%)	当月差额 Monthly trade balance
2016.01	1 694	1 125	-15.3	-19.9	569
2016.02	1 217	936	-28.0	-13.8	281
2016.03	1 551	1 302	7.5	-8.1	249
2016.04	1 667	1 268	-5.2	-11.1	399
2016.05	1 757	1 309	-6.9	-0.6	448
2016.06	1 766	1 313	-6.8	-9.1	453
2016.07	1 807	1 323	-6.5	-12.5	483
2016.08	1 888	1 387	-3.7	1.7	501
2016.09	1 834	1 430	-10.5	-1.6	404
2016.10	1 768	1 287	-8.0	-1.7	482
2016.11	1 936	1 505	-1.5	5.5	431
2016.12	2 091	1 695	-6.3	3.7	396
2017.01	1 803	1 316	6.4	16.9	487
2017.02	1 188	1 298	-2.4	38.7	-109
2017.03	1 792	1 565	15.6	20.2	227
2017.04	1 778	1 413	6.6	11.4	365
2017.05	1 891	1 492	7.6	14.0	399
2017.06	1 948	1 535	10.3	17.0	412
2017.07	1 921	1 473	6.3	11.3	449
2017.08	1 980	1 580	4.9	13.9	400
2017.09	1 979	1 706	7.9	19.3	274
2017.10	1 879	1 510	6.3	17.4	369
2017.11	2 158	1 774	11.5	17.9	384
2017.12	2 315	1 777	10.7	4.8	539
2018.01	1 994	1 807	10.6	37.3	187
2018.02	1 705	1 381	43.5	6.4	324
2018.03	1 738	1 793	-3.0	14.5	-55
2018.04	1 993	1 719	12.1	21.7	274
2018.05	2 120	1 879	12.1	26.0	241
2018.06	2 166	1 751	11.2	14.1	415

月度累计进出口总值及其增长率
Total accumulated monthly imports,exports, and growth rates

单位：亿美元
Unit: USD100 million

年/月 Year/Month	累计出口总值 Accumulated total exports	累计进口总值 Accumulated total imports	累计出口同比增长率(%) Growth rate of accumulated exports (YOY) (%)	累计进口同比增长率(%) Growth rate of accumulated imports (YOY) (%)	累计贸易差额 Accumulated trade balance
2016.01	1 694	1 125	-15.3	-19.9	569
2016.02	2 911	2 061	-21.1	-17.2	850
2016.03	4 462	3 363	-13.0	-13.9	1 099
2016.04	6 129	4 631	-11.0	-13.2	1 498
2016.05	7 886	5 940	-10.2	-10.7	1 946
2016.06	9 652	7 253	-9.6	-10.4	2 400
2016.07	11 459	8 576	-9.1	-10.7	2 883
2016.08	13 347	9 963	-8.4	-9.2	3 384
2016.09	15 181	11 393	-8.6	-8.3	3 788
2016.10	16 950	12 680	-8.6	-7.7	4 270
2016.11	18 885	14 185	-7.9	-6.4	4 701
2016.12	20 976	15 879	-7.7	-5.5	5 097
2017.01	1 803	1 316	6.4	16.9	487
2017.02	2 991	2 614	2.8	26.8	377
2017.03	4 784	4 179	7.2	24.3	604
2017.04	6 561	5 592	7.1	20.7	970
2017.05	8 452	7 083	7.2	19.3	1 369
2017.06	10 400	8 619	7.8	18.8	1 781
2017.07	12 321	10 091	7.5	17.7	2 230
2017.08	14 301	11 671	7.2	17.2	2 630
2017.09	16 281	13 377	7.2	17.4	2 904
2017.10	18 160	14 887	7.1	17.4	3 273
2017.11	20 318	16 661	7.6	17.5	3 657
2017.12	22 634	18 438	7.9	16.1	4 196
2018.01	1 994	1 808	10.6	37.4	186
2018.02	3 699	3 190	23.7	22.0	509
2018.03	5 437	4 984	13.7	19.3	453
2018.04	7 430	6 704	13.2	19.9	726
2018.05	9 550	8 584	13.0	21.2	966
2018.06	11 716	10 335	12.7	19.9	1 381

注：表中数据根据海关总署最新数据修订。
Note: Data are revised by General Administration of Customs of the People's Republic of China.

当月进出口总值及其增长率
Total monthly imports, exports, and growth rates

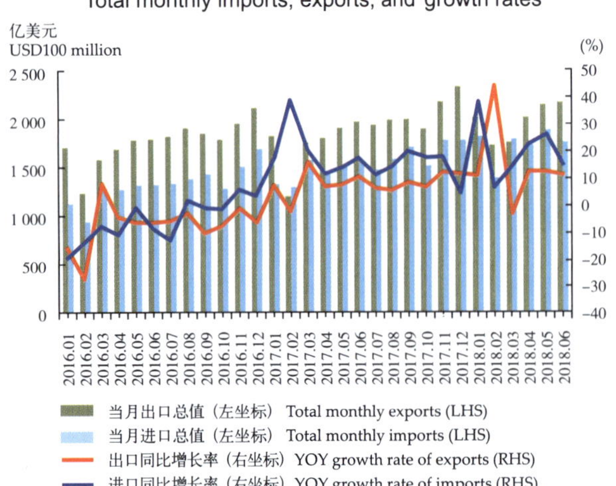

月度累计进出口总值及其增长率
Total accumulated monthly imports, exports, and growth rates

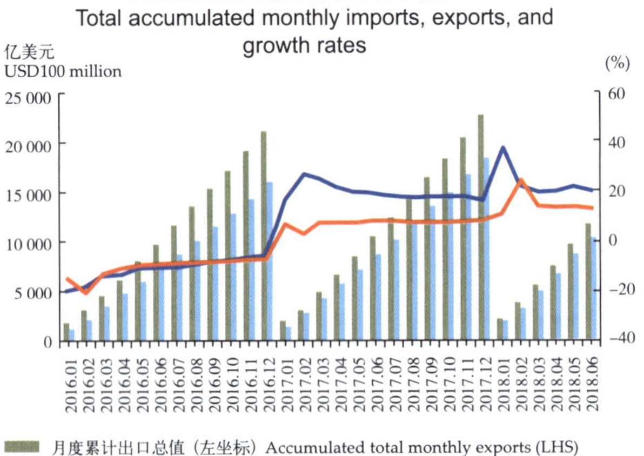

贸易差额月度变动趋势
Movement of monthly trade balance

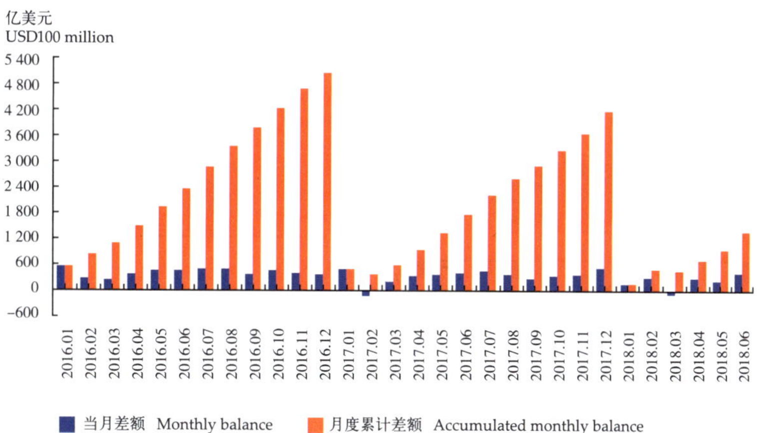

贸易差额构成
Composition of trade balance

单位：亿美元
Unit: USD100 million

年 Year	贸易差额总计 Total trade balance	一般贸易 General trade	加工贸易 Processing trade	其他贸易 Other trade
1998	435	306	359	−229
1999	292	121	373	−202
2000	241	51	451	−261
2001	225	−16	535	−293
2002	304	71	577	−344
2003	255	−57	789	−478
2004	321	−45	1 063	−696
2005	1 020	354	1 425	−759
2006	1 775	832	1 889	−946
2007	2 643	1 107	2 491	−954
2008	2 981	908	2 967	−894
2009	1 957	−47	2 646	−642
2010	1 815	−487	3 228	−926
2011	1 549	−906	3 655	−1 200
2012	2 303	−345	3 814	−1 166
2013	2 590	−225	3 634	−818
2014	3 831	942	3 600	−710
2015	5 939	2 941	3 508	−509
2016	5 097	2 304	3 192	−399
2017	4 196	1 473	3 276	−554

注：“贸易差额总计”根据《海关统计》月报修订。
Note: "Total trade balance" are revised by *China Monthly Exports and Imports.*

月度累计贸易差额按企业性质分
Accumulated monthly trade balance by enterprise

单位：亿美元
Unit: USD100 million

年/月 Year/Month	国有企业 State-owned enterprises	外资企业 Foreign-funded enterprises	其他企业 Other enterprises
2016.01	−79	163	484
2016.02	−151	245	756
2016.03	−261	330	1 030
2016.04	−351	435	1 414
2016.05	−472	545	1 873
2016.06	−585	660	2 325
2016.07	−724	811	2 796
2016.08	−843	935	3 291
2016.09	−989	1 066	3 711
2016.10	−1 110	1 224	4 156
2016.11	−1 250	1 369	4 582
2016.12	−1 452	1 465	5 084
2017.01	−159	155	491
2017.02	−339	129	587
2017.03	−553	212	946
2017.04	−727	307	1 390
2017.05	−895	384	1 880
2017.06	−1 065	487	2 359
2017.07	−1 215	604	2 841
2017.08	−1 349	683	3 296
2017.09	−1 538	735	3 708
2017.10	−1 692	860	4 105
2017.11	−1 875	976	4 557
2017.12	−2 062	1 160	5 098
2018.01	−264	28	421
2018.02	−459	121	847
2018.03	−703	160	997
2018.04	−945	227	1 444
2018.05	−1 181	261	1 886
2018.06	−1 436	395	2 421

贸易差额构成
Composition of trade balance

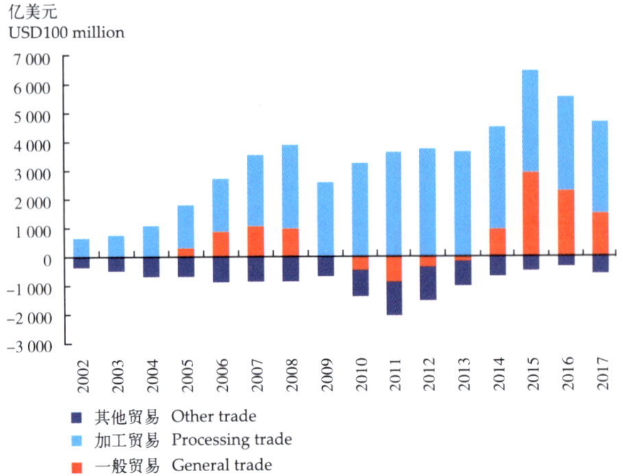

月度累计贸易差额按企业性质分
Accumulated monthly trade balance by enterprise

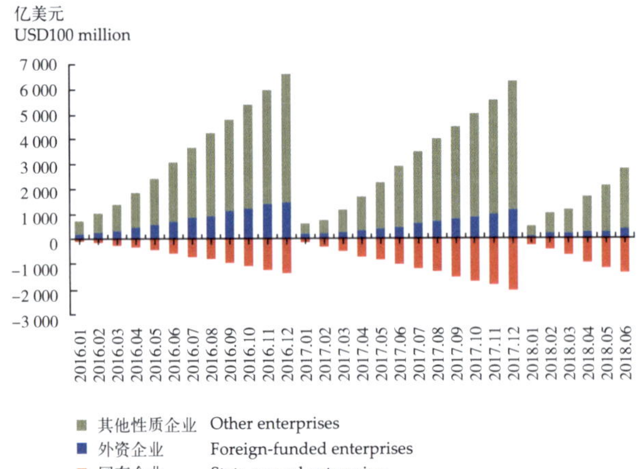

一般贸易累计进出口及其增长率
Accumulated imports and exports under general trade and growth rates

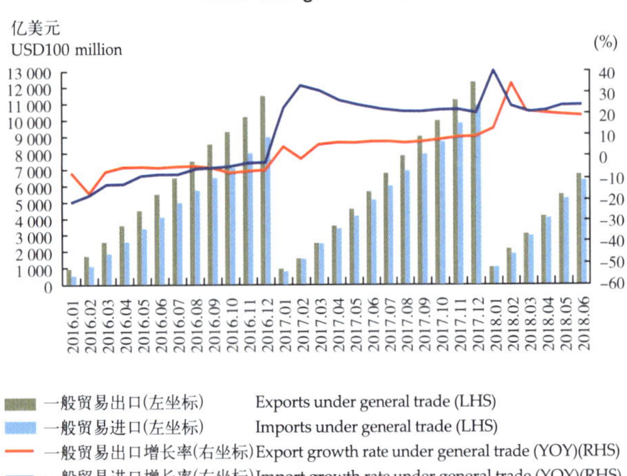

加工贸易累计进出口及其增长率
Accumulated imports and exports under processing trade and growth rates

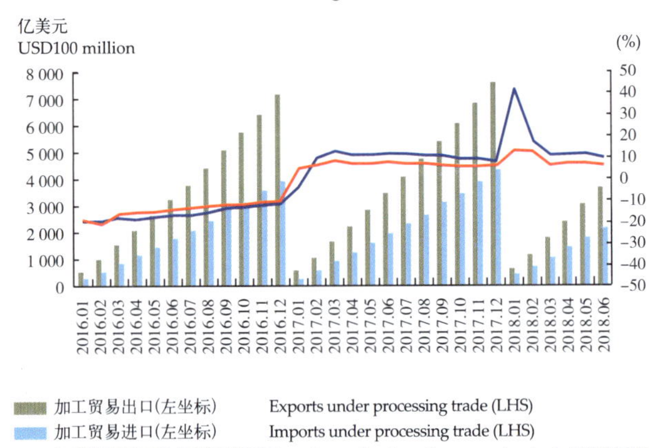

中国大陆对美国进出口及其增长趋势
Mainland China's imports from and exports to the U.S. and their growth

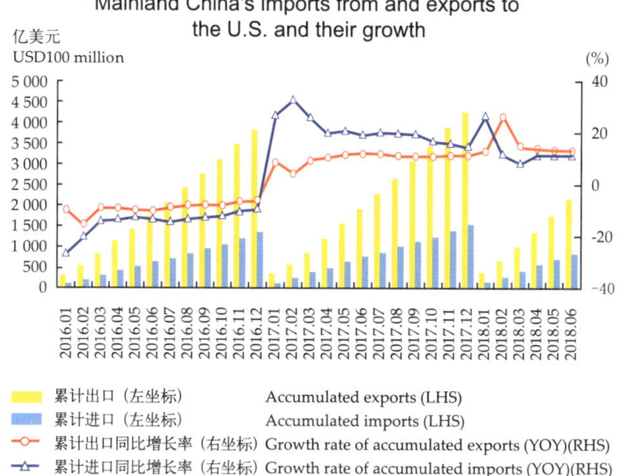

中国大陆对美国贸易总额和贸易差额
Mainland China's trade volume and trade balance with the U.S.

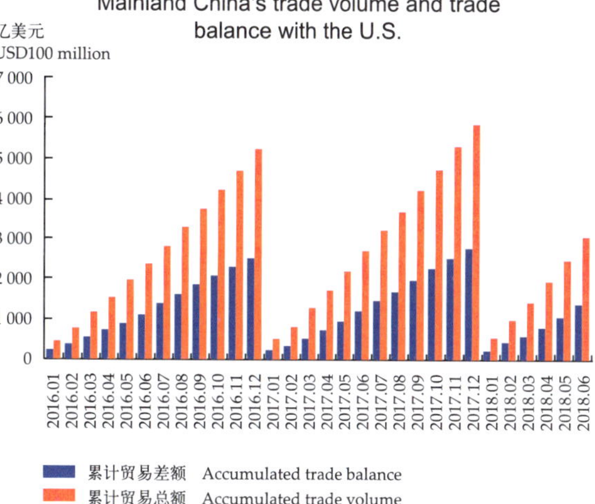

中国大陆对欧盟进出口及其增长趋势
Mainland China's imports from and exports to the EU and their growth

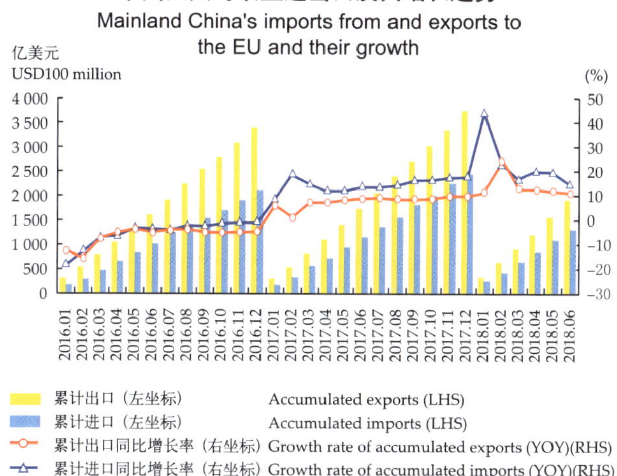

中国大陆对欧盟贸易总额和贸易差额
Mainland China's trade volume and trade balance with the EU

中国大陆对日本进出口及其增长趋势
Mainland China's imports from and exports to Japan and their growth

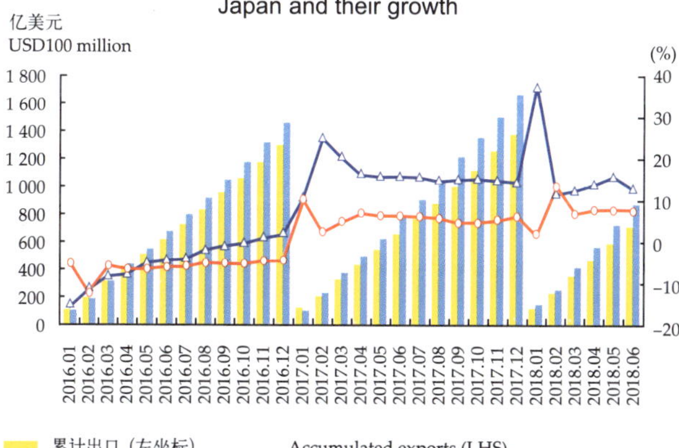

中国大陆对日本贸易总额和贸易差额
Mainland China's trade volume and trade balance with Japan

中国大陆对东盟进出口及其增长趋势
Mainland China's imports from and exports to ASEAN and their growth

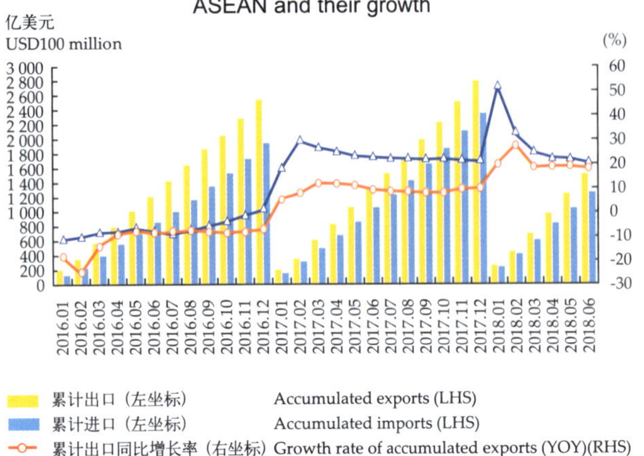

累计出口（左坐标）	Accumulated exports (LHS)
累计进口（左坐标）	Accumulated imports (LHS)
累计出口同比增长率（右坐标）	Growth rate of accumulated exports (YOY)(RHS)
累计进口同比增长率（右坐标）	Growth rate of accumulated imports (YOY)(RHS)

中国大陆对东盟贸易总额和贸易差额
Mainland China's trade volume and trade balance with ASEAN

亿美元
USD100 million

累计贸易差额 Accumulated trade balance
累计贸易总额 Accumulated trade volume

中国大陆对中国香港地区进出口及其增长趋势
Mainland China's imports from and exports to Hong Kong SAR of China and their growth

累计出口（左坐标） Accumulated exports (LHS)
累计进口（左坐标） Accumulated imports (LHS)
累计出口同比增长率（右坐标） Growth rate of accumulated exports (YOY)(RHS)
累计进口同比增长率（右坐标） Growth rate of accumulated imports (YOY)(RHS)

中国大陆对中国香港地区贸易总额和贸易差额
Mainland China's trade volume and trade balance with Hong Kong SAR of China

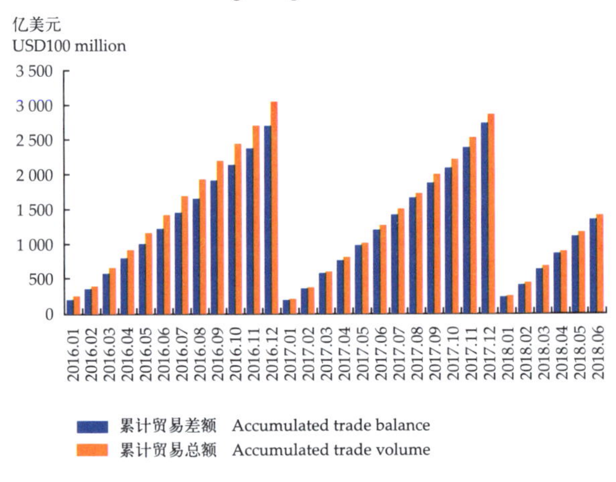

累计贸易差额 Accumulated trade balance
累计贸易总额 Accumulated trade volume

中国大陆对中国台湾地区进出口及其增长趋势
Mainland China's imports from and exports to China Taiwan and their growth

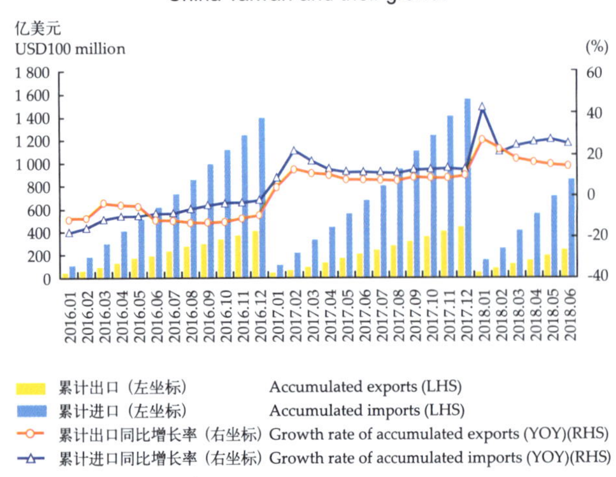

累计出口（左坐标） Accumulated exports (LHS)
累计进口（左坐标） Accumulated imports (LHS)
累计出口同比增长率（右坐标） Growth rate of accumulated exports (YOY)(RHS)
累计进口同比增长率（右坐标） Growth rate of accumulated imports (YOY)(RHS)

中国大陆对中国台湾地区贸易总额和贸易差额
Mainland China's trade volume and trade balance with China Taiwan

累计贸易差额 Accumulated trade balance
累计贸易总额 Accumulated trade volume

2.外资
(2) Foreign investment

据联合国贸易与发展会议2018年6月发布的《2018年世界投资报告》，2017年中国吸收外资全球排名第二，流入1 360亿美元，报告指出：2017年全球外国直接投资流入量为1.43万亿美元，较上年下降23%。

另据商务部统计，2017年，新批设立外商投资企业35 652家，实际使用外资金额1 310亿美元。

According to the UNCTAD's *World Investment Report 2018* published in June 2018, China ranked world's No.2 recipient of foreign direct investment (FDI) in 2017, with capital inflows of USD136.0 billion. It is pointed out in the report that global FDI inflows decreased by 23% to USD1.43 trillion in 2017.

According to statistics of the Ministry of Commerce, in 2017, 35,652 foreign-invested enterprises were approved for incorporation in China, with actual utilized FDI reaching USD131.0 billion.

实际利用外商直接投资及其增长趋势
Actual utilized foreign direct investments and growth rates

单位：亿美元
Unit: USD100 million

年 Year	绝对值 Absolute value	增长率(%) Growth rates (%)
1991	43.7	25.2
1992	110.1	152.1
1993	275.2	150.0
1994	337.7	22.7
1995	375.2	11.1
1996	417.3	11.2
1997	452.6	8.5
1998	454.6	0.5
1999	403.2	−11.3
2000	407.2	1.0
2001	468.8	15.1
2002	527.4	12.5
2003	535.1	1.4
2004	606.3	13.3
2005	603.3	−0.5
2006	630.2	4.5
2007	747.7	18.6
2008	924.0	23.6
2009	900.3	−2.6
2010	1 057.4	17.4
2011	1 160.1	9.7
2012	1 117.2	−3.7
2013	1 175.9	5.3
2014	1 195.6	1.7
2015	1 262.7	5.6
2016	1 260.0	−0.2
2017	1 310.0	4.0

实际利用外商直接投资及其增长率
Actual utilized foreign direct investments and growth rates

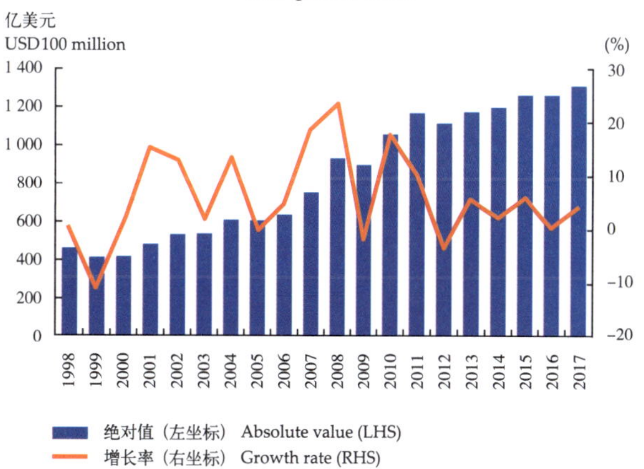

月度累计实际外商直接投资
Accumulated utilized FDI on a monthly basis

单位：亿美元
Unit: USD100 million

年/月 Year/Month	实际外商直接投资累计金额 Accumulated utilized FDI	实际外商直接投资累计同比增长率(%) Growth rate of accumulated utilized FDI (%)
2016.01	141	1.1
2016.02	225	0.2
2016.03	354	1.5
2016.04	453	1.8
2016.05	542	0.7
2016.06	694	1.5
2016.07	771	0.7
2016.08	859	0.6
2016.09	951	0.2
2016.10	1 039	0.2
2016.11	1 138	−0.2
2016.12	1 260	−0.2
2017.01	120	−14.7
2017.02	207	−8.1
2017.03	338	−4.5
2017.04	427	−5.7
2017.05	509	−6.2
2017.06	657	−5.4
2017.07	721	−6.5
2017.08	815	−5.1
2017.09	921	−3.2
2017.10	1 011	−2.7
2017.11	1 199	5.4
2017.12	1 310	4.0
2018.01	121	0.6
2018.02	211	1.7
2018.03	345	2.1
2018.04	436	2.0
2018.05	527	3.6
2018.06	683	4.1

月度累计实际外商直接投资
Accumulated utilized FDI on a monthly basis

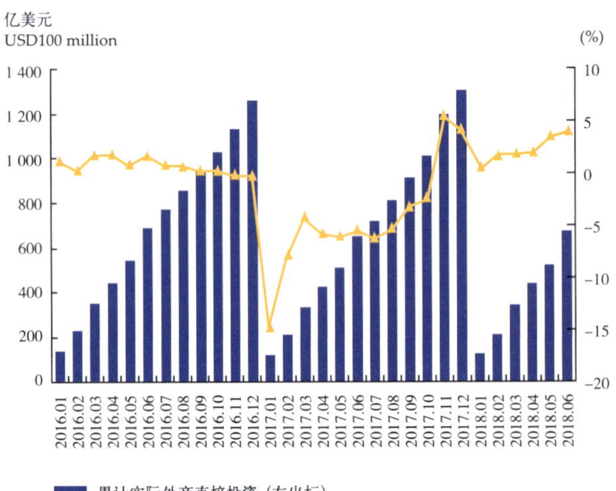

3.国际收支
(3) Balance of payments (BOP)

中国国际收支变化趋势
Movement of China's balance of payments

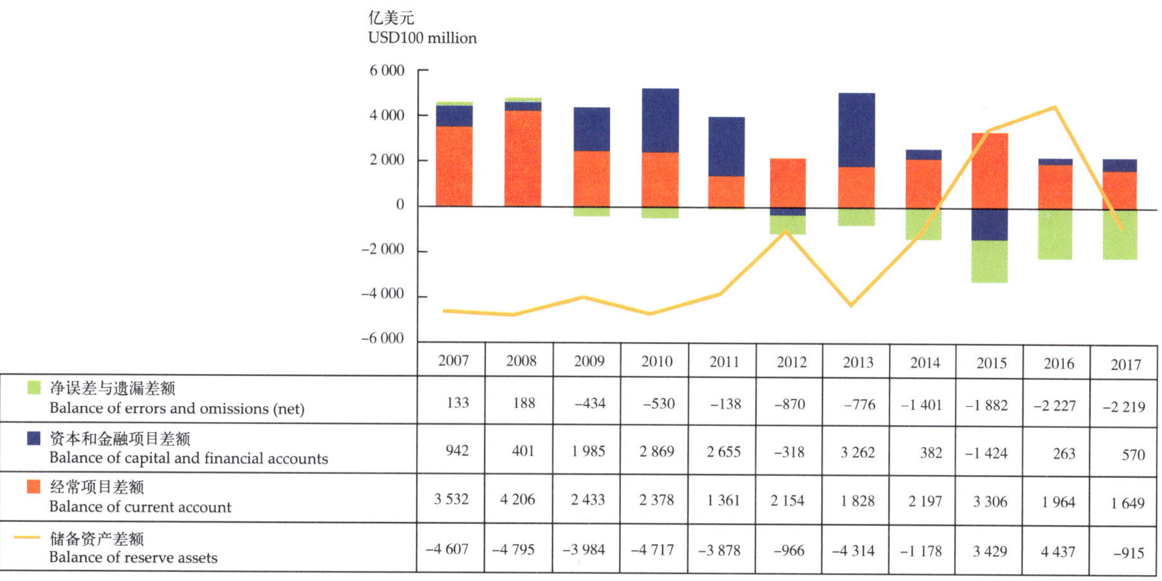

	2007	2008	2009	2010	2011	2012	2013	2014	2015	2016	2017
净误差与遗漏差额 Balance of errors and omissions (net)	133	188	-434	-530	-138	-870	-776	-1 401	-1 882	-2 227	-2 219
资本和金融项目差额 Balance of capital and financial accounts	942	401	1 985	2 869	2 655	-318	3 262	382	-1 424	263	570
经常项目差额 Balance of current account	3 532	4 206	2 433	2 378	1 361	2 154	1 828	2 197	3 306	1 964	1 649
储备资产差额 Balance of reserve assets	-4 607	-4 795	-3 984	-4 717	-3 878	-966	-4 314	-1 178	3 429	4 437	-915

注：1. 储备资产的增加用负值表示，储备资产的减少用正值表示。
2. 图中数据根据国家外汇管理局最新数据修订。

Notes: 1. The increase in the reserve assets is expressed in a negative figure and the decrease in the reserve assets is expressed in a positive figure.
2. Data are revised by State Administration of Foreign Exchange.

2018年上半年国际收支平衡表简表
BOP sheet in the first half of 2018

单位：亿美元
Unit: USD100 million

项目 Items		金额 Amounts
一、经常账户 Current account		-288
	贷方 credit	13 811
	借方 debit	-14 098
1.1 货物和服务 Goods and Services		80
	贷方 credit	12 521
	借方 debit	-12 440
1.1.1 货物 Goods		1 553
	贷方 credit	11 366
	借方 debit	-9 812
1.1.2 服务 Services		-1 473
	贷方 credit	1 155
	借方 debit	-2 628
1.2 初次收入 Primary income		-303
	贷方 credit	1 146
	借方 debit	-1 450
1.3 二次收入 Secondary income		-65
	贷方 credit	143
	借方 debit	-208
二、资本和金融账户 Capital and financial account		785
2.1 资本账户 Capital account		-2
	贷方 credit	1
	借方 debit	-3
2.2 金融账户 Financial account		787
资产 Assets		-2 153
负债 Liabilities		2 940
2.2.1 非储备性质的金融账户 Financial account excluding reserve assets		1 288
2.2.1.1 直接投资 Direct investment		798
资产 Assets		-458
负债 Liabilities		1 256
2.2.1.2 证券投资 Portfolio investment		713
资产 Assets		-378
负债 Liabilities		1 090
2.2.1.3 金融衍生工具 Financial derivatives		-19
资产 Assets		-13
负债 Liabilities		-6
2.2.1.4 其他投资 Other investment		-203
资产 Assets		-803
负债 Liabilities		600
2.2.2 储备资产 Reserve assets		-501
三、净误差与遗漏 Net errors and omissions		-498

注：根据《国际收支和国际投资头寸手册》（第六版）编制。
Note: Compiled in accordance with the sixth edition of *Balance of Payments and International Investment Position Manual* (BPM6).

4.外汇储备

(4) Foreign exchange reserves

外汇储备及其增长率
Foreign exchange reserves and growth rates

单位：亿美元
Unit: USD100 million

年/月 Year/Month	外汇储备 Foreign exchange reserves	同比增长(%) Growth rate (YOY)(%)
2016.01	32 309	-15.3
2016.02	32 023	-15.8
2016.03	32 126	-13.9
2016.04	32 197	-14.1
2016.05	31 917	-14.0
2016.06	32 052	-13.2
2016.07	32 011	-12.3
2016.08	31 852	-10.5
2016.09	31 664	-9.9
2016.10	31 207	-11.5
2016.11	30 516	-11.2
2016.12	30 105	-9.6
2017.01	29 982	-7.2
2017.02	30 051	-6.2
2017.03	30 091	-6.3
2017.04	30 295	-5.9
2017.05	30 536	-4.3
2017.06	30 568	-4.6
2017.07	30 807	-3.8
2017.08	30 915	-2.9
2017.09	31 085	-1.8
2017.10	31 092	-0.4
2017.11	31 193	2.2
2017.12	31 399	4.3
2018.01	31 615	5.4
2018.02	31 345	4.3
2018.03	31 428	4.4
2018.04	31 249	3.1
2018.05	31 106	1.9
2018.06	31 121	1.8

外汇储备及其增长率
Foreign exchange reserves and growth rates

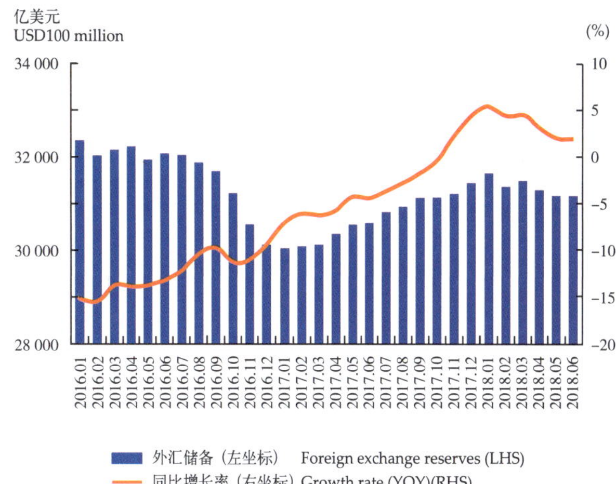

5.外债

(5) External debt

外币外债余额与债务率
Balance and ratio of external debt to foreign exchange income

外币外债余额与负债率
Balance and ratio of external debt to GDP

注：图中数据根据国家外汇管理局最新数据修订。
Note: Data are revised by State Administration of Foreign Exchange.

2018年6月末外债数据
External debt balance at the end of June, 2018

单位：亿美元
Unit: USD100 million

	外债余额 Outstanding external debt	广义政府债务 General government debt	中央银行债务 Monetary authority debt	银行债务 Bank debt	其他部门债务 Other sectors debt	直接投资：公司间贷款 Direct investment intercompany lending
债务余额 Debt balance	18 705	2 160	267	9 009	4 959	2 310
比重(%) Share (%)	100.00	11.55	1.43	48.16	26.51	12.35

注：2014年年末，国家外汇管理局按照国际货币基金组织"数据公布特殊标准"（SDDS）的分类标准公布我国外币外债数据，机构部门的分类相应进行了调整。
Note: At the end of 2014, State Administration of Foreign Exchange (SAFE) started to publish the data of China's external debts denominated in foreign currencies according to IMF's SDDS classification standards. The classification of sectors and departments were also adjusted accordingly.

2018年6月末外债结构
External debt structure at the end of June, 2018

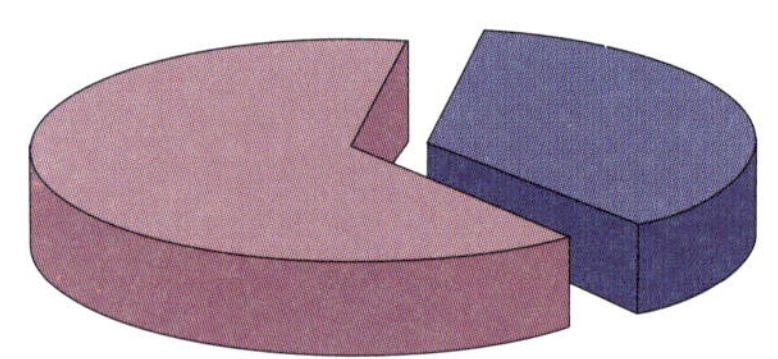

2018年6月末，中国外债余额为18 705亿美元，其中，中长期外债余额为6 763亿美元，占外债余额的36.16%；短期外债余额为11 942亿美元，占外债余额的63.84%。
China's outstanding balance of external debt was USD1,870.5 billion at the end of June, 2018, among which USD676.3 billion or 36.16 percent was medium- and long-term debt, and USD1,194.2 billion or 63.84 percent was short-term debt.

六、财政收支与债务
6. Fiscal Revenue, Expenditure and Debt

年度财政收入、财政支出及其增长趋势
Annual budgetary revenue, budgetary expenditure, and their growth

单位：亿元
Unit: RMB100 million

年 Year	财政收入 Budgetary revenue	财政支出 Budgetary expenditure	财政收入同比增长率(%) Growth rate of budgetary revenue (YOY) (%)	财政支出同比增长率(%) Growth rate of budgetary expenditure (YOY)(%)
1994	5 218	5 793	20.0	24.8
1995	6 242	6 824	19.6	17.8
1996	7 408	7 938	18.7	16.3
1997	8 651	9 234	16.8	16.3
1998	9 876	10 798	14.2	16.9
1999	11 444	13 188	15.9	22.1
2000	13 395	15 887	17.0	20.5
2001	16 386	18 903	22.3	19.0
2002	18 904	22 053	15.4	16.7
2003	21 715	24 650	14.9	11.8
2004	26 396	28 487	21.6	15.6
2005	31 649	33 930	19.9	19.1
2006	38 760	40 423	22.5	19.1
2007	51 322	49 781	32.4	23.2
2008	61 330	62 593	19.5	25.4
2009	68 518	76 300	11.7	21.9
2010	83 080	89 575	21.3	17.4
2011	103 740	108 930	24.8	21.2
2012	117 210	125 712	12.8	15.1
2013	129 143	139 744	10.2	11.2
2014	140 350	151 662	8.6	8.2
2015	152 217	175 768	8.4	15.8
2016	159 552	187 841	4.5	6.4
2017	172 567	203 330	7.4	7.7

注：表中数据根据财政部最新数据修订。
Note: Data are revised by Ministry of Finance.

月度累计财政收支增长率与收支差额
Monthly growth rates and balance of accumulated fiscal revenue and expenditure

单位：亿元
Unit: RMB100 million

年/月 Year/Month	财政收入累计同比增长率(%) Growth rate of accumulated fiscal revenue(YOY)(%)	财政支出累计同比增长率(%) Growth rate of accumulated fiscal expenditure(YOY)(%)	累计财政收支总量差额 Balance of accumulated fiscal revenue and expenditure
2016.01	5.8	24.3	7 032
2016.02	6.3	12.0	6 215
2016.03	6.5	15.4	938
2016.04	8.6	12.4	3 351
2016.05	8.3	13.6	3 352
2016.06	7.1	15.1	–3 651
2016.07	6.5	13.0	–1 649
2016.08	6.0	12.7	–5 942
2016.09	5.9	12.5	–14 556
2016.10	5.9	10.0	–11 016
2016.11	5.7	10.2	–17 588
2016.12	4.5	6.4	–28 289
2017.01	17.7	37.5	6 273
2017.02	14.9	17.4	6 594
2017.03	14.1	21.0	–1 551
2017.04	11.8	16.3	1 598
2017.05	10.0	14.7	756
2017.06	9.8	15.8	–9 177
2017.07	10.0	14.5	–6 217
2017.08	9.8	13.1	–10 212
2017.09	9.7	11.4	–17 744
2017.10	9.2	9.8	–12 632
2017.11	8.4	7.8	–17 813
2017.12	7.4	7.7	–30 763
2018.01	16.5	–7.4	10 694
2018.02	15.8	16.7	7 492
2018.03	13.6	10.9	–451
2018.04	12.9	10.3	3 327
2018.05	12.2	8.1	3 955
2018.06	10.6	7.8	–7 261

注：表中数据根据财政部最新数据修订。
Note: Data are revised by Ministry of Finance.

年度财政收入、财政支出及其增长趋势
Annual budgetary revenue, budgetary expenditure, and their growth

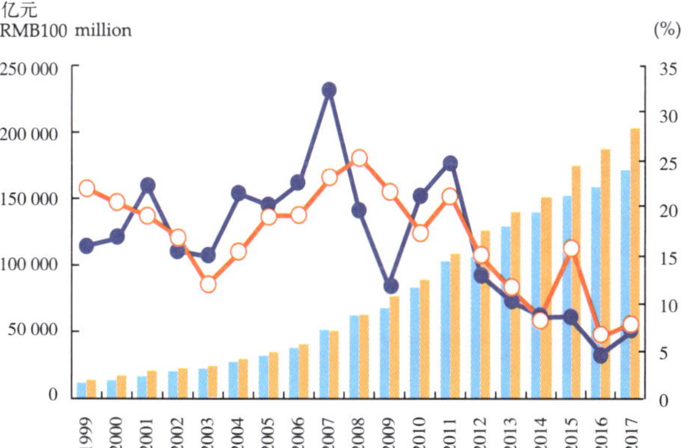

财政收入(左坐标) Budgetary revenue (LHS)
财政支出(左坐标) Budgetary expenditure (LHS)
财政收入同比增长率(右坐标) Growth rate of budgetary revenue (YOY)(RHS)
财政支出同比增长率(右坐标) Growth rate of budgetary expenditure (YOY)(RHS)

月度累计财政收支增长率与收支差额
Monthly growth rates and balance of accumulated fiscal revenue and expenditure

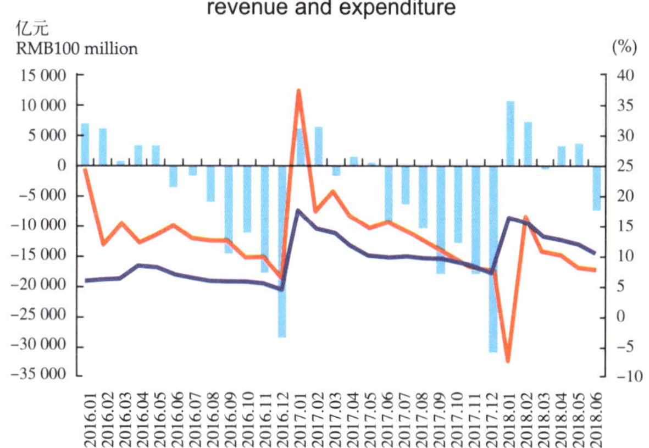

累计财政收支差额（左坐标）
Balance of accumulated fiscal revenue and expenditure (LHS)
财政收入累计同比增长率（右坐标）
Growth rate of accumulated fiscal revenue (YOY)(RHS)
财政支出累计同比增长率（右坐标）
Growth rate of accumulated fiscal expenditure (YOY)(RHS)

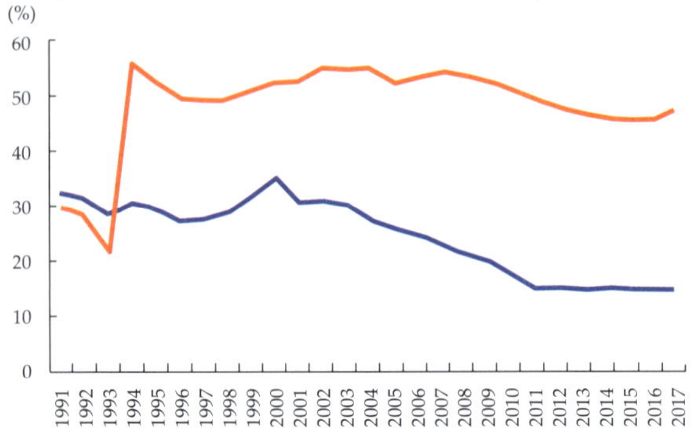

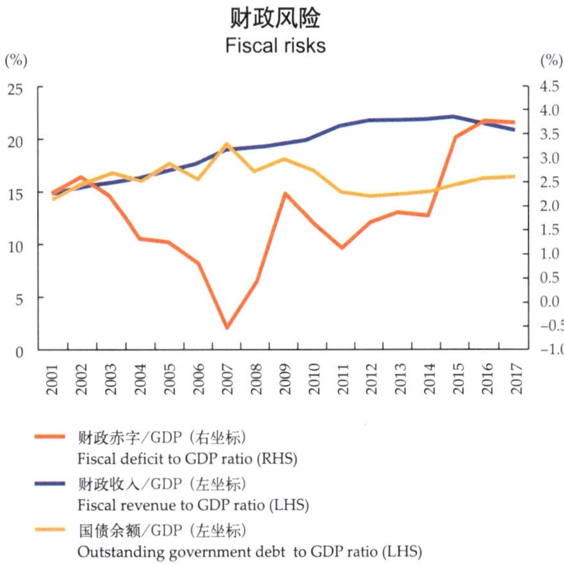

2018年主要预算指标：

2018年，中央财政预算收入为85 357亿元，比2017年执行数（下同）增长5.2%。从中央预算稳定调节基金调入2 130亿元，从中央政府性基金预算、中央国有资本经营预算调入323亿元，合计收入总量为87 810亿元。中央一般公共预算支出103 310亿元，增长8.5%。中央财政收支总量相抵，赤字为15 500亿元，与上年预算数持平。中央财政国债余额限额为156 908.35亿元。

汇总中央预算和地方预算安排，全国一般公共预算收入183 177亿元，增长6.1%。加上调入资金2 853亿元，可安排的收入总量为186 030亿元。全国一般公共预算支出209 830亿元，增长7.6%。赤字23 800亿元，与2017年持平。

Budgetary targets for 2018:

In 2018, revenue in the central government's general public budget is expected to reach RMB8.5357 trillion, an increase of 5.2% over the actual figure for 2017. Adding in the RMB213.0 billion from the Central Budget Stabilization Fund and the RMB32.3 billion from the budgets of central government-managed funds and central government state capital operations, total revenue in 2018 should amount to RMB8.7810 trillion. Expenditures from the central government's general public budget are projected to reach RMB10.3310 trillion, an increase of 8.5%. Total expenditures are projected to exceed total revenue leaving a deficit of RMB1.55 trillion, the same as last year. The ceiling for the outstanding balance of central government bonds will be RMB15.690835 trillion.

Combining the general public budgets of the central and local governments, it is projected that nationwide revenue will amount to RMB18.3177 trillion, up 6.1% from last year. Adding in the RMB285.3 billion transferred from other sources, total revenue available is expected to reach RMB18.6030 trillion. Nationwide expenditures are budgeted at RMB20.9830 trillion, an increase of 7.6%. This will produce a national deficit of RMB2.38 trillion, the same as 2017.

七、货币银行
7. Money and Banking

1. 货币供应量
(1) Money supply

年度M0、M1、M2及其变化趋势
Annual M0, M1, and M2 and their changes

单位：万亿元 Unit: RMB1 trillion

年 Year	M0	M1	M2	M0同比增长率(%) Growth rate of M0 (YOY)(%)	M1同比增长率(%) Growth rate of M1 (YOY)(%)	M2同比增长率(%) Growth rate of M2 (YOY)(%)
1999	1.3	4.6	12.0	20.1	17.7	14.7
2000	1.5	5.3	13.8	8.9	16.0	14.0
2001	1.6	6.0	15.8	7.1	12.7	14.4
2002	1.7	7.1	18.5	10.1	16.8	16.8
2003	2.0	8.4	22.1	14.3	18.7	19.6
2004	2.1	9.6	25.3	8.7	13.6	14.6
2005	2.4	10.7	29.9	11.9	11.8	17.6
2006	2.7	12.6	34.6	12.7	17.5	16.9
2007	3.0	15.3	40.3	12.1	21.0	16.7
2008	3.4	16.6	47.5	12.7	9.1	17.8
2009	3.8	22.1	61.0	11.8	32.4	27.7
2010	4.5	26.7	72.6	16.7	21.2	19.7
2011	5.1	29.0	85.2	13.8	7.9	13.6
2012	5.5	30.9	97.4	7.7	6.5	13.8
2013	5.9	33.7	110.7	7.1	9.3	13.6
2014	6.0	34.8	122.8	2.9	3.2	12.2
2015	6.3	40.1	139.2	4.9	15.2	13.3
2016	6.8	48.7	155.0	8.1	21.4	11.3
2017	7.1	54.4	167.7	3.4	11.8	8.2

月度M0、M1、M2及其变化趋势
Monthly M0, M1, and M2 and their changes

单位：万亿元 Unit: RMB1 trillion

年/月 Year/Month	M0	M1	M2	M0同比增长率(%) Growth rate of M0 (YOY)(%)	M1同比增长率(%) Growth rate of M1 (YOY)(%)	M2同比增长率(%) Growth rate of M2 (YOY)(%)
2016.01	7.3	41.3	141.6	15.1	18.6	14.0
2016.02	6.9	39.3	142.5	-4.8	17.4	13.3
2016.03	6.5	41.2	144.6	4.4	22.1	13.4
2016.04	6.4	41.4	144.5	6.0	22.9	12.8
2016.05	6.3	42.4	146.2	6.3	23.7	11.8
2016.06	6.3	44.4	149.0	7.2	24.6	11.8
2016.07	6.3	44.3	149.2	7.2	25.4	10.2
2016.08	6.3	45.5	151.1	7.4	25.3	11.4
2016.09	6.5	45.4	151.6	6.6	24.7	11.5
2016.10	6.4	46.5	151.9	7.2	23.9	11.6
2016.11	6.5	47.5	153.0	7.6	22.7	11.4
2016.12	6.8	48.7	155.0	8.1	21.4	11.3
2017.01	8.7	47.3	157.6	19.4	14.5	11.3
2017.02	7.2	47.7	158.3	3.3	21.4	11.1
2017.03	6.9	48.9	160.0	6.1	18.8	10.6
2017.04	5.8	49.6	161.0	-3.7	22.5	10.3
2017.05	4.9	50.4	162.2	-10.4	24.7	10.0
2017.06	4.0	51.2	163.3	-17.0	26.8	9.6
2017.07	6.7	51.0	162.9	6.1	15.3	9.2
2017.08	6.8	51.8	164.5	6.5	14.0	8.9
2017.09	7.0	51.8	165.6	7.2	14.0	9.2
2017.10	6.8	52.6	165.3	6.3	13.0	8.8
2017.11	6.9	53.6	167.0	5.7	12.7	9.1
2017.12	7.1	54.4	167.7	3.4	11.8	8.2
2018.01	7.5	54.3	172.1	-13.8	15.0	8.6
2018.02	8.1	51.7	172.9	13.5	8.5	8.8
2018.03	7.3	52.4	174.0	6.0	7.1	8.2
2018.04	7.1	52.5	173.8	4.5	7.2	8.3
2018.05	7.0	52.6	174.3	3.6	6.0	8.3
2018.06	7.0	54.4	177.0	3.9	6.6	8.0

货币供应量与货币流动性
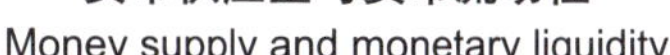
Money supply and monetary liquidity

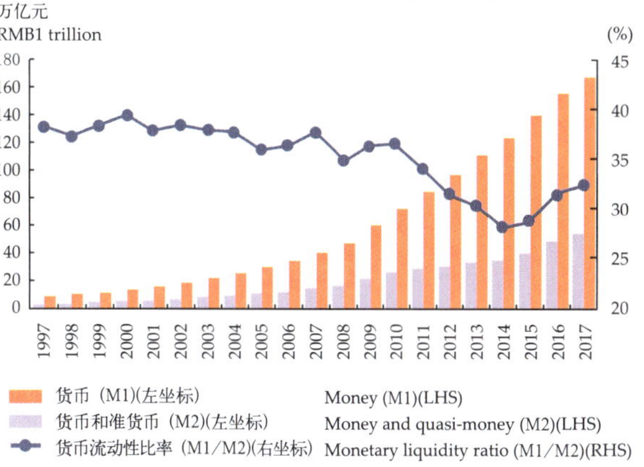

年度M0、M1、M2及其变化趋势
Annual M0, M1, and M2 and their changes

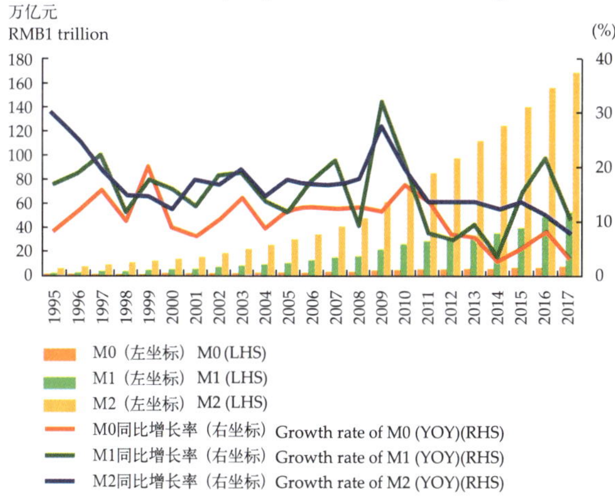

月度M0、M1、M2及其变化趋势
Monthly M0, M1, and M2 and their changes

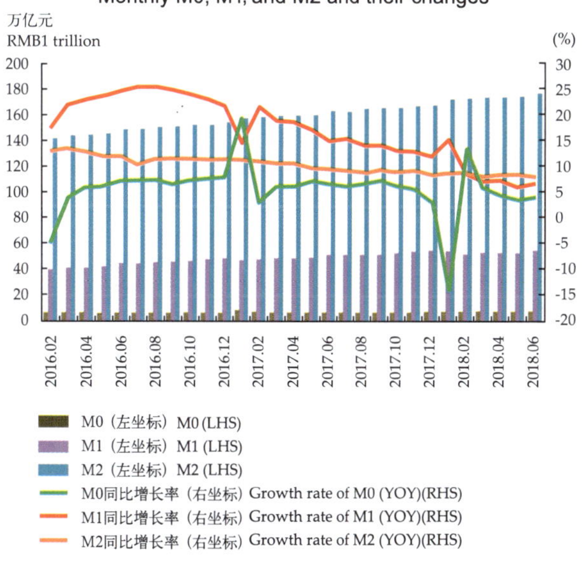

货币供应量构成
Composition of money supply

单位：亿元
Unit: RMB100 million

年/月 Year/Month	货币和准货币 Money & quasi-money M2	货币 Money M1	流通中货币 Currency in circulation M0	单位活期存款 Corporate demand deposits	准货币 Quasi-money	单位定期存款 Corporate time deposits	个人存款 Personal deposits	其他存款 Other deposits
2017.01	1 575 946	472 526	86 599	385 928	1 103 419	317 957	634 746	150 716
2017.02	1 582 913	476 528	71 728	404 800	1 106 385	311 668	635 880	158 838
2017.03	1 599 610	488 770	68 605	420 165	1 110 839	317 183	643 278	150 378
2017.04	1 596 332	490 180	68 393	421 788	1 106 151	318 093	630 993	157 066
2017.05	1 601 360	496 390	67 333	429 057	1 104 971	314 930	632 226	157 815
2017.06	1 631 283	510 228	66 978	443 250	1 121 054	317 003	642 932	161 119
2017.07	1 628 997	510 485	67 129	443 356	1 118 512	314 700	635 230	168 583
2017.08	1 645 157	518 114	67 551	450 563	1 127 043	317 889	637 887	171 267
2017.09	1 655 662	517 863	69 749	448 115	1 137 799	326 614	648 350	162 835
2017.10	1 653 434	525 977	68 231	457 747	1 127 457	319 741	640 251	167 465
2017.11	1 670 013	535 565	68 623	466 942	1 134 448	320 652	641 620	172 177
2017.12	1 676 769	543 790	70 646	473 145	1 132 978	320 196	649 341	163 441
2018.01	1 720 814	543 247	74 636	468 611	1 177 567	328 170	658 424	190 973
2018.02	1 729 070	517 036	81 424	435 612	1 212 034	330 532	687 076	194 426
2018.03	1 739 859	523 540	72 693	450 847	1 216 319	332 606	692 564	191 150
2018.04	1 737 684	525 448	71 476	453 971	1 212 236	335 348	679 186	197 702
2018.05	1 743 064	526 277	69 775	456 502	1 216 787	336 063	681 334	199 390
2018.06	1 770 178	543 945	69 589	474 355	1 226 234	334 425	692 441	199 368

广义货币供应量M2变动
Changes in the composition of broad money M2

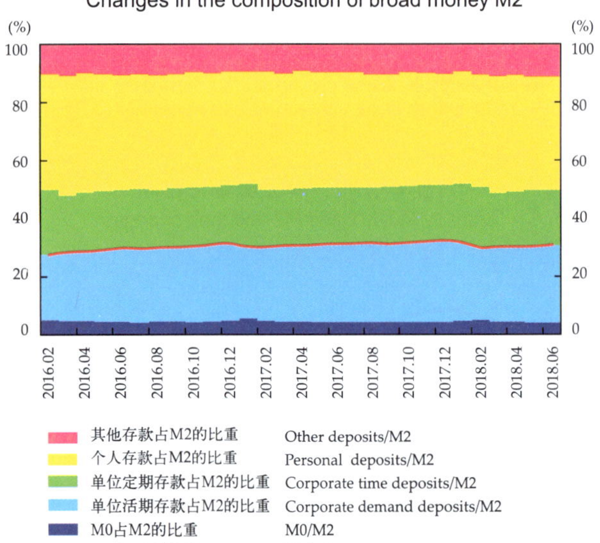

2018年6月末货币供应量构成
Composition of money supply at the end of June, 2018

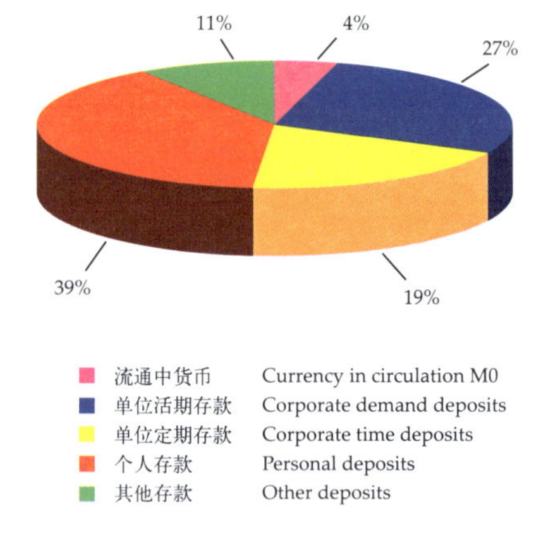

存款性公司概览
Depository corporations survey

单位：万亿元
Unit: RMB1 trillion

年/月 Year/Month	国外净资产 Net foreign assets	国内信贷 Domestic credit	对政府债权(净) Claims on government (net)	对非金融部门债权 Claims on non-financial sectors	对其他金融部门债权 Claims on other financial sectors	其他 Others	货币和准货币 Money & quasi-money M2
2016.01	27.64	137.42	9.48	106.39	21.56	-23.43	141.63
2016.02	27.44	139.17	9.65	107.39	22.13	-24.15	142.46
2016.03	27.19	142.52	10.53	108.92	23.07	-25.09	144.62
2016.04	27.16	143.51	11.05	109.31	23.15	-26.15	144.52
2016.05	27.17	145.98	11.54	110.55	23.89	-26.97	146.17
2016.06	27.08	149.61	12.89	111.81	24.92	-27.64	149.05
2016.07	27.00	150.48	12.92	112.42	25.14	-28.33	149.16
2016.08	27.08	152.69	13.91	112.95	25.83	-28.67	151.10
2016.09	26.84	154.44	14.69	113.97	25.78	-29.64	151.64
2016.10	26.76	155.50	14.38	114.83	26.29	-30.31	151.95
2016.11	26.52	157.86	14.99	116.26	26.61	-31.34	153.04
2016.12	26.39	160.01	16.24	116.61	27.16	-31.39	155.01
2017.01	26.29	162.05	15.84	118.12	28.09	-30.75	157.59
2017.02	26.13	162.94	15.64	118.97	28.33	-30.78	158.29
2017.03	26.08	165.06	16.63	120.02	28.42	-31.18	159.96
2017.04	25.89	165.69	16.59	121.00	28.10	-31.95	160.98
2017.05	25.68	166.51	16.86	121.97	27.68	-32.05	162.17
2017.06	25.55	170.14	17.65	123.41	29.09	-32.56	163.35
2017.07	25.45	170.42	17.45	124.32	28.64	-32.97	162.90
2017.08	25.23	172.65	18.33	125.67	28.64	-33.36	164.52
2017.09	25.48	174.09	19.02	126.59	28.48	-34.01	165.57
2017.10	25.39	174.12	18.47	127.18	28.47	-34.17	165.34
2017.11	25.39	176.00	19.04	128.17	28.79	-34.39	167.00
2017.12	25.33	178.03	20.49	128.88	28.66	-35.68	167.68
2018.01	25.62	181.47	20.12	131.58	29.77	-35.00	172.08
2018.02	25.58	182.56	20.77	132.60	29.19	-35.24	172.91
2018.03	25.54	184.18	21.50	133.88	28.79	-35.73	173.99
2018.04	25.54	184.00	21.23	134.74	28.03	-35.77	173.77
2018.05	25.54	184.45	21.02	135.49	27.95	-35.68	174.31
2018.06	25.71	187.32	22.04	137.31	27.98	-36.01	177.02

国外净资产及国内信贷对广义货币的影响
The impact of net foreign assets and domestic credit on broad money M2

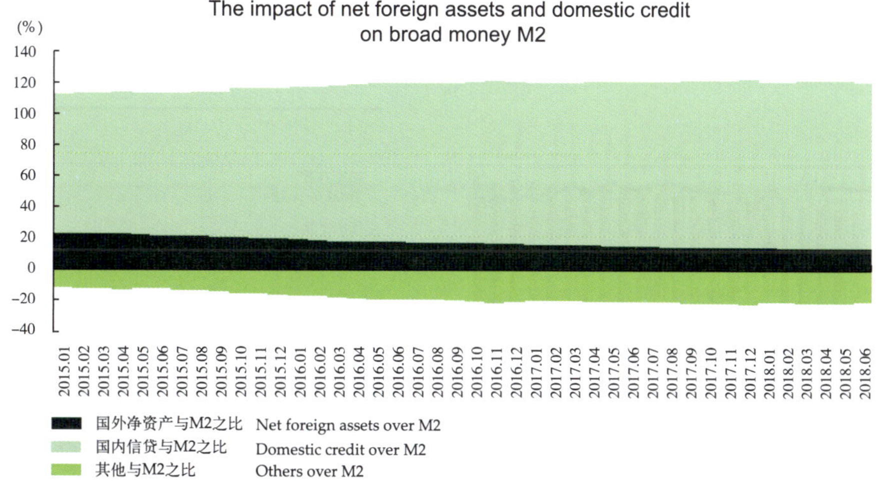

2.存贷款

(2) Deposits and loans

金融机构人民币各项存贷款余额及其增长趋势

Outstanding amounts of total deposits & loans and their growth in financial institutions

单位：万亿元
Unit: RMB1 trillion

年/月 Year/Month	各项存款 Total deposits	各项贷款 Total loans	各项存款同比增长率(%) Growth rate of deposits (YOY)(%)	各项贷款同比增长率(%) Growth rate of loans (YOY)(%)
2016.01	137.8	96.5	12.5	15.3
2016.02	138.6	97.2	13.3	14.7
2016.03	141.1	98.6	13.0	14.7
2016.04	142.0	99.1	12.9	14.4
2016.05	143.8	100.1	11.5	14.4
2016.06	146.2	101.5	10.9	14.3
2016.07	146.7	101.9	9.5	12.9
2016.08	148.5	102.9	10.8	13.0
2016.09	148.5	104.1	11.1	13.0
2016.10	149.7	104.8	11.5	13.1
2016.11	150.4	105.6	10.8	13.1
2016.12	150.6	106.6	11.0	13.5
2017.01	152.1	108.6	10.4	12.6
2017.02	154.4	109.8	11.4	13.0
2017.03	155.6	110.8	10.3	12.4
2017.04	155.9	111.9	9.8	12.9
2017.05	157.0	113.0	9.2	12.9
2017.06	159.7	114.6	9.2	12.9
2017.07	160.5	115.4	9.4	13.2
2017.08	161.8	116.5	9.0	13.2
2017.09	162.3	117.8	9.3	13.1
2017.10	163.3	118.4	9.1	13.0
2017.11	164.9	119.5	9.6	13.3
2017.12	164.1	120.1	9.0	12.7
2018.01	168.0	123.0	10.5	13.2
2018.02	167.7	123.9	8.6	12.8
2018.03	169.2	125.0	8.7	12.8
2018.04	169.7	126.2	8.9	12.7
2018.05	171.0	127.3	8.9	12.6
2018.06	173.1	129.2	8.4	12.7

金融机构当年累计新增人民币存款

Accumulated new RMB deposits in financial institutions

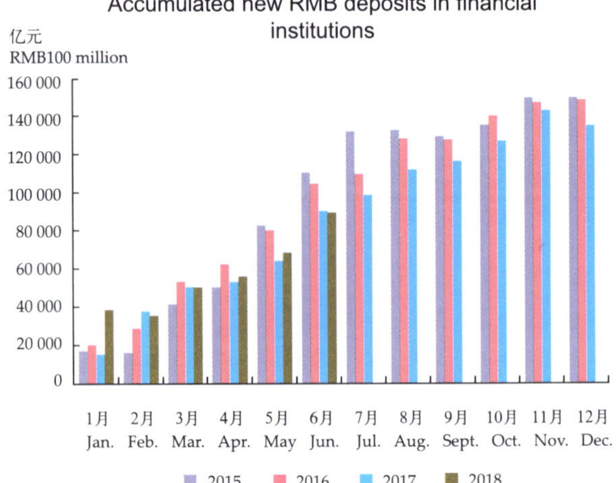

金融机构当月新增人民币存款

New RMB deposits in financial institutions by month

亿元
RMB100 million

50 000 / 40 000 / 30 000 / 20 000 / 10 000 / 0 / −10 000 / −20 000

1月 Jan. 2月 Feb. 3月 Mar. 4月 Apr. 5月 May 6月 Jun. 7月 Jul. 8月 Aug. 9月 Sept. 10月 Oct. 11月 Nov. 12月 Dec.

2015 2016 2017 2018

金融机构人民币各项存贷款余额及其增长趋势

Outstanding amounts of total deposits & loans and their growth in financial institutions

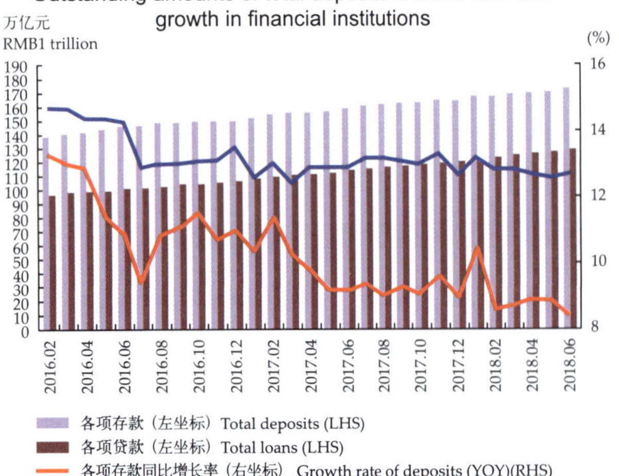

2018年6月末人民币存款余额

Outstanding amounts of RMB deposits at the end of June, 2018

单位：亿元
Unit: RMB100 million

	余额 Outstanding amount
各项存款 Total deposits	**1 731 176**
境内存款 Domestic deposits	1 720 273
住户存款 Deposits of households	686 695
非金融企业存款 Deposits of non-financial enterprises	544 362
政府存款 Deposits of government	326 867
非银行业金融机构存款 Deposits of non-banking financial institutions	162 348
境外存款 Overseas deposits	10 903

住户存款和非金融企业存款余额
Outstanding amounts of household deposits and non-financial corporate deposits

单位：亿元
Unit: RMB100 million

年/月 Year/Month	住户存款 Deposits of households	活期及临时性存款 Demand & temporary deposits	定期及保证性存款 Time & marginal deposits	非金融企业存款 Deposits of non-financial enterprises	活期及临时性存款 Demand & temporary deposits	定期及保证性存款 Time & marginal deposits
2016.01	555 011	207 962	347 050	436 746	172 961	263 785
2016.02	575 047	214 816	360 231	421 940	161 459	260 481
2016.03	580 800	217 001	363 799	445 248	175 269	269 980
2016.04	571 504	210 862	360 642	447 421	175 498	271 923
2016.05	572 047	210 949	361 098	452 836	180 098	272 737
2016.06	581 521	216 945	364 576	465 346	191 138	274 208
2016.07	579 279	215 652	363 627	462 284	188 193	274 091
2016.08	583 411	218 758	364 653	476 050	194 385	281 665
2016.09	592 909	225 331	367 578	480 303	192 839	287 464
2016.10	588 229	222 213	366 016	482 386	199 872	282 514
2016.11	591 500	225 149	366 351	490 742	205 371	285 370
2016.12	597 751	231 630	366 121	502 178	215 107	287 072
2017.01	629 064	249 796	379 268	484 207	195 938	288 268
2017.02	630 077	240 875	389 202	490 852	204 560	286 291
2017.03	637 409	241 907	395 502	503 768	212 132	291 636
2017.04	625 236	235 017	390 219	504 220	213 156	291 064
2017.05	626 485	236 093	390 392	505 292	215 037	290 255
2017.06	637 138	242 055	395 083	515 971	222 012	293 960
2017.07	629 623	238 119	391 504	512 274	221 195	291 079
2017.08	632 213	240 076	392 136	518 343	223 821	294 522
2017.09	642 591	246 818	395 772	521 823	219 597	302 226
2017.10	634 539	241 454	393 085	521 948	224 655	297 293
2017.11	635 994	241 874	394 120	529 130	229 895	299 235
2017.12	643 768	248 239	395 529	542 405	237 888	304 517
2018.01	652 744	250 481	402 263	541 612	232 055	309 557
2018.02	681 474	263 966	417 509	517 594	211 486	306 108
2018.03	686 804	258 521	428 283	529 321	219 818	309 503
2018.04	673 585	249 895	423 690	534 777	221 556	313 221
2018.05	675 751	250 395	425 355	534 916	222 502	312 414
2018.06	686 695	255 578	431 117	544 362	230 035	314 327

住户存款和非金融企业存款余额

Outstanding amounts of household deposits and non-financial enterprise deposits

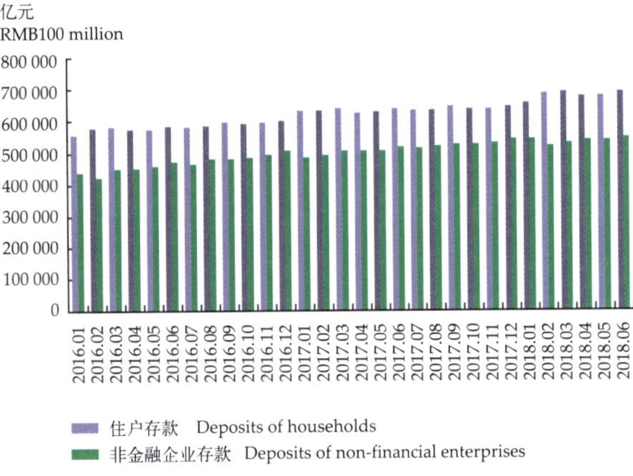

住户存款构成

Composition of household deposits

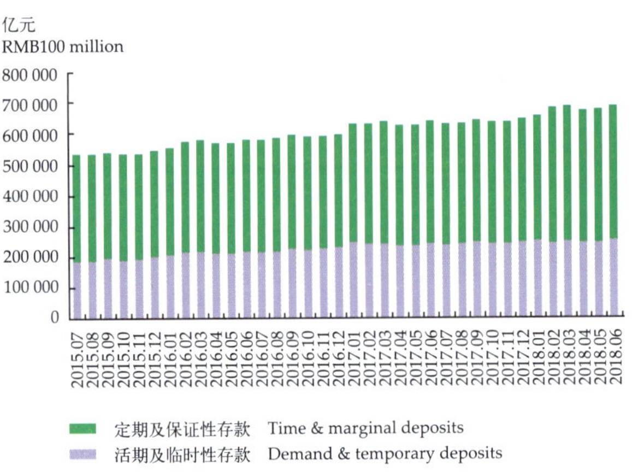

非金融企业存款构成

Composition of non-financial enterprise deposits

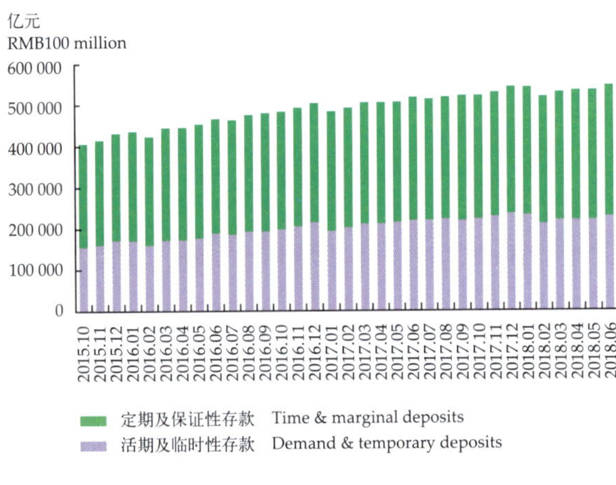

2018年6月末人民币存款余额

Outstanding amounts of RMB deposits at the end of June, 2018

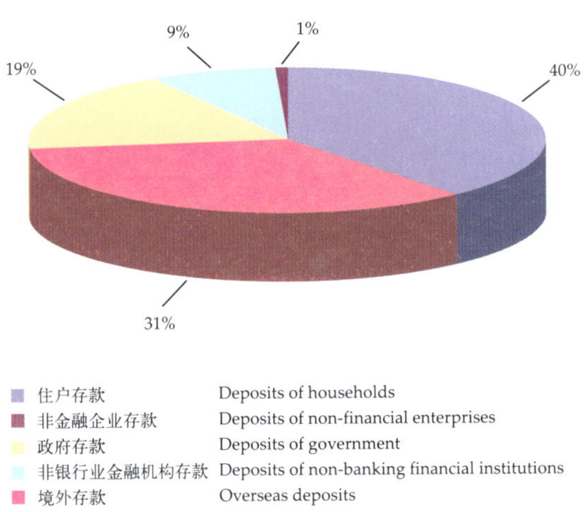

2018年6月末人民币贷款余额
RMB loans issued by the end of June, 2018 by sectors

单位：亿元
Unit: RMB100 million

	余额 Outstanding amounts	比年初增加 Increase over the beginning of the year
各项贷款 Total loans	**1 291 534**	**90 213**
境内贷款 Domestic loans	1 286 781	89 881
住户贷款 Loans to households	441 217	36 172
短期贷款 Short-term loans	124 891	10 998
中长期贷款 Mid & long-term loans	316 326	25 173
非金融性企业及机关团体贷款 Loans to non-financial enterprises and government departments & organizations	836 871	51 376
短期贷款及票据融资 Short-term loans and paper financing	328 112	12 683
中长期贷款 Mid & long-term loans	486 795	36 772
其他贷款 Other loans	21 965	1 920
非银行业金融机构贷款 Loans to non-banking financial institutions	8 692	4 272
境外贷款 Overseas loans	4 753	332

金融机构当年累计新增人民币贷款
Accumulated new RMB loans in financial institutions

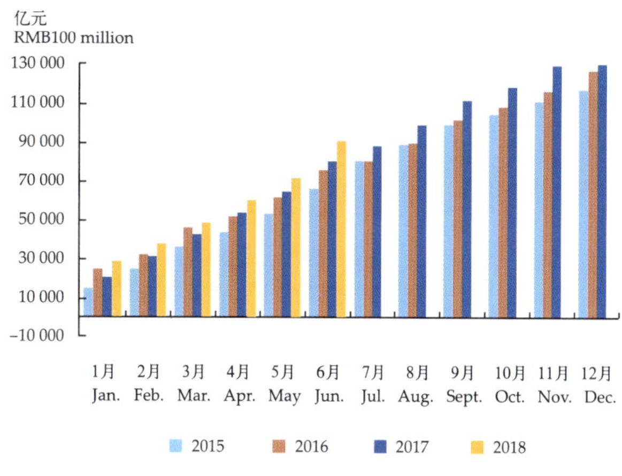

金融机构当月新增人民币贷款
New RMB loans in financial institutions by month

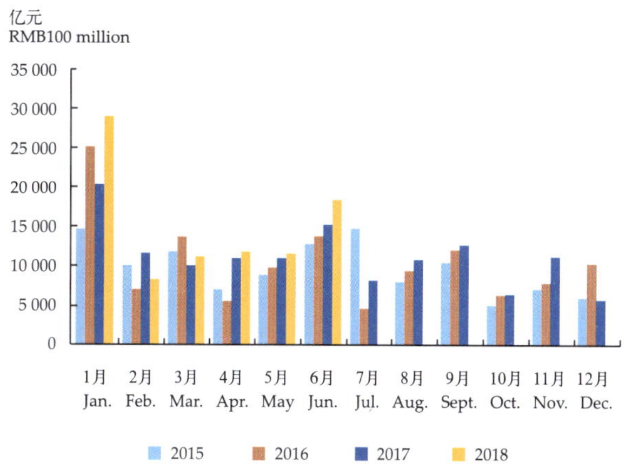

当年累计新增住户贷款
Accumulated new loans to households

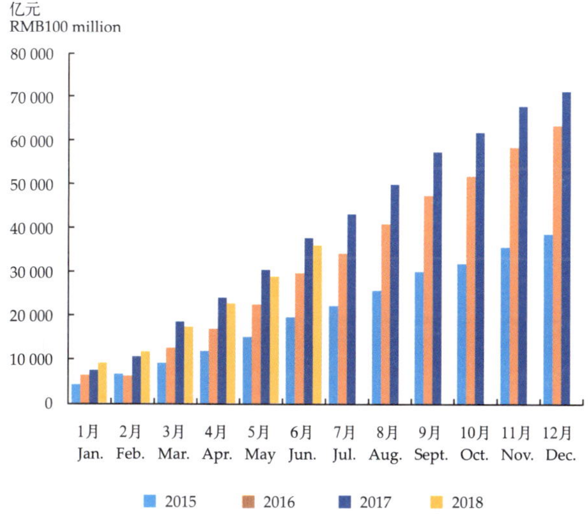

当月新增住户贷款
New loans to households by month

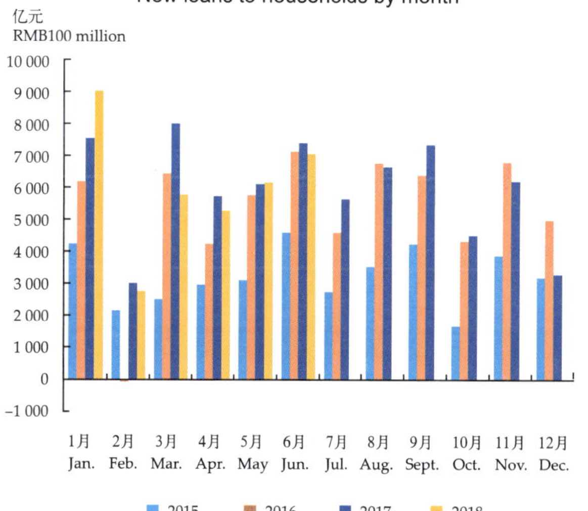

当年累计新增非金融企业及其他部门贷款
Accumulated new loans to non-financial institutions and other sectors

当月新增非金融企业及其他部门贷款
New loans to non-financial institutions and other sectors by month

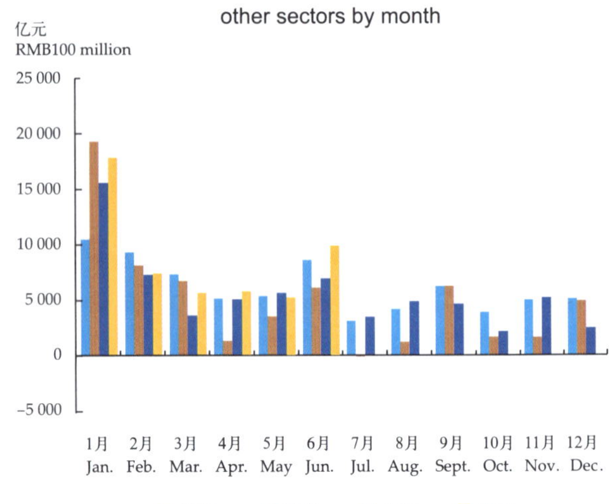

2018年6月末个人消费贷款构成
Composition of consumer loans at the end of June, 2018

单位：亿元
Unit: RMB100 million

	余额 Outstanding amounts	同比增长率(%) Growth rate (YOY)(%)	比年初增加 Increase over the beginning of the year	比上年同期变化 Change compared with the same period of last year
个人消费贷款 Consumer loans	**344 624**	**21.2**	**29 429**	**33 983**
个人住房贷款 Individual housing mortgage loans	238 398	18.6	19 788	22 153
个人汽车消费贷款 Individual auto loans	9 538	22.9	333	676
助学贷款 Student loans	875	14.1	–54	–48
其他贷款 Other loans	95 812	27.9	9 363	11 201

2018年6月末个人消费贷款构成
Composition of consumer loans at the end of June, 2018

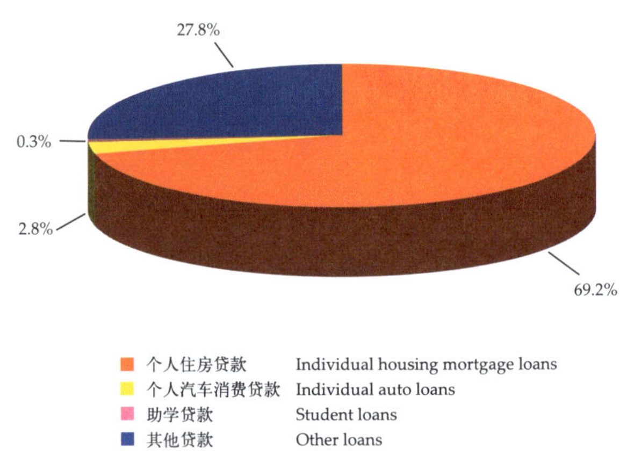

当年累计新增个人消费贷款
Accumulated new consumer loans

亿元
RMB100 million
70 000
60 000
50 000
40 000
30 000
20 000
10 000
0
1月 Jan. 2月 Feb. 3月 Mar. 4月 Apr. 5月 May 6月 Jun. 7月 Jul. 8月 Aug. 9月 Sept. 10月 Oct. 11月 Nov. 12月 Dec.
2015 2016 2017 2018

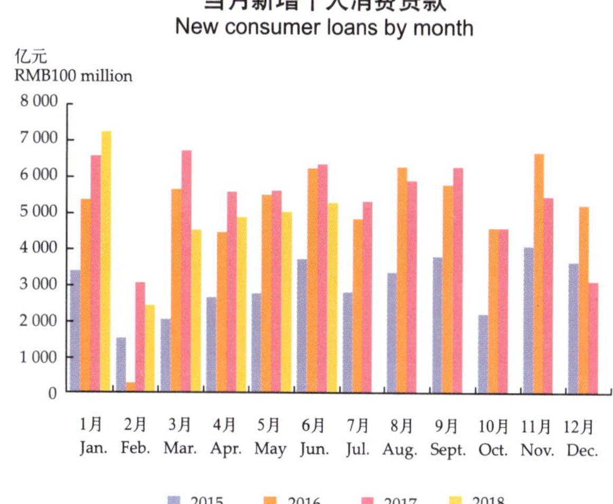

个人消费贷款余额及其增长趋势
Consumer loans and their growth

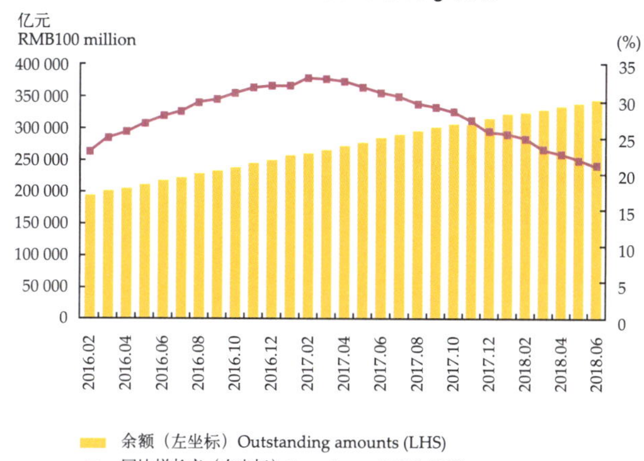

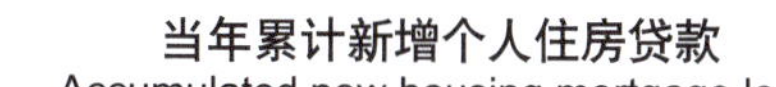
当年累计新增个人住房贷款
Accumulated new housing mortgage loans

亿元
RMB100 million
60 000
50 000
40 000
30 000
20 000
10 000
0
1月 Jan. 2月 Feb. 3月 Mar. 4月 Apr. 5月 May 6月 Jun. 7月 Jul. 8月 Aug. 9月 Sept. 10月 Oct. 11月 Nov. 12月 Dec.
2015 2016 2017 2018

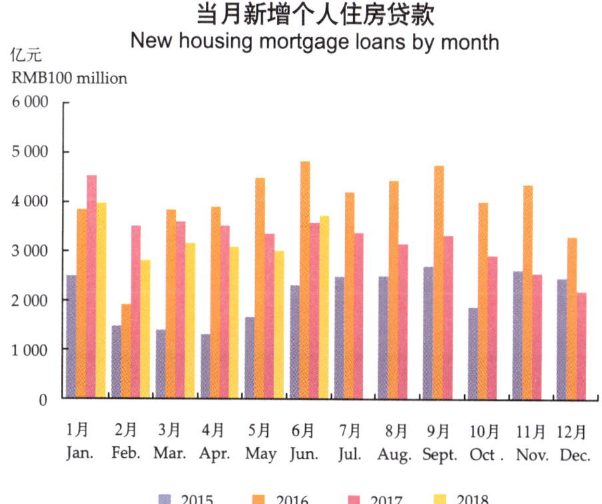

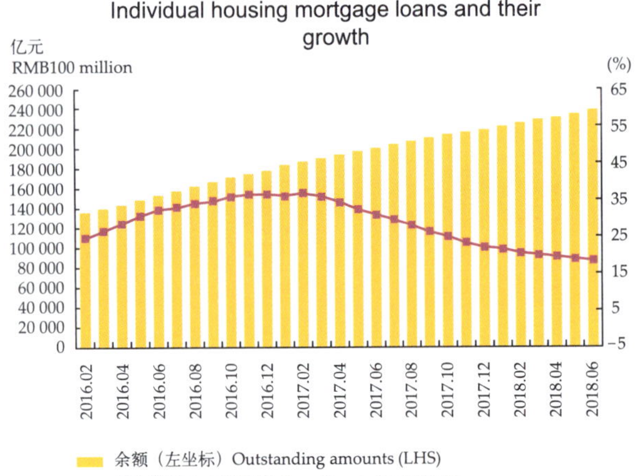

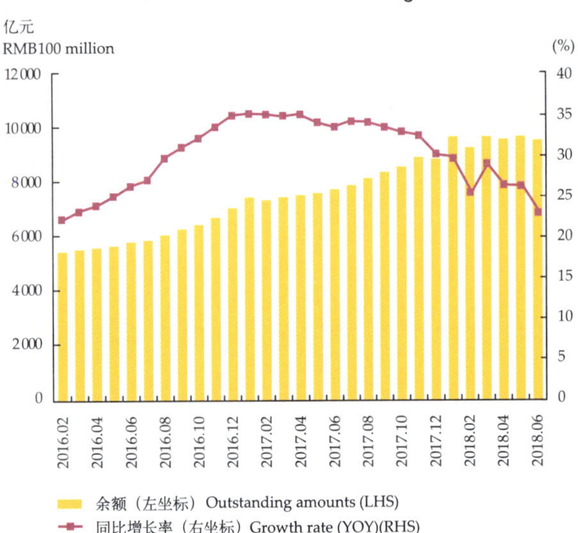

3.基础货币

(3) Monetary base

基础货币余额及其增长趋势
Monetary base and its growth

单位：万亿元
Unit: RMB1 trillion

年/月 Year/Month	余额 Outstanding amounts	同比增长率(%) Growth rate (YOY) (%)
2016.01	29.04	-1.3
2016.02	29.05	-4.4
2016.03	28.34	-5.7
2016.04	27.95	-4.6
2016.05	27.92	-3.0
2016.06	28.91	-1.3
2016.07	28.41	-1.1
2016.08	28.52	-0.9
2016.09	29.07	2.4
2016.10	29.01	3.7
2016.11	29.19	5.9
2016.12	30.90	10.2
2017.01	30.78	6.0
2017.02	30.27	4.2
2017.03	30.24	6.7
2017.04	29.95	7.1
2017.05	29.96	7.3
2017.06	30.38	5.9
2017.07	29.91	6.1
2017.08	30.19	6.7
2017.09	30.60	6.1
2017.10	30.53	6.0
2017.11	30.71	6.0
2017.12	32.19	4.9
2018.01	30.75	0.6
2018.02	31.83	5.9
2018.03	32.13	7.0
2018.04	30.73	3.4
2018.05	30.45	2.4
2018.06	31.85	4.8

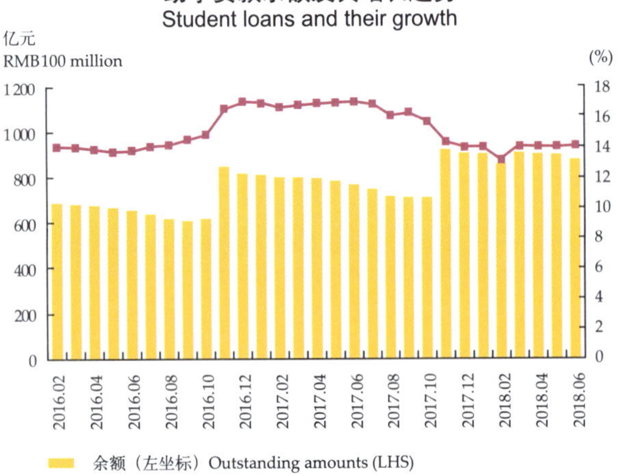

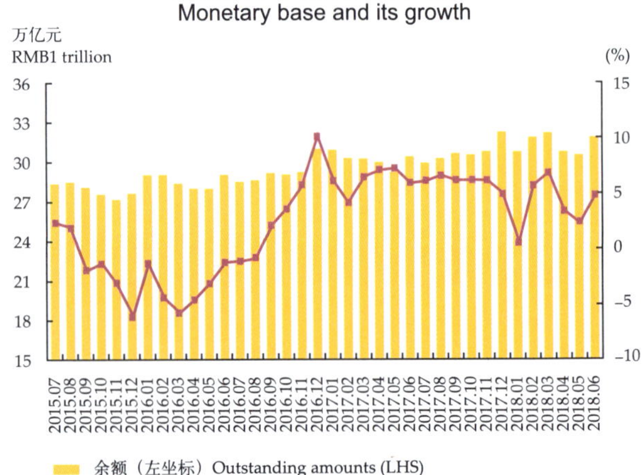

基础货币构成
Composition of monetary base

单位：亿元
Unit: RMB100 million

年/季度 Year/Quarter	货币发行 Currency issue	其他存款性公司存款 Deposits of other depository corporations
2014Q1	64 816	209 925
2014Q2	63 260	216 638
2014Q3	65 545	219 754
2014Q4	67 151	226 942
2015Q1	69 078	226 675
2015Q2	65 112	223 668
2015Q3	68 455	211 222
2015Q4	69 886	206 492
2016Q1	71 353	212 024
2016Q2	69 031	220 040
2016Q3	71 920	218 786
2016Q4	74 884	234 095
2017Q1	75 247	227 141
2017Q2	73 269	229 662
2017Q3	76 626	228 516
2017Q4	77 074	243 802
2018Q1	79 453	238 740
2018Q2	75 658	237 805

基础货币构成
Composition of monetary base

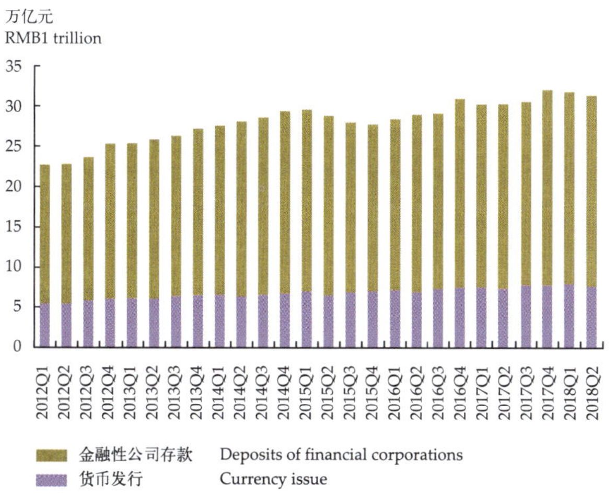

金融机构准备金和超额准备金率
Reserves and excess reserve ratio of financial institutions

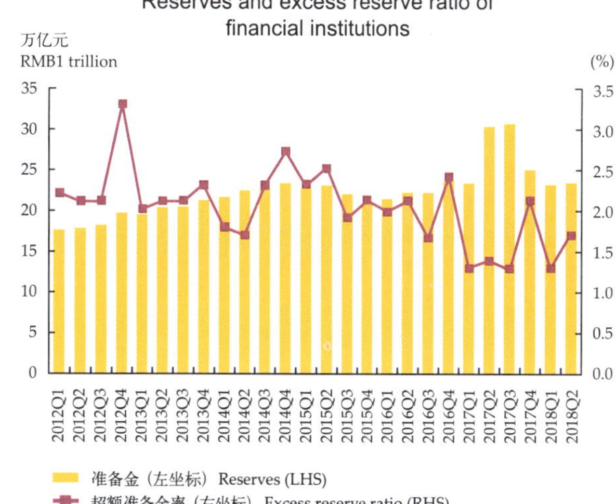

金融机构法定人民币存款准备金率
Official RMB reserve requirement ratios of financial institutions

单位：%
Unit: %

日期 Date	中资全国性大型银行① Chinese-funded large banks operating nationwide[1]	中小金融机构② Medium- and small-sized financial institutions[2]	农村合作银行 Rural cooperative banks	农村信用社和村镇银行 Rural credit cooperatives and township and village banks
2003.09.21	7.0	7.0	—	6.0
2004.04.25	7.5	7.5	7.5	6.0
2006.07.05	8.0	8.0	7.5	6.0
2006.08.15	8.5	8.5	7.5	6.0
2006.11.15	9.0	9.0	8.0	6.5
2007.01.15	9.5	9.5	8.5	7.0
2007.02.25	10.0	10.0	9.0	7.5
2007.04.16	10.5	10.5	9.5	8.0
2007.05.15	11.0	11.0	10.0	8.5
2007.06.05	11.5	11.5	10.5	9.0
2007.08.15	12.0	12.0	11.0	9.5
2007.09.25	12.5	12.5	11.5	10.0
2007.10.25	13.0	13.0	12.0	10.5
2007.11.26	13.5	13.5	12.5	11.0
2007.12.25	14.5	14.5	13.5	12.0
2008.01.25	15.0	15.0	14.0	12.5
2008.03.25	15.5	15.5	14.5	13.0
2008.04.25	16.0	16.0	15.0	13.5
2008.05.20	16.5	16.5	15.5	14.0
2008.06.15	17.0	17.0	16.0	14.5
2008.06.25	17.5	17.5	16.5	15.0
2008.09.25	17.5	16.5	15.5	14.0
2008.10.15	17.0	16.0	15.0	13.5
2008.12.05	16.0	14.0	13.0	11.5
2008.12.25	15.5	13.5	11.0	11.0
2010.01.18	16.0	14.0	11.0	11.0
2010.02.25	16.5	14.5	11.0	11.0
2010.05.10	17.0	15.0	11.5	11.0
2010.11.16	17.5	15.5	12.0	11.5
2010.11.29	18.0	16.0	12.5	12.0
2010.12.20	18.5	16.5	13.0	12.5
2011.01.20	19.0	17.0	13.5	13.0
2011.02.24	19.5	17.5	14.0	13.5
2011.03.25	20.0	18.0	14.5	14.0
2011.04.21	20.5	18.5	15.0	14.5
2011.05.18	21.0	19.0	15.5	15.0
2011.06.20	21.5	19.5	16.0	15.5
2011.12.05	21.0	19.0	15.5	15.0
2012.02.24	20.5	18.5	15.0	14.5
2012.05.18	20.0	18.0	14.5	14.0
2015.02.05	19.5	17.5	14.0	13.5
2015.04.20	18.5	16.5	11.5	11.5
2015.09.06	18.0	16.0	10.5	10.5
2015.10.24	17.5	15.5	9.5	9.5
2016.03.01	17.0	15.0	9.0	9.0
2018.04.25	16.0	14.0	9.0	9.0

注：①包括中国工商银行、中国农业银行、中国银行、中国建设银行、交通银行和中国邮政储蓄银行。
②包括中国农业发展银行、股份制商业银行、城市商业银行、农村商业银行、有关外资金融机构。
③2014年4月、6月，2015年2月、4月、6月、9月、10月和2018年1月中国人民银行八次实施定向降准。

Notes: 1. Including Industrial and Commercial Bank of China, Agricultural Bank of China, Bank of China, China Construction Bank, Bank of Communications, Postal Savings Bank of China.
2. Including Agricultural Development Bank of China, joint-stock commercial banks, city commercial banks, rural commercial banks and foreign-funded financial institutions.
3. In April and June 2014, and February, April, June, September and October 2015, and January 2018, the PBC conducted targeted reductions of the deposit reserve requirement ratio (RRR) on 8 occasions.

4. 社会融资规模

(4) All-system financing aggregates

社会融资规模增量统计表

Statistics of the increments in all-system financing aggregates

单位：亿元人民币
Unit: RMB100 million

年/月 Year/Month	增量 Flow	其中：Of which:						
		人民币贷款 RMB loans	外币贷款(折合人民币) Foreign currency-denominated loans (RMB equivalent)	委托贷款 Entrusted loans	信托贷款 Trust loans	未贴现的银行承兑汇票 Undiscounted bankers' acceptances	企业债券 Net financing of corporate bonds	非金融企业境内股票融资 Equity financing on the domestic stock market by non-financial enterprises
2016.01	34 758	25 370	-1 727	2 175	552	1 327	4 579	1 469
2016.02	8 312	8 105	- 569	1 650	308	-3 705	1 318	810
2016.03	23 931	13 176	6	1 660	732	173	7 190	562
2016.04	7 809	5 642	- 706	1 694	269	-2 776	2 366	951
2016.05	6 770	9 374	- 524	1 566	121	-5 067	- 250	1 073
2016.06	16 479	13 141	- 267	1 721	809	-2 720	2 008	1 158
2016.07	4 791	4 550	- 401	1 775	210	-5 118	2 208	1 135
2016.08	14 605	7 969	70	1 432	736	- 376	3 236	1 075
2016.09	17 115	12 628	- 487	1 451	1 057	-2 230	2 872	1 368
2016.10	8 865	6 010	- 335	725	530	-1 801	2 192	1 125
2016.11	18 328	8 463	- 310	1 994	1 625	1 171	3 859	861
2016.12	16 260	9 943	- 389	4 011	1 643	1 589	-2 048	828
2017.01	37 095	23 133	126	3 136	3 175	6 130	- 619	1 565
2017.02	11 046	10 317	368	1 172	1 062	-1 719	-1 169	570
2017.03	22 196	11 586	288	2 039	3 113	2 390	306	800
2017.04	13 585	10 806	- 283	- 48	1 473	345	455	769
2017.05	11 202	11 780	- 99	- 278	1 812	-1 245	-2 513	511
2017.06	19 140	14 474	73	- 32	2 481	- 230	- 176	487
2017.07	11 657	9 152	- 213	163	1 232	-2 037	2 599	536
2017.08	15 591	11 466	- 332	- 82	1 143	242	1 116	653
2017.09	19 935	11 885	- 232	775	2 368	784	1 643	519
2017.10	10 689	6 635	- 44	43	1 019	12	1 482	601
2017.11	16 857	11 428	198	280	1 434	15	920	1 324
2017.12	15 016	5 769	169	601	2 245	676	343	792
2018.01	30 733	26 850	266	- 714	455	1 437	1 194	500
2018.02	11 766	10 199	86	- 750	660	102	722	379
2018.03	15 106	11 425	139	-1 850	- 357	- 323	3 344	404
2018.04	16 914	10 987	- 26	-1 481	- 94	1 454	4 008	533
2018.05	8 476	11 396	- 228	-1 570	- 904	-1 741	- 412	438
2018.06	13 922	16 787	- 364	-1 642	-1 623	-3 649	1 413	258

注：社会融资规模增量是指一定时期内实体经济（国内非金融企业和住户）从金融体系获得的资金额。

数据来源：中国人民银行、国家发展和改革委员会、中国证券监督管理委员会、中国银行保险监督管理委员会、中央国债登记结算有限责任公司和银行间市场交易商协会等部门。

Note: The increment in the all-system financing aggregates refers to the total volume of financing provided by the financial system to the real economy (the non-financial corporate sector and the household sector in the domestic market) during a certain period of time.

Sources: The People's Bank of China, National Development and Reform Commission, China Securities Regulatory Commission, China Banking and Insurance Regulatory Commission,China Central Depository & Clearing Co., Ltd., National Association of Financial Market Institutional Investors, and etc..

社会融资规模存量统计表（年）
Statistics of stocks of all-system financing aggregates (by year)

年 Year	存量（亿元） Stock (RMB100 million)	同比增速 (%) Growth rate (%)	其中 Of which:						
			人民币贷款(%) RMB loans (%)	外币贷款(折合人民币)(%) Foreign currency-denominated loans (RMB equivalent) (%)	委托贷款(%) Entrusted loans (%)	信托贷款(%) Trust loans (%)	未贴现的银行承兑汇票(%) Undiscounted bankers' acceptances (%)	企业债券(%) Net financing of corporate bonds (%)	非金融企业境内股票融资(%) Equity financing on the domestic stock market by non-financial enterprises (%)
2004	204 143	14.9	14.3	16.8	61.6		−8.0	4.0	8.5
2005	224 265	13.5	13.3	11.0	11.8		0.7	129.1	4.2
2006	264 500	18.1	16.3	9.0	20.0		44.9	68.7	12.5
2007	321 326	21.5	16.4	21.9	29.9	84.0	138.4	41.0	45.8
2008	379 765	20.5	18.7	5.1	29.1	84.3	9.2	78.7	17.7
2009	511 835	34.8	31.3	55.5	35.8	63.4	36.5	86.2	18.3
2010	649 869	27.0	19.9	15.9	44.2	34.4	135.5	42.3	30.9
2011	767 478	18.2	16.1	13.1	21.2	13.5	24.8	36.2	17.7
2012	914 186	19.1	15.0	27.2	17.1	75.0	20.7	44.4	8.6
2013	1 074 575	17.5	14.2	7.2	39.7	61.1	12.6	24.2	6.7
2014	1 228 591	14.3	13.6	4.1	29.2	10.7	−1.8	25.8	12.7
2015	1 381 383	12.4	13.9	−13.0	17.2	0.8	−14.8	25.1	20.2
2016	1 559 900	12.8	13.4	−12.9	19.8	15.8	−33.4	22.5	27.6
2017	1 746 370	12.0	13.2	−5.8	5.9	35.9	13.7	2.5	15.1

社会融资规模存量统计表（季）
Statistics of stocks of all-system financing aggregates (by quarter)

单位：万亿元人民币
Unit: RMB1 trillion

年/季度 Year/Quarter	存量 Stock	其中 Of which:						
		人民币贷款 RMB loans	外币贷款（折合人民币）Foreign currency-denominated loans (RMB equivalent)	委托贷款 Entrusted loans	信托贷款 Trust loans	未贴现的银行承兑汇票 Undiscounted bankers' acceptances	企业债券 Net financing of corporate bonds	非金融企业境内股票融资 Equity financing on the domestic stock market by non-financial enterprises
2015Q1	127.58	85.09	3.48	9.67	5.35	6.96	12.07	3.94
2015Q2	131.58	88.07	3.50	9.87	5.38	6.94	12.61	4.16
2015Q3	134.70	90.48	3.33	10.35	5.41	6.32	13.47	4.30
2015Q4	138.14	92.75	3.02	10.93	5.39	5.85	14.63	4.53
2016Q1	144.75	97.42	2.78	11.56	5.61	5.63	15.89	4.81
2016Q2	147.99	100.23	2.70	12.06	5.73	4.58	16.47	5.13
2016Q3	151.51	102.75	2.63	12.52	5.93	3.80	17.31	5.49
2016Q4	155.99	105.19	2.63	13.20	6.31	3.90	17.92	5.77
2017Q1	164.65	109.69	2.69	13.83	7.01	4.58	17.86	6.07
2017Q2	168.88	113.40	2.62	13.79	7.59	4.47	17.67	6.24
2017Q3	173.36	116.65	2.48	13.88	8.06	4.37	18.21	6.43
2017Q4	177.39	119.03	2.48	13.97	8.53	4.44	18.37	6.65
2018Q1	182.81	123.86	2.46	13.63	8.62	4.56	18.87	6.78
2018Q2	186.53	127.78	2.53	13.17	8.35	4.17	19.20	6.90

5. 利率
(5) Interest rates

中央银行基准利率
Central bank benchmark interest rates

单位：年利率%
Unit: annual interest rate%

日期 Date	法定存款准备金 Required reserves	超额存款准备金 Excess reserves	对金融机构贷款 Lending to financial institutions				再贴现 Rediscount
			1年期 1-year	6个月以内 6-month and less	3个月以内 3-month and less	1个月以内 1-month and less	
1996.05.01	8.82	8.82	10.98	10.17	10.08	9.00	*
1996.08.23	8.28	7.92	10.62	—	9.72	—	*
1997.10.23	7.56	7.02	9.36	9.09	8.82	8.55	*
1998.03.25	5.22	—	7.92	7.02	6.84	6.39	6.03
1998.07.01	3.51	—	5.67	5.58	5.49	5.22	4.32
1998.12.07	3.24	—	5.13	5.04	4.86	4.59	3.96
1999.06.10	2.07	—	3.78	3.69	3.51	3.24	2.16
2001.09.11	—	—	—	—	—	—	2.97
2002.02.21	1.89	—	3.24	3.15	2.97	2.70	2.97
2003.12.20	—	1.62	—	—	—	—	—
2004.03.25	—	—	3.87	3.78	3.60	3.33	3.24
2005.03.17	—	0.99	—	—	—	—	—
2008.01.01	—	—	4.68	4.59	4.41	4.14	4.32
2008.11.27	1.62	0.72	3.60	3.51	3.33	3.06	2.97
2008.12.23	—	—	3.33	3.24	3.06	2.79	1.80
2010.12.26	—	—	3.85	3.75	3.55	3.25	2.25
2015.11.05	—	—	3.50	3.40	3.20	2.90	2.25

注：1. 1998年3月法定准备金和超额准备金两个账户合并为准备金账户。
2. *按同档次中央银行贷款利率下浮5%～10%。
3. 2015年11月，中国人民银行将原期限“20天以内”改为“1个月以内”。

Notes: 1. The required reserves account and excess reserves account were merged into the reserves account in March 1998.
2. *The interest rate is 5%~10% below that of the central bank lending rate of the same tranche.
3. In November 2015, the PBC switched previous tenor "20-day and less" to "1-month and less".

法定存款准备金利率和再贴现利率
Required reserves interest rates and rediscount interest rates

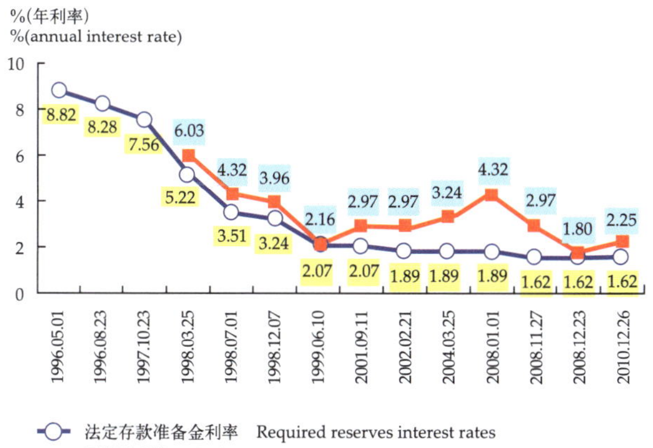

对金融机构贷款利率
Interest rates of central bank lending to financial institutions

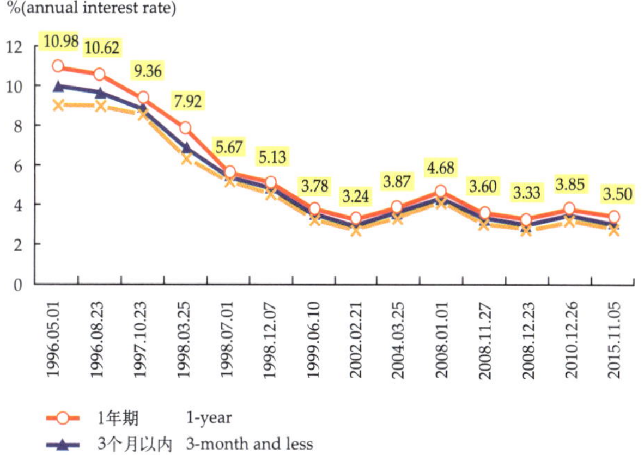

金融机构人民币存款基准利率
RMB deposit benchmark interest rates in financial institutions

单位：年利率%
Unit: annual interest rate %

日期 Date	活期 Demand deposits	定期 Time deposits					
		3个月 3-month	6个月 6-month	1年 1-year	2年 2-year	3年 3-year	5年 5-year
1990.04.15	2.88	6.30	7.74	10.08	10.98	11.88	13.68
1990.08.21	2.16	4.32	6.48	8.64	9.36	10.08	11.52
1991.04.21	1.80	3.24	5.40	7.56	7.92	8.28	9.00
1993.05.15	2.16	4.86	7.20	9.18	9.90	10.80	12.06
1993.07.11	3.15	6.66	9.00	10.98	11.70	12.24	13.86
1996.05.01	2.97	4.86	7.20	9.18	9.90	10.80	12.06
1996.08.23	1.98	3.33	5.40	7.47	7.92	8.28	9.00
1997.10.23	1.71	2.88	4.14	5.67	5.94	6.21	6.66
1998.03.25	1.71	2.88	4.14	5.22	5.58	6.21	6.66
1998.07.01	1.44	2.79	3.96	4.77	4.86	4.95	5.22
1998.12.07	1.44	2.79	3.33	3.78	3.96	4.14	4.50
1999.06.10	0.99	1.98	2.16	2.25	2.43	2.70	2.88
2002.02.21	0.72	1.71	1.89	1.98	2.25	2.52	2.79
2004.10.29	0.72	1.71	2.07	2.25	2.70	3.24	3.60
2006.08.19	0.72	1.80	2.25	2.52	3.06	3.69	4.14
2007.03.18	0.72	1.98	2.43	2.79	3.33	3.96	4.41
2007.05.19	0.72	2.07	2.61	3.06	3.69	4.41	4.95
2007.07.21	0.81	2.34	2.88	3.33	3.96	4.68	5.22
2007.08.22	0.81	2.61	3.15	3.60	4.23	4.95	5.49
2007.09.15	0.81	2.88	3.42	3.87	4.50	5.22	5.76
2007.12.21	0.72	3.33	3.78	4.14	4.68	5.40	5.85
2008.10.09	0.72	3.15	3.51	3.87	4.41	5.13	5.58
2008.10.30	0.72	2.88	3.24	3.60	4.14	4.77	5.13
2008.11.27	0.36	1.98	2.25	2.52	3.06	3.60	3.87
2008.12.23	0.36	1.71	1.98	2.25	2.79	3.33	3.60
2010.10.20	0.36	1.91	2.20	2.50	3.25	3.85	4.20
2010.12.26	0.36	2.25	2.50	2.75	3.55	4.15	4.55
2011.02.09	0.40	2.60	2.80	3.00	3.90	4.50	5.00
2011.04.06	0.50	2.85	3.05	3.25	4.15	4.75	5.25
2011.07.07	0.50	3.10	3.30	3.50	4.40	5.00	5.50
2012.06.08	0.40	2.85	3.05	3.25	4.10	4.65	5.10
2012.07.06	0.35	2.60	2.80	3.00	3.75	4.25	4.75
2014.11.22	0.35	2.35	2.55	2.75	3.35	4.00	—
2015.03.01	0.35	2.10	2.30	2.50	3.10	3.75	—
2015.05.11	0.35	1.85	2.05	2.25	2.85	3.50	—
2015.06.28	0.35	1.60	1.80	2.00	2.60	3.25	—
2015.08.26	0.35	1.35	1.55	1.75	2.35	3.00	—
2015.10.24	0.35	1.10	1.30	1.50	2.10	2.75	—

注：自2014年11月起，中国人民银行不再公布人民币5年期定期存款基准利率。
Note: Since November, 2014, the PBC stopped publishing the benchmark interest rate for 5-year RMB deposits.

人民币存款基准利率
RMB deposit benchmark interest rates

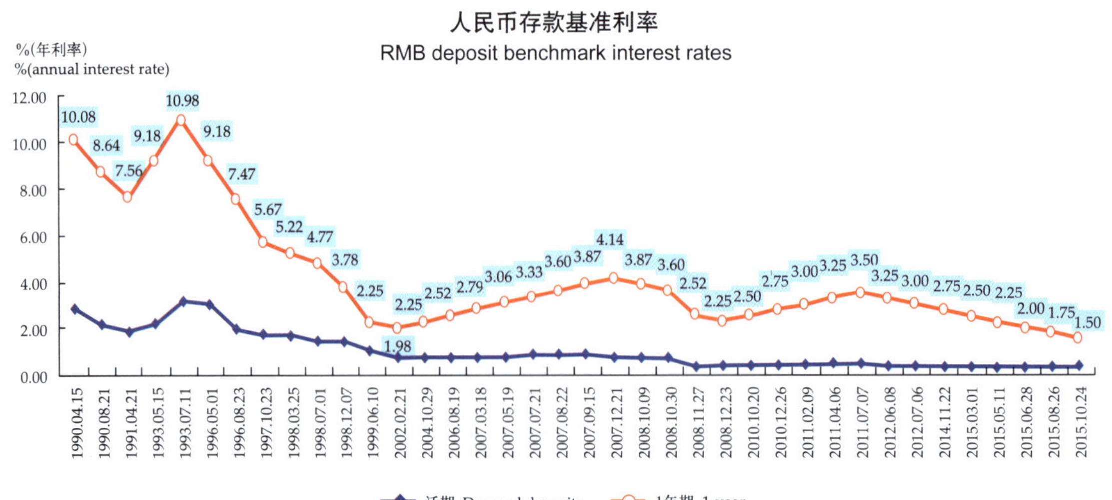

金融机构人民币贷款基准利率
RMB lending benchmark interest rates in financial institutions

单位：年利率%
Unit: annual interest rate %

日期 Date	短期贷款 Short-term loans		中长期贷款 Medium- and long-term loans		
	6个月以内(含6个月)① 6-month and less (including 6-month)[1]	6个月至1年(含1年)② 6-month to 1-year (including 1-year)[2]	1～3年(含3年) 1 to 3-year (including 3-year)	3～5年(含5年)③ 3 to 5-year (including 5-year)[3]	5年以上 More than 5-year
1991.04.21	8.10	8.64	9.00	9.54	9.72
1993.05.15	8.82	9.36	10.80	12.06	12.24
1993.07.11	9.00	10.98	12.24	13.86	14.04
1995.01.01	9.00	10.98	12.96	14.58	14.76
1995.07.01	10.08	12.06	13.50	15.12	15.30
1996.05.01	9.72	10.98	13.14	14.94	15.12
1996.08.23	9.18	10.08	10.98	11.70	12.42
1997.10.23	7.65	8.64	9.36	9.90	10.53
1998.03.25	7.02	7.92	9.00	9.72	10.35
1998.07.01	6.57	6.93	7.11	7.65	8.01
1998.12.07	6.12	6.39	6.66	7.20	7.56
1999.06.10	5.58	5.85	5.94	6.03	6.21
2002.02.21	5.04	5.31	5.49	5.58	5.76
2004.10.29	5.22	5.58	5.76	5.85	6.12
2006.04.28	5.40	5.85	6.03	6.12	6.39
2006.08.19	5.58	6.12	6.30	6.48	6.84
2007.03.18	5.67	6.39	6.57	6.75	7.11
2007.05.19	5.85	6.57	6.75	6.93	7.20
2007.07.21	6.03	6.84	7.02	7.20	7.38
2007.08.22	6.21	7.02	7.20	7.38	7.56
2007.09.15	6.48	7.29	7.47	7.65	7.83
2007.12.21	6.57	7.47	7.56	7.74	7.83
2008.09.16	6.21	7.20	7.29	7.56	7.74
2008.10.09	6.12	6.93	7.02	7.29	7.47
2008.10.30	6.03	6.66	6.75	7.02	7.20
2008.11.27	5.04	5.58	5.67	5.94	6.12
2008.12.23	4.86	5.31	5.40	5.76	5.94
2010.10.20	5.10	5.56	5.60	5.96	6.14
2010.12.26	5.35	5.81	5.85	6.22	6.40
2011.02.09	5.60	6.06	6.10	6.45	6.60
2011.04.06	5.85	6.31	6.40	6.65	6.80
2011.07.07	6.10	6.56	6.65	6.90	7.05
2012.06.08	5.85	6.31	6.40	6.65	6.80
2012.07.06	5.60	6.00	6.15	6.40	6.55
2014.11.22	—	5.60	—	6.00	6.15
2015.03.01	—	5.35	—	5.75	5.90
2015.05.11	—	5.10	—	5.50	5.65
2015.06.28	—	4.85	—	5.25	5.40
2015.08.26	—	4.60	—	5.00	5.15
2015.10.24	—	4.35	—	4.75	4.90

注：①自2014年11月起，中国人民银行将贷款基准利率期限档次简并为1年以内（含1年）、1～5年（含5年）和5年以上三个档次。
②2014年11月后为1年以内（含1年）。
③2014年11月后为1～5年（含5年）。

Notes: 1. Since November, 2014, the PBC simplified the term category of RMB benchmark lending rates, which thereafter included less than 1-year(including 1-year), 1 to 5-year (including 5-year), and more than 5-year.
2. Less than 1-year (including 1-year) after November, 2014.
3. 1 to 5-year (including 5-year) after November, 2014.

人民币贷款基准利率
RMB lending benchmark interest rates

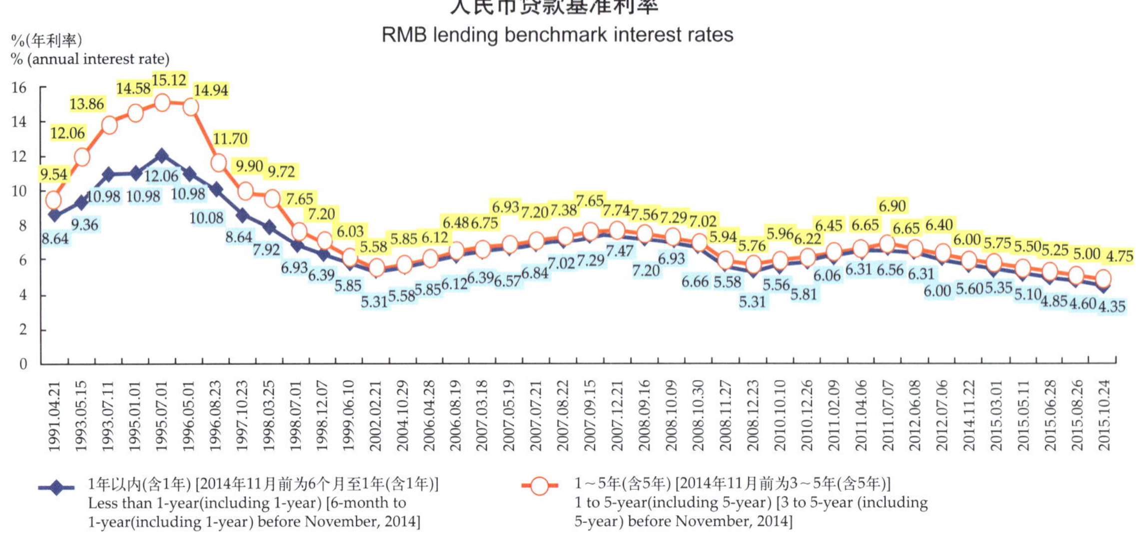

金融机构人民币贷款各利率区间占比表
Share of loans with floating rates in various ranges

单位：% Unit: %

年/月 Year/Month	下浮 Floating downward	基准 At benchmark	上浮 Floating upward					
			小计 Subtotal	(1.0, 1.1]	(1.1, 1.3]	(1.3, 1.5]	(1.5, 2.0]	2.0以上Above 2.0
2016.01	19.56	17.16	63.28	15.71	18.44	10.39	11.39	7.35
2016.02	21.92	16.92	61.16	15.06	17.08	9.55	11.71	7.76
2016.03	20.82	17.60	61.58	14.54	17.06	10.19	11.92	7.87
2016.04	21.99	16.27	61.74	13.88	16.73	10.45	12.53	8.15
2016.05	22.94	15.91	61.15	13.16	17.10	10.67	12.40	7.82
2016.06	24.06	17.80	58.14	13.57	16.24	10.13	11.40	6.80
2016.07	21.37	16.11	62.52	12.83	17.52	11.16	13.00	8.01
2016.08	21.46	15.77	62.77	12.95	17.61	11.07	13.27	7.87
2016.09	21.43	18.19	60.38	13.77	17.00	10.73	11.72	7.16
2016.10	22.94	16.89	60.17	13.01	16.17	10.82	12.20	7.98
2016.11	24.24	17.65	58.11	12.72	15.96	10.02	11.79	7.61
2016.12	28.22	19.05	52.73	13.04	14.93	8.44	10.02	6.29
2017.01	23.87	19.41	56.72	14.53	16.04	9.24	10.43	6.48
2017.02	27.64	18.55	53.81	15.12	15.14	8.17	9.12	6.27
2017.03	23.30	18.13	58.57	14.19	16.17	9.83	10.76	7.62
2017.04	21.41	17.71	60.88	15.23	17.60	9.75	10.83	7.46
2017.05	20.70	18.11	61.19	14.76	17.68	10.27	11.11	7.37
2017.06	16.13	19.47	64.39	15.12	19.06	11.77	11.45	6.99
2017.07	12.96	18.93	68.11	15.08	19.98	12.37	12.45	8.22
2017.08	13.44	17.85	68.72	15.04	19.14	12.88	12.99	8.67
2017.09	13.69	18.17	68.14	14.86	19.79	12.69	12.73	8.07
2017.10	13.63	17.88	68.49	14.55	19.68	12.42	13.00	8.84
2017.11	13.59	19.36	67.05	15.20	18.67	12.49	12.68	8.01
2017.12	14.28	21.31	64.41	14.50	18.07	11.33	12.68	7.84
2018.01	11.89	20.31	67.80	16.45	19.67	12.32	12.11	7.26
2018.02	12.50	18.83	68.67	15.98	18.66	12.88	12.65	8.50
2018.03	9.61	16.04	74.35	15.86	21.29	14.00	14.53	8.68
2018.04	10.38	15.15	74.47	36.89		14.13	14.72	8.73
2018.05	9.03	14.36	76.61	37.45		14.39	15.65	9.12
2018.06	9.93	14.83	75.24	36.55		14.10	16.32	8.27

注：*2012年8月以来统计数据的下浮区间为[0.7，1.0）。
Note: * The downward floating range for statistical data has been changed to [0.7,1.0) since August, 2012.

2018年第二季度金融机构人民币贷款各利率区间占比表
Share of loans with rates floating at various ranges in the second quarter of 2018

单位：%　Unit: %

	下浮 Floating downward	基准 At benchmark	上浮 Floating upward					
			小计 Subtotal	(1.0, 1.1]	(1.1, 1.3]	(1.3, 1.5]	(1.5, 2.0]	2.0以上 Above 2.0
四大国有商业银行 Four state-owned commercial banks	9.54	21.08	69.38	28.81	27.77	9.23	3.40	0.18
股份制商业银行 Joint-stock commercial banks	4.78	11.06	84.16	16.37	31.14	21.56	12.56	2.53
外资商业银行 Foreign commercial banks	16.95	15.65	67.40	24.66	31.76	8.78	1.73	0.47
城市商业银行 City commercial banks	1.73	7.16	91.12	7.65	19.99	21.29	26.09	16.10
农村合作金融机构 Rural cooperative financial institutions	1.02	6.56	92.42	4.73	11.43	16.18	34.52	25.56
政策性银行 Policy banks	31.43	36.97	31.60	23.33	7.94	0.29	0.03	0.01
合计 Total	9.79	14.78	75.43	15.80	21.13	14.20	15.62	8.67

大额美元存款与美元贷款平均利率表
Average interest rates of large-value dollar deposits and loans

单位：% Unit: %

年/月 Year/ Month	大额存款 Large-value deposits						贷款 Loans				
	活期 Demand	3个月以内 Within 3 months	3(含)～6个月 3~6 months (including 3 months)	6(含)～12个月 6~12 months (including 6 months)	1年 1 year	1年以上 Above 1 year	3个月以内 Within 3 months	3(含)～6个月 3~6 months (including 3 months)	6(含)～12个月 6~12 months (including 6 months)	1年 1 year	1年以上 Above 1 year
2016.01	0.24	0.65	1.20	1.37	1.64	1.55	1.50	2.15	1.94	2.07	3.30
2016.02	0.22	0.62	1.11	1.25	1.44	1.40	1.47	1.99	1.84	1.99	4.14
2016.03	0.20	0.68	1.13	1.27	1.50	1.60	1.48	1.85	3.08	2.28	3.32
2016.04	0.23	0.81	0.96	1.39	1.52	1.53	1.48	2.02	1.81	1.97	3.50
2016.05	0.24	0.76	1.12	1.31	1.59	1.38	1.52	1.94	1.85	1.86	3.11
2016.06	0.18	0.67	1.23	1.51	1.62	1.41	1.62	1.84	1.76	2.29	3.45
2016.07	0.21	0.76	1.13	1.46	1.67	1.61	1.62	2.07	1.89	2.04	2.87
2016.08	0.21	0.79	1.24	1.63	1.76	1.79	1.74	2.23	2.02	2.14	3.26
2016.09	0.18	0.69	1.36	1.60	1.76	1.81	1.78	2.11	1.83	2.03	3.41
2016.10	0.18	0.74	1.11	1.51	1.66	1.73	1.72	2.26	1.93	2.16	3.31
2016.11	0.17	0.76	1.25	1.51	1.76	1.91	1.75	2.24	2.31	2.40	3.63
2016.12	0.14	0.88	1.50	1.80	1.79	1.95	1.89	2.26	2.61	2.46	3.69
2017.01	0.20	1.05	1.59	1.88	2.03	2.19	2.03	2.32	2.19	2.21	3.80
2017.02	0.20	1.05	1.57	1.89	2.13	2.24	1.95	2.30	2.02	2.28	4.07
2017.03	0.22	1.14	1.68	2.01	2.25	2.24	2.17	2.32	2.26	2.38	3.90
2017.04	0.25	1.22	1.59	2.02	2.14	2.25	2.31	2.45	2.42	2.55	3.22
2017.05	0.22	1.39	1.73	2.51	2.09	2.25	2.67	2.77	2.61	2.58	3.48
2017.06	0.22	1.41	1.93	2.02	2.35	1.87	2.43	2.45	2.71	2.46	3.50
2017.07	0.19	1.50	1.93	2.18	2.30	2.28	2.55	2.70	2.89	2.57	3.53
2017.08	0.21	1.46	1.95	2.05	2.28	2.61	2.45	2.67	2.79	2.89	3.92
2017.09	0.20	1.55	1.97	2.30	2.35	2.26	2.48	2.69	2.54	3.07	3.85
2017.10	0.20	1.50	1.96	2.25	2.47	2.37	2.53	2.88	2.68	2.96	3.84
2017.11	0.22	1.49	2.11	3.01	2.56	2.39	2.56	2.91	2.95	2.87	4.15
2017.12	0.20	1.70	2.23	2.44	2.58	2.60	2.67	2.99	2.96	3.27	3.98
2018.01	0.19	1.79	2.37	2.61	2.77	2.87	2.72	3.10	2.84	3.04	4.48
2018.02	0.18	1.82	2.39	2.70	2.97	2.81	2.79	3.28	2.95	3.21	4.11
2018.03	0.30	1.92	2.70	3.09	3.28	3.33	3.17	3.42	3.21	3.73	4.23
2018.04	0.31	2.00	2.90	3.21	2.82	3.26	3.28	3.63	3.39	3.67	4.99
2018.05	0.32	2.06	3.30	3.45	3.31	3.23	3.30	3.60	3.49	3.60	4.60
2018.06	0.33	2.15	2.95	2.95	3.40	3.43	3.35	3.61	3.55	3.67	4.32

八、金融市场
8. Financial Market

1.货币市场
(1) Money market

银行间市场交易量
Transaction volume in the inter-bank market

单位：万亿元
Unit: RMB1 trillion

年 Year	债券回购 Repurchasing	同业拆借 Inter-bank borrowing	现券买卖 Outright transactions
2000	1.6	0.7	0.1
2001	4.0	0.8	0.1
2002	10.2	1.2	0.4
2003	11.7	2.4	3.1
2004	9.4	1.5	2.5
2005	15.9	1.3	6.0
2006	26.6	2.2	10.2
2007	44.8	10.6	15.6
2008	58.1	15.0	37.1
2009	70.3	19.4	47.3
2010	87.6	27.9	64.0
2011	99.5	33.4	63.6
2012	141.7	46.7	75.2
2013	158.2	35.5	41.6
2014	224.4	37.7	40.4
2015	457.8	64.2	86.7
2016	601.3	95.9	127.1
2017	616.4	79.0	102.8

银行间市场月加权平均利率
Monthly weighted average interest rates in the inter-bank market

单位：%　Unit: %

年/月 Year/Month	同业拆借市场 Inter-bank borrowing market	质押式债券回购 Bond-pledged repurchasing
2016.07	2.12	2.09
2016.08	2.13	2.12
2016.09	2.25	2.28
2016.10	2.30	2.35
2016.11	2.33	2.38
2016.12	2.44	2.56
2017.01	2.36	2.48
2017.02	2.47	2.61
2017.03	2.62	2.84
2017.04	2.65	2.80
2017.05	2.88	2.92
2017.06	2.94	3.03
2017.07	2.82	2.90
2017.08	2.96	3.09
2017.09	2.92	3.07
2017.10	2.82	2.91
2017.11	2.92	3.00
2017.12	2.91	3.11
2018.01	2.78	2.88
2018.02	2.73	2.87
2018.03	2.74	2.90
2018.04	2.81	3.10
2018.05	2.72	2.82
2018.06	2.73	2.89

银行间市场交易量
Transaction volume in the inter-bank market

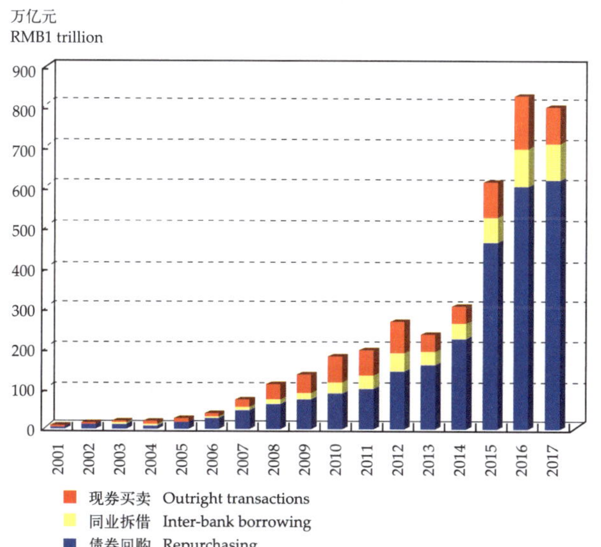

银行间市场月加权平均利率
Monthly weighted average interest rates in the inter-bank market

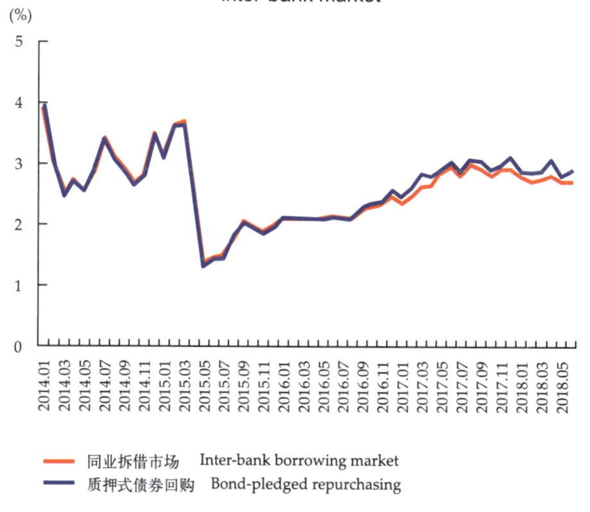

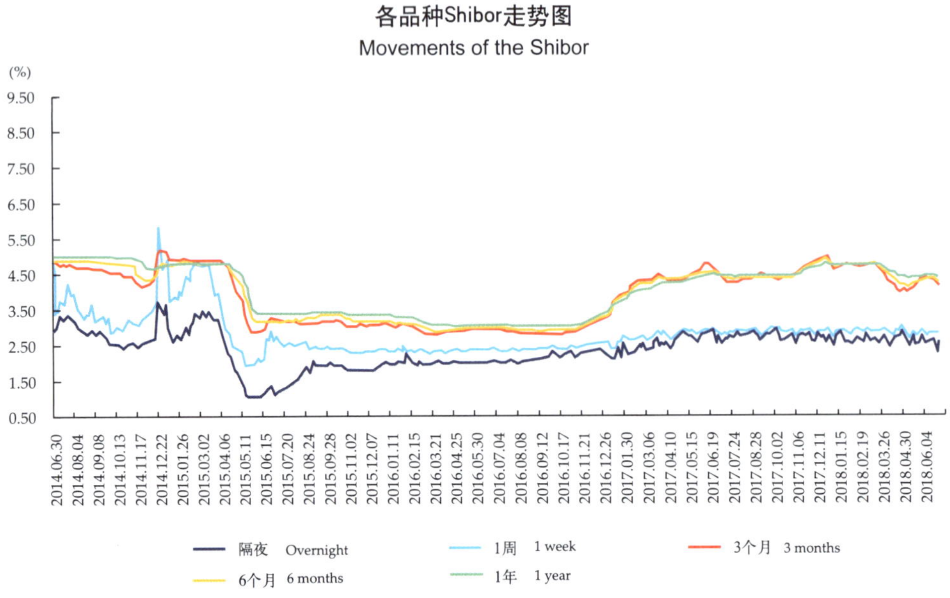

全国银行间同业拆借各期限当月交易量及月加权平均利率
Monthly transaction volume and monthly weighted average interest rates of inter-bank borrowing with different maturities

单位：亿元、%
Unit: RMB100 million, %

年/月 Year/Month	1天 1 day		7天 7 days		14天 14 days		21天 21 days		1个月 1 month		2个月 2 months		3个月 3 months		4个月 4 months		6个月 6 months		9个月 9 months		1年 1 year	
	交易量 Volume	利率 Rate	交易量 Volume	利率 Rate	交易量 Volume	利率 Rate	交易量 Volume	利率 Rate	交易量 Volume	利率 Rate	交易量 Volume	利率 Rate	交易量 Volume	利率 Rate	交易量 Volume	利率 Rate	交易量 Volume	利率 Rate	交易量 Volume	利率 Rate	交易量 Volume	利率 Rate
2016.07	92 190	2.07	9 286	2.46	386	2.67	105	2.83	357	2.76	96	2.88	117	3.16	12	2.94	15	3.17	4	3.23	3	3.13
2016.08	94 385	2.08	11 259	2.47	762	2.64	209	2.57	330	2.63	142	2.84	142	3.10	11	3.01	20	3.03	—	—	7	3.41
2016.09	67 417	2.16	10 116	2.52	3 155	2.70	551	2.88	469	2.97	417	2.91	491	2.95	67	3.01	38	3.11	1	3.30	7	3.23
2016.10	46 834	2.24	6 202	2.58	803	2.74	264	2.95	444	2.91	238	2.99	362	2.98	41	3.06	52	3.16	4	3.19	4	3.19
2016.11	75 014	2.29	6 409	2.65	885	2.77	285	2.98	133	3.03	60	3.24	373	3.26	53	3.17	176	3.16	225	3.12	208	3.27
2016.12	64 399	2.34	8 280	2.76	1 146	3.13	281	4.52	447	3.84	531	4.22	162	4.09	12	3.96	22	4.74	—	—	66	4.55
2017.01	50 192	2.22	6 982	2.71	1 814	3.15	588	3.81	687	3.69	428	4.22	199	4.23	34	4.26	51	4.35	1	4.25	90	4.67
2017.02	62 629	2.38	5 150	2.93	904	3.30	194	3.68	316	4.15	271	4.34	189	4.51	203	4.47	20	4.53	15	4.31	14	4.60
2017.03	67 691	2.51	6 244	3.16	1 026	3.53	140	4.20	421	4.39	930	4.51	133	4.87	18	4.64	23	4.63	10	4.65	25	4.64
2017.04	53 821	2.56	4 989	3.18	761	3.41	63	4.03	466	4.13	447	4.35	129	4.55	11	4.62	39	4.43	11	4.67	31	4.78
2017.05	47 751	2.79	6 267	3.24	729	3.83	38	4.20	270	4.13	229	4.67	175	4.86	11	4.70	20	4.96	9	4.97	17	4.36
2017.06	55 703	2.85	6 910	3.30	661	3.92	64	4.50	365	4.91	224	5.11	249	5.14	24	5.09	33	4.91	10	5.20	42	5.26
2017.07	48 944	2.73	6 593	3.26	444	3.80	69	4.13	365	3.89	207	4.20	158	4.57	11	4.46	36	4.55	14	4.81	30	4.89
2017.08	54 286	2.88	6 633	3.41	613	3.96	46	3.93	392	3.67	247	4.24	156	4.66	32	4.47	26	4.71	11	4.86	19	4.85
2017.09	59 760	2.78	7 094	3.50	1 736	4.07	219	4.18	294	4.19	437	4.73	100	4.93	4	4.89	12	4.87	6	5.01	15	5.34
2017.10	47 104	2.71	6 327	3.36	416	4.02	22	4.25	216	4.16	449	4.44	206	4.81	58	4.57	22	4.89	3	5.01	12	5.04
2017.11	63 922	2.79	7 995	3.44	807	3.99	580	4.10	570	4.03	448	4.70	286	5.18	24	5.12	81	4.86	9	5.08	8	4.86
2017.12	68 003	2.71	9 337	3.46	2 838	4.18	1 103	4.03	716	4.80	747	5.22	200	5.59	46	5.31	14	5.29	5	5.27	28	5.32
2018.01	93 171	2.69	10 728	3.17	1 060	3.89	226	4.23	264	4.32	347	4.78	232	5.18	90	5.03	77	5.20	18	5.23	71	5.34
2018.02	73 939	2.61	7 741	3.26	1 509	3.96	319	4.16	309	4.11	445	4.43	243	4.88	82	5.05	45	5.17	37	5.26	41	5.46
2018.03	103 998	2.66	8 921	3.39	771	4.00	115	4.68	246	4.48	296	4.75	238	5.42	32	5.10	99	5.25	52	5.23	56	5.45
2018.04	73 557	2.67	8 430	3.57	487	4.05	116	4.34	412	3.95	289	4.18	802	4.33	145	4.24	133	4.52	33	4.85	45	5.14
2018.05	105 699	2.63	8 950	3.31	711	3.73	180	3.96	984	3.78	349	4.21	431	4.51	12	4.73	38	4.70	36	4.69	104	4.86
2018.06	87 492	2.62	9 190	3.51	610	3.88	132	4.60	151	4.35	179	4.84	238	5.40	20	4.84	78	4.85	19	4.93	82	5.18

全国银行间同业拆借各期限月加权平均利率
Monthly weighted average interest rates of inter-bank borrowing with different maturities

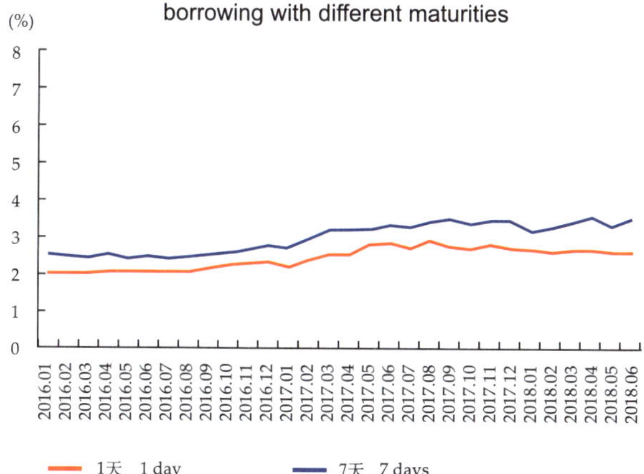

全国银行间同业拆借各期限当月交易量
Monthly transaction volume of inter-bank borrowing with different maturities

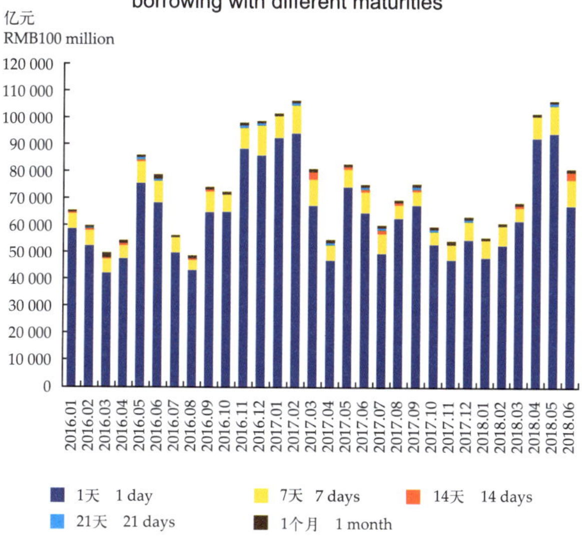

2. 债券市场
(2) Bond market

债券回购交易成交金额
Turnover of repurchasing

单位：亿元
Unit: RMB100 million

年/月 Year/Month	银行间债券市场 Inter-bank bond market	交易所 Stock exchanges
2016.07	592 092	221 504
2016.08	633 040	252 475
2016.09	509 930	223 245
2016.10	399 353	179 541
2016.11	503 548	230 851
2016.12	487 146	239 736
2017.01	363 049	181 480
2017.02	372 906	179 444
2017.03	523 764	226 438
2017.04	434 587	193 041
2017.05	489 018	231 671
2017.06	574 017	258 220
2017.07	538 507	244 525
2017.08	586 545	261 321
2017.09	604 380	224 596
2017.10	458 306	170 298
2017.11	612 262	218 731
2017.12	606 340	212 407
2018.01	578 129	218 587
2018.02	404 493	147 246
2018.03	612 286	218 515
2018.04	494 618	180 524
2018.05	579 504	215 901
2018.06	557 380	194 004

债券现券交易成交金额
Turnover of outright transactions

单位：亿元
Unit: RMB100 million

年/月 Year/Month	银行间债券市场 Inter-bank bond market	交易所 Stock exchanges
2016.07	115 310	4 694
2016.08	137 377	6 172
2016.09	111 870	4 277
2016.10	97 599	3 989
2016.11	122 806	5 559
2016.12	115 093	6 629
2017.01	53 830	3 581
2017.02	63 859	3 613
2017.03	89 692	4 732
2017.04	69 993	3 927
2017.05	76 416	4 753
2017.06	91 797	5 250
2017.07	91 649	4 451
2017.08	97 950	4 901
2017.09	101 985	4 373
2017.10	81 686	4 249
2017.11	106 248	6 009
2017.12	103 247	5 322
2018.01	92 379	5 729
2018.02	53 381	3 896
2018.03	98 548	6 278
2018.04	92 702	4 511
2018.05	116 037	5 126
2018.06	115 628	4 270

债券回购交易成交金额
Turnover of repurchasing

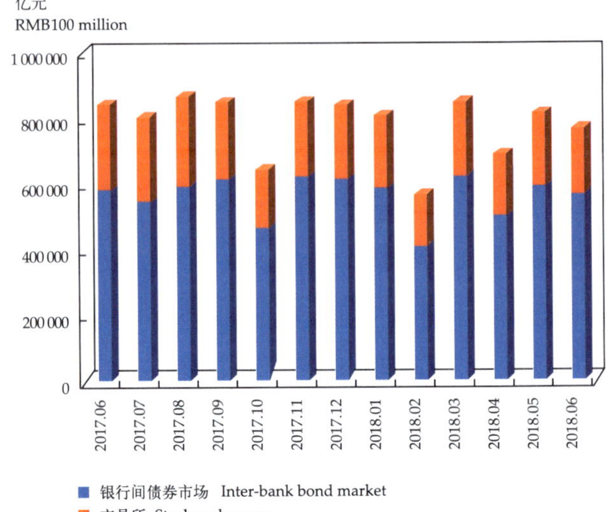

债券现券交易成交金额
Turnover of outright transactions

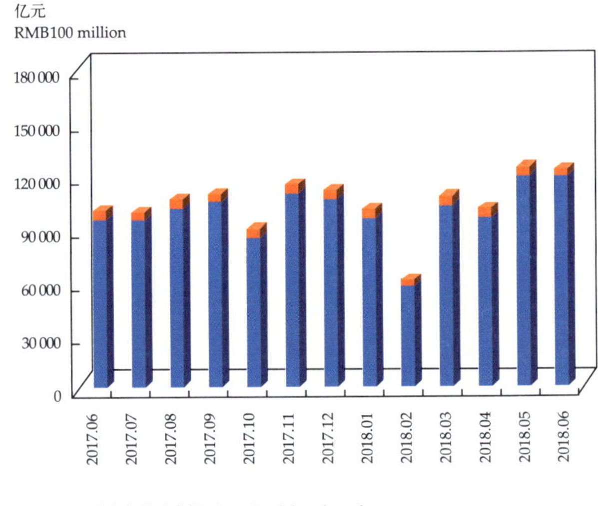

政府债券发行、兑付、期末余额
Issue and redemption values and end-period balance of government bonds

单位：亿元
Unit: RMB100 million

年/月 Year/Month	发行额 Issue value	兑付额 Redemption value	期末余额 End-period balance
2016.04	13 528	1 288	174 726
2016.05	8 383	980	182 038
2016.06	13 567	2 054	194 223
2016.07	7 177	2 244	198 964
2016.08	12 218	3 009	207 487
2016.09	6 101	1 503	213 814
2016.10	7 218	2 117	217 550
2016.11	6 255	1 097	223 841
2016.12	2 686	946	225 734
2017.01	1 360	731	226 400
2017.02	1 846	1 906	226 209
2017.03	6 497	2 380	229 439
2017.04	6 084	1 074	235 378
2017.05	8 408	1 898	241 883
2017.06	8 697	2 111	248 454
2017.07	11 479	2 006	257 926
2017.08	13 987	9 046	262 346
2017.09	7 317	2 434	267 832
2017.10	7 053	1 159	272 800
2017.11	8 013	2 047	278 779
2017.12	2 772	776	281 538
2018.01	1 900	1 665	281 544
2018.02	1 486	1 422	281 719
2018.03	4 009	2 387	283 535
2018.04	6 269	1 063	288 838
2018.05	7 002	3 593	291 566
2018.06	9 188	3 309	298 075

政府债券发行与兑付
Issue and redemption values of government bonds

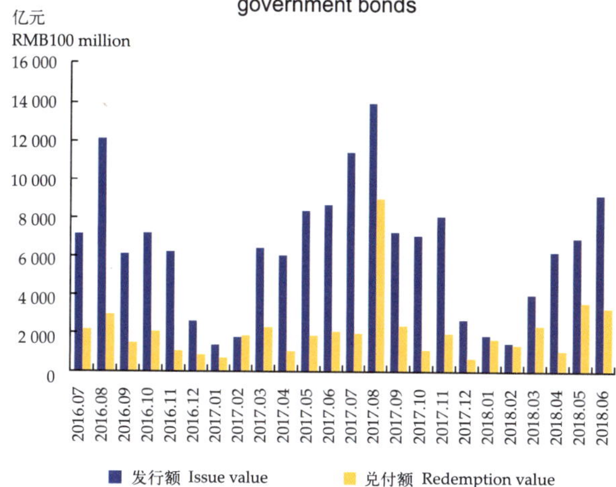

政府债券期末余额
Outstanding amounts of government bonds at end-period

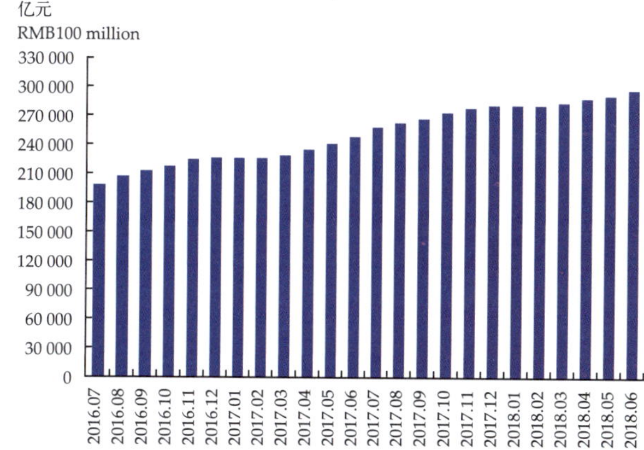

3. 股票市场
(3) Stock market

股票成交、发行筹资额
Turnover of stock trading and funds raised in the stock market

年/月 Year/Month		成交金额（亿元） Turnover of stock trading (RMB100 million)		A股筹资（亿元） A-shares capital raised (RMB100 million)					B股筹资（亿元） B-shares capital raised (RMB100 million)		H股筹资（亿元） H-shares capital raised (RMB100 million)	
		上海证券交易所A股 A-shares on the Shanghai Stock Exchange	深圳证券交易所A股 A-shares on the Shenzhen Stock Exchange	首次发行金额 Initial public offering	公开增发 Additional offering	定向增发（现金） Placement (Cash)	配股 Allotment	权证行权 Exercise warrant	首次发行金额 Initial public offering	再筹资金额 Refinancing	首次发行金额 Initial public offering	再筹资金额 Refinancing
2017	1	30 669	36 917	237.97	0.00	3 886.86	0.00	0.00	0.00	0.00	27.67	0.20
	2	37 916	42 835	125.17	0.00	664.95	0.00	0.00	0.00	0.00	0.00	1.22
	3	51 068	64 772	286.14	0.00	878.85	0.00	0.00	0.00	0.00	3.98	162.19
	4	42 394	49 617	180.30	0.00	967.98	48.52	0.00	0.00	0.00	163.11	0.00
	5	36 198	45 046	161.61	0.00	399.64	0.00	0.00	0.00	0.00	2.80	48.93
	6	36 656	48 039	171.33	0.00	526.45	39.42	0.00	0.00	0.00	73.30	0.00
	7	45 139	52 395	182.83	0.00	475.40	0.00	0.00	0.00	0.00	73.06	0.00
	8	55 474	62 113	168.39	0.00	895.18	32.99	0.00	0.00	0.00	0.00	13.15
	9	49 499	65 482	171.66	0.00	687.35	0.00	0.00	0.00	0.00	101.24	561.02
	10	34 108	45 199	167.67	0.00	917.07	0.00	0.00	0.00	0.00	3.45	246.71
	11	51 502	60 423	202.02	0.00	1 570.56	0.00	0.00	0.00	0.00	0.00	0.16
	12	36 593	43 595	127.06	0.00	1 000.89	356.63	0.00	0.00	0.00	38.66	308.34
2018	1	57 871	56 935	235.00	0.00	754.00	40.00	0.00	0.00	0.00	46.64	61.75
	2	32 703	31 634	112.00	0.00	237.00	30.00	0.00	0.00	0.00	0.00	0.00
	3	44 101	59 135	43.00	0.00	343.00	18.00	0.00	0.00	0.00	0.00	103.01
	4	33 837	48 510	76.00	0.00	448.00	47.00	0.00	0.00	0.00	0.57	3.01
	5	38 250	51 566	364.00	0.00	73.00	0.00	0.00	0.00	0.00	0.00	27.25
	6	31 155	38 614	92.00	0.00	193.00	5.00	0.00	0.00	0.00	64.49	0.00

月末加权平均市盈率
Weighted average price-earnings ratio at month-end

年/月 Year/Month	上海证券交易所A股 A-shares on the Shanghai Stock Exchange	上海证券交易所B股 B-shares on the Shanghai Stock Exchange	深圳证券交易所A股 A-shares on the Shenzhen Stock Exchange	深圳证券交易所B股 B-shares on the Shenzhen Stock Exchange
2016.07	14.8	28.0	40.1	11.2
2016.08	15.4	29.2	42.2	11.3
2016.09	15.1	29.5	41.7	11.5
2016.10	15.7	28.6	43.0	11.5
2016.11	16.6	29.1	44.4	11.5
2016.12	15.9	28.0	41.6	11.2
2017.01	16.3	27.9	40.9	11.0
2017.02	16.8	28.8	42.7	11.0
2017.03	16.9	27.5	40.4	10.5
2017.04	16.7	27.2	36.2	11.2
2017.05	16.5	21.1	34.3	10.8
2017.06	17.0	21.5	36.0	11.3
2017.07	17.5	22.1	35.7	11.5
2017.08	18.0	22.7	37.1	11.2
2017.09	18.0	23.8	38.0	11.7
2017.10	18.4	23.0	38.4	11.9
2017.11	18.1	22.5	36.6	10.9
2017.12	18.2	22.5	36.5	11.3
2018.01	19.2	22.8	36.3	11.6
2018.02	18.3	21.7	34.7	11.3
2018.03	17.8	21.6	33.2	11.3
2018.04	17.3	21.0	28.2	7.9
2018.05	15.2	12.1	27.8	7.9
2018.06	14.1	11.5	25.3	7.5

股票成交金额
Turnover of stock trading

亿元
RMB100 million

■ 上海证券交易所A股　A-shares on the Shanghai Stock Exchange
■ 深圳证券交易所A股　A-shares on the Shenzhen Stock Exchange

月末加权平均市盈率
Weighted average price-earnings ratio at month-end

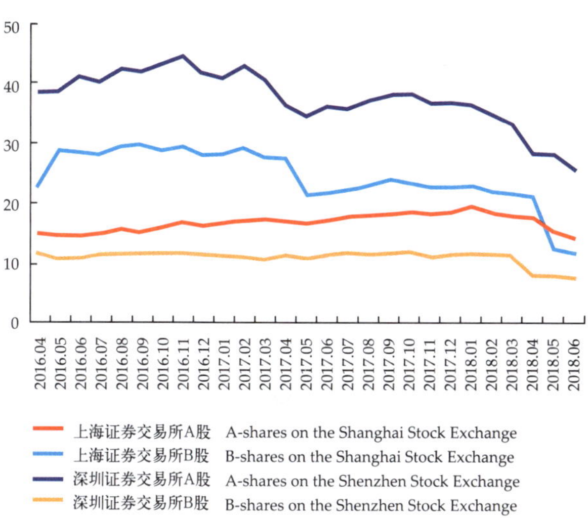

月末收盘指数
Closing index at month-end

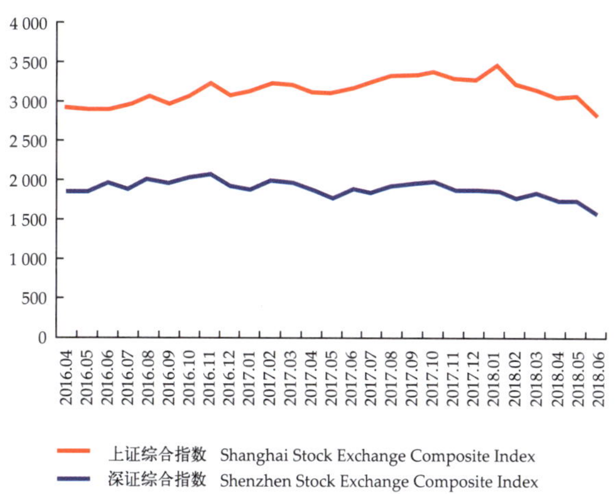

4.票据市场
(4) Commercial paper market

票据市场交易额与期末余额
Transactions and outstanding balance of commercial paper market

单位：亿元
Unit: RMB100 million

年/月 Year/Month	商业汇票 Drafts	贴现 Discount bills	再贴现 Rediscount bills
发生额 Transactions during the period			
2016.07	13 116	64 541	333
2016.08	13 648	64 993	289
2016.09	15 005	53 619	315
2016.10	13 513	39 877	255
2016.11	14 482	40 116	317
2016.12	16 492	63 602	411
2017.01	13 261	40 386	253
2017.02	27 505	34 840	279
2017.03	14 928	46 113	416
2017.04	12 294	38 573	320
2017.05	13 044	40 618	343
2017.06	13 760	23 226	434
2017.07	11 536	29 658	285
2017.08	11 426	29 386	386
2017.09	13 992	28 893	392
2017.10	10 147	29 721	394
2017.11	13 727	29 721	481
2017.12	13 893	31 692	530
2018.01	14 538	27 401	385
2018.02	9 896	20 121	320
2018.03	16 007	23 512	541
2018.04	11 424	24 117	464
2018.05	12 187	20 341	534
2018.06	12 923	23 038	388
期末余额 Outstanding balance at the end of the period			
2016.07	93 856	53 495	1 172
2016.08	95 634	55 729	1 188
2016.09	94 860	57 152	1 138
2016.10	92 653	58 249	1 088
2016.11	93 248	57 240	1 085
2016.12	90 259	54 710	1 165
2017.01	91 920	50 188	1 116
2017.02	88 602	47 770	1 109
2017.03	88 400	43 877	1 224
2017.04	88 417	41 895	1 255
2017.05	84 618	40 426	1 298
2017.06	82 756	38 828	1 402
2017.07	81 030	37 166	1 418
2017.08	79 200	37 485	1 478
2017.09	81 281	37 463	1 504
2017.10	81 135	37 085	1 611
2017.11	79 729	37 470	1 699
2017.12	81 715	38 873	1 829
2018.01	82 680	39 207	1 829
2018.02	83 075	38 432	1 815
2018.03	84 993	38 313	1 894
2018.04	84 325	38 336	1 875
2018.05	85 111	39 783	1 955
2018.06	85 327	42 730	1 901

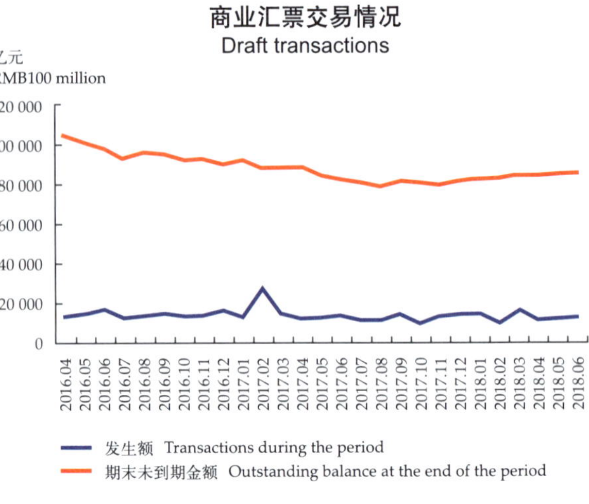

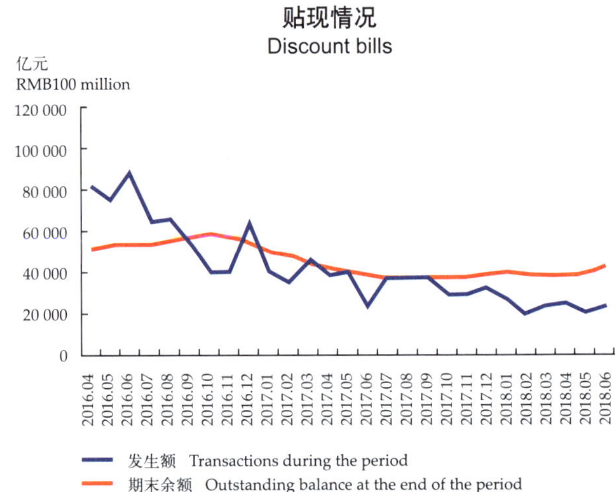

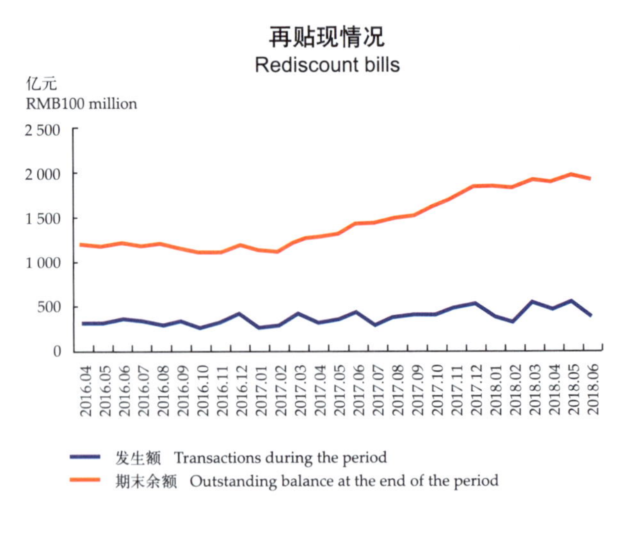

5.外汇市场
(5) Foreign exchange market

世界主要货币兑人民币月平均汇率
Monthly average exchange rate of the RMB against major foreign currencies

年/月 Year/Month	人民币/美元 RMB/USD	人民币/欧元 RMB/EUR	人民币/100日元 RMB/JPY100	人民币/港元 RMB/HKD	卢布/人民币 RUB/RMB
2016.07	6.6774	7.3847	6.4183	0.8608	9.6257
2016.08	6.6474	7.4487	6.5633	0.8571	9.7792
2016.09	6.6715	7.4774	6.5509	0.8601	9.6566
2016.10	6.7442	7.4059	6.4842	0.8694	9.2904
2016.11	6.8375	7.3851	6.3266	0.8816	9.4173
2016.12	6.9182	7.2925	5.9692	0.8916	8.9694
2017.01	6.8918	7.3179	5.9939	0.8886	8.6881
2017.02	6.8713	7.3085	6.0788	0.8855	8.4799
2017.03	6.8932	7.3668	6.1043	0.8876	8.4025
2017.04	6.8845	7.3829	6.2655	0.8856	8.1998
2017.05	6.8827	7.6042	6.1331	0.8840	8.2929
2017.06	6.8019	7.6389	6.1367	0.8723	8.5123
2017.07	6.7654	7.7898	6.0174	0.8664	8.8057
2017.08	6.6736	7.8855	6.0762	0.8533	8.9183
2017.09	6.5634	7.8143	5.9272	0.8400	8.7937
2017.10	6.6154	7.7845	5.8592	0.8477	8.7171
2017.11	6.6186	7.7643	5.8643	0.8480	8.9063
2017.12	6.5942	7.8019	5.8373	0.8440	8.8873
2018.01	6.4364	7.8414	5.7951	0.8231	8.8101
2018.02	6.3162	7.7866	5.8235	0.8075	9.0202
2018.03	6.3220	7.7975	5.9612	0.8063	9.0319
2018.04	6.2975	7.7417	5.8603	0.8024	9.6695
2018.05	6.3758	7.5344	5.8097	0.8123	9.7806
2018.06	6.4556	7.5397	5.8698	0.8227	9.7217

世界主要货币兑人民币期末汇率
Exchange rate of the RMB against major foreign currencies at the end of the period

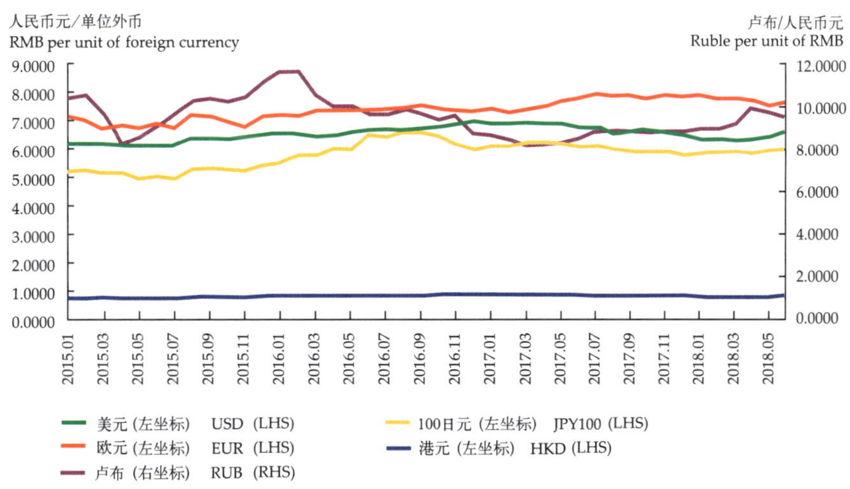

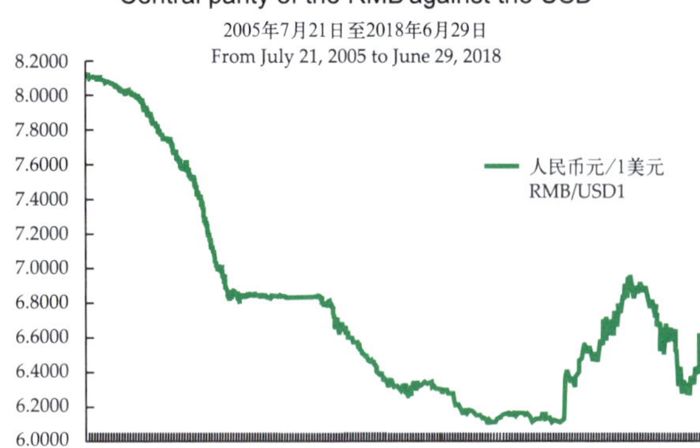
人民币/美元中间价
Central parity of the RMB against the USD
2005年7月21日至2018年6月29日
From July 21, 2005 to June 29, 2018
8.2000
8.0000
7.8000
7.6000
7.4000
7.2000
7.0000
6.8000
6.6000
6.4000
6.2000
6.0000
人民币元/1美元
RMB/USD1

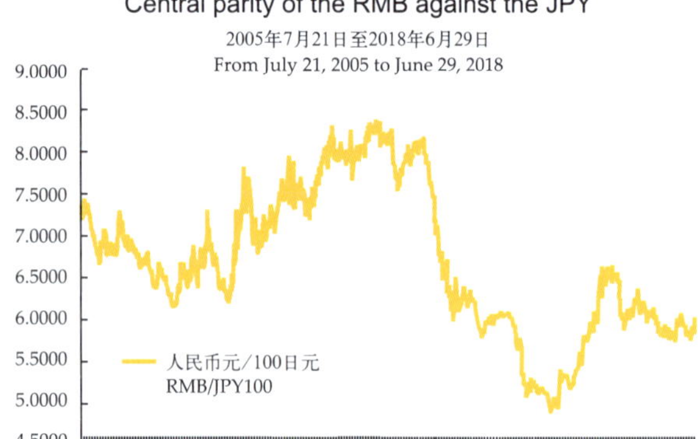
人民币/日元中间价
Central parity of the RMB against the JPY
2005年7月21日至2018年6月29日
From July 21, 2005 to June 29, 2018
9.0000
8.5000
8.0000
7.5000
7.0000
6.5000
6.0000
5.5000
5.0000
4.5000
人民币元/100日元
RMB/JPY100

人民币/欧元中间价
Central parity of the RMB against the EUR
2005年7月21日至2018年6月29日
From July 21, 2005 to June 29, 2018
12.0000
11.0000
10.0000
9.0000
8.0000
7.0000
6.0000
人民币元/1欧元
RMB/EUR1

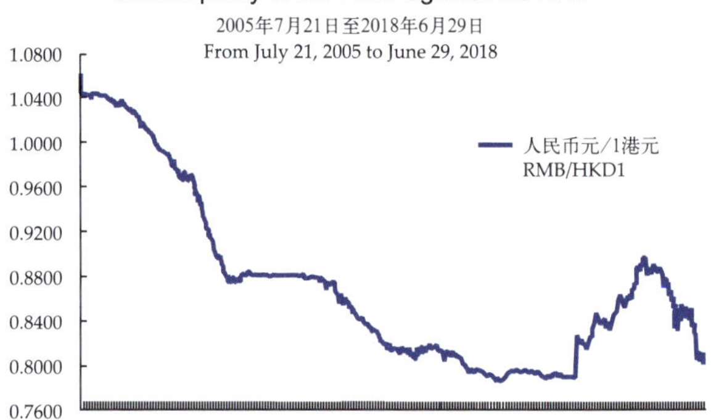
人民币/港元中间价
Central parity of the RMB against the HKD
2005年7月21日至2018年6月29日
From July 21, 2005 to June 29, 2018
1.0800
1.0400
1.0000
0.9600
0.9200
0.8800
0.8400
0.8000
0.7600
人民币元/1港元
RMB/HKD1

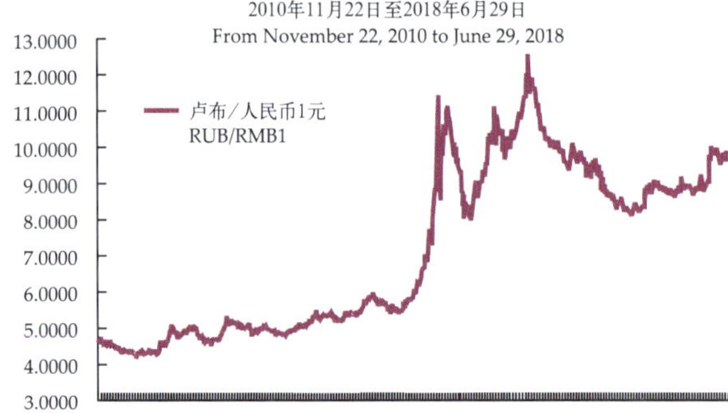
卢布/人民币中间价
Central parity of the RUB against the RMB
2010年11月22日至2018年6月29日
From November 22, 2010 to June 29, 2018
13.0000
12.0000
11.0000
10.0000
9.0000
8.0000
7.0000
6.0000
5.0000
4.0000
3.0000
卢布/人民币1元
RUB/RMB1

2018年1月2日以来人民币汇率中间价

Central parity of RMB against major foreign currencies
Since January 2, 2018

日期 Date	人民币/美元 RMB/USD	人民币/欧元 RMB/EUR	人民币/100日元 RMB/JPY100	人民币/港元 RMB/HKD	卢布/人民币 RUB/RMB
2018.01.02	6.5079	7.8198	5.7730	0.8323	8.8633
2018.01.03	6.4920	7.8326	5.7849	0.8306	8.8525
2018.01.04	6.5043	7.8096	5.7748	0.8320	8.7922
2018.01.05	6.4915	7.8365	5.7565	0.8303	8.7806
2018.01.08	6.4832	7.8058	5.7308	0.8291	8.7819
2018.01.09	6.4968	7.7746	5.7409	0.8305	8.7890
2018.01.10	6.5207	7.7770	5.7863	0.8338	8.7165
2018.01.11	6.5147	7.7882	5.8510	0.8327	8.7614
2018.01.12	6.4932	7.8231	5.8375	0.8300	8.7043
2018.01.15	6.4574	7.8717	5.8145	0.8254	8.7738
2018.01.16	6.4372	7.8957	5.8193	0.8227	8.7584
2018.01.17	6.4335	7.8933	5.8293	0.8223	8.7781
2018.01.18	6.4401	7.8482	5.7854	0.8240	8.8352
2018.01.19	6.4169	7.8574	5.7812	0.8207	8.8097
2018.01.22	6.4112	7.8529	5.7888	0.8201	8.8426
2018.01.23	6.4009	7.8476	5.7680	0.8186	8.8253
2018.01.24	6.3916	7.8630	5.7979	0.8175	8.8140
2018.01.25	6.3724	7.8996	5.8320	0.8151	8.8290
2018.01.26	6.3436	7.8621	5.7881	0.8115	8.8319
2018.01.29	6.3267	7.8603	5.8212	0.8092	8.8887
2018.01.30	6.3312	7.8363	5.8100	0.8099	8.8883
2018.01.31	6.3339	7.8553	5.8216	0.8099	8.9051
2018.02.01	6.3045	7.8218	5.7667	0.8060	8.9231
2018.02.02	6.2885	7.8641	5.7452	0.8041	8.8904
2018.02.05	6.3019	7.8353	5.7215	0.8057	8.9827
2018.02.06	6.3072	7.8035	5.7720	0.8065	9.0975
2018.02.07	6.2882	7.7784	5.7323	0.8042	9.0536
2018.02.08	6.2822	7.7007	5.7446	0.8036	9.2014
2018.02.09	6.3194	7.7447	5.8192	0.8082	9.2267
2018.02.12	6.3001	7.7183	5.7935	0.8057	9.2630
2018.02.13	6.3247	7.7740	5.8159	0.8088	9.1426
2018.02.14	6.3428	7.8343	5.8850	0.8109	9.0896
2018.02.22	6.3530	7.7966	5.9040	0.8119	8.9373
2018.02.23	6.3482	7.8276	5.9465	0.8114	8.9024
2018.02.26	6.3378	7.7892	5.9225	0.8101	8.8742
2018.02.27	6.3146	7.7756	5.8963	0.8071	8.8141
2018.02.28	6.3294	7.7355	5.8872	0.8086	8.9051
2018.03.01	6.3352	7.7229	5.9413	0.8094	8.8971
2018.03.02	6.3334	7.7702	5.9655	0.8091	8.9523
2018.03.05	6.3431	7.8103	6.0088	0.8099	8.9536
2018.03.06	6.3386	7.8211	5.9651	0.8093	8.8939
2018.03.07	6.3294	7.8593	5.9931	0.8080	8.9949
2018.03.08	6.3239	7.8492	5.9602	0.8072	8.9846
2018.03.09	6.3451	7.8089	5.9641	0.8092	8.9952
2018.03.12	6.3333	7.7956	5.9244	0.8080	8.9559
2018.03.13	6.3218	7.8002	5.9459	0.8064	8.9913
2018.03.14	6.3205	7.8325	5.9352	0.8061	9.0294
2018.03.15	6.3141	7.8131	5.9446	0.8053	9.0455
2018.03.16	6.3340	7.7926	5.9589	0.8077	9.0835
2018.03.19	6.3320	7.7764	5.9751	0.8073	9.0787
2018.03.20	6.3246	7.8038	5.9672	0.8064	9.1327
2018.03.21	6.3396	7.7653	5.9519	0.8081	9.0788
2018.03.22	6.3167	7.8020	5.9626	0.8051	8.9996
2018.03.23	6.3272	7.7975	6.0361	0.8062	9.0595
2018.03.26	6.3193	7.8136	6.0297	0.8052	9.0485
2018.03.27	6.2816	7.8218	5.9540	0.8005	9.1222
2018.03.28	6.2785	7.7910	5.9559	0.8002	9.1330
2018.03.29	6.3046	7.7598	5.9011	0.8035	9.1648
2018.03.30	6.2881	7.7378	5.9066	0.8013	9.1061

2018年1月2日以来人民币汇率中间价
Central parity of RMB against major foreign currencies
Since January 2, 2018

续表

日期 Date	人民币/美元 RMB/USD	人民币/欧元 RMB/EUR	人民币/100日元 RMB/JPY100	人民币/港元 RMB/HKD	卢布/人民币 RUB/RMB
2018.04.02	6.2764	7.7299	5.9047	0.7997	9.1065
2018.04.03	6.2833	7.7274	5.9395	0.8006	9.1358
2018.04.04	6.2926	7.7206	5.9075	0.8017	9.1515
2018.04.09	6.3114	7.7412	5.9014	0.8041	9.2117
2018.04.10	6.3071	7.7731	5.9104	0.8035	9.6175
2018.04.11	6.2911	7.7766	5.8697	0.8015	10.0142
2018.04.12	6.2834	7.7716	5.8808	0.8005	9.9565
2018.04.13	6.2898	7.7498	5.8617	0.8013	9.8640
2018.04.16	6.2884	7.7522	5.8487	0.8011	9.9869
2018.04.17	6.2771	7.7700	5.8578	0.7997	9.7528
2018.04.18	6.2817	7.7682	5.8661	0.8002	9.7973
2018.04.19	6.2832	7.7757	5.8557	0.8005	9.6898
2018.04.20	6.2897	7.7611	5.8530	0.8014	9.7018
2018.04.23	6.3034	7.7359	5.8456	0.8035	9.7474
2018.04.24	6.3229	7.7132	5.8095	0.8062	9.7897
2018.04.25	6.3066	7.7144	5.7936	0.8037	9.7566
2018.04.26	6.3283	7.6985	5.7823	0.8065	9.8666
2018.04.27	6.3393	7.6714	5.7967	0.8079	9.9043
2018.05.02	6.3670	7.6274	5.7917	0.8111	9.9743
2018.05.03	6.3732	7.6149	5.8025	0.8120	10.0392
2018.05.04	6.3521	7.6137	5.8189	0.8092	9.9191
2018.05.07	6.3584	7.6047	5.8258	0.8101	9.8334
2018.05.08	6.3674	7.5932	5.8386	0.8112	9.8806
2018.05.09	6.3733	7.5601	5.8423	0.8119	9.9275
2018.05.10	6.3768	7.5557	5.8071	0.8124	9.9074
2018.05.11	6.3524	7.5685	5.8020	0.8093	9.7183
2018.05.14	6.3345	7.5703	5.7934	0.8070	9.7743
2018.05.15	6.3486	7.5711	5.7858	0.8088	9.7525
2018.05.16	6.3745	7.5352	5.7784	0.8121	9.7751
2018.05.17	6.3679	7.5220	5.7693	0.8112	9.6905
2018.05.18	6.3763	7.5188	5.7517	0.8123	9.7583
2018.05.21	6.3852	7.5070	5.7551	0.8134	9.7640
2018.05.22	6.3799	7.5202	5.7459	0.8129	9.6571
2018.05.23	6.3773	7.5130	5.7531	0.8124	9.6101
2018.05.24	6.3816	7.4717	5.8050	0.8132	9.6063
2018.05.25	6.3867	7.4830	5.8410	0.8139	9.6441
2018.05.28	6.3962	7.4753	5.8334	0.8153	9.7291
2018.05.29	6.4021	7.4425	5.8509	0.8161	9.7367
2018.05.30	6.4207	7.4074	5.9234	0.8184	9.7925
2018.05.31	6.4144	7.4814	5.8986	0.8175	9.6821
2018.06.01	6.4078	7.4961	5.8906	0.8167	9.7360
2018.06.04	6.4208	7.4890	5.8609	0.8184	9.6904
2018.06.05	6.4157	7.5058	5.8368	0.8176	9.6784
2018.06.06	6.4040	7.5072	5.8281	0.8161	9.6951
2018.06.07	6.3919	7.5316	5.8029	0.8146	9.6750
2018.06.08	6.4003	7.5496	5.8360	0.8158	9.7526
2018.06.11	6.4064	7.5446	5.8540	0.8165	9.7436
2018.06.12	6.4121	7.5423	5.8079	0.8172	9.7942
2018.06.13	6.4156	7.5351	5.8084	0.8176	9.8399
2018.06.14	6.3962	7.5459	5.8007	0.8151	9.7769
2018.06.15	6.4306	7.4379	5.8122	0.8193	9.7533
2018.06.19	6.4235	7.4668	5.8203	0.8184	9.8484
2018.06.20	6.4586	7.4985	5.8774	0.8228	9.8473
2018.06.21	6.4706	7.4897	5.8613	0.8249	9.8287
2018.06.22	6.4804	7.5206	5.8944	0.8261	9.8157
2018.06.25	6.4893	7.5666	5.9078	0.8271	9.7075
2018.06.26	6.5180	7.6323	5.9482	0.8306	9.6115
2018.06.27	6.5569	7.6441	5.9592	0.8354	9.5982
2018.06.28	6.5960	7.6389	5.9966	0.8404	9.5527
2018.06.29	6.6166	7.6515	5.9914	0.8431	9.4894

九、中央银行公开市场业务
9. Central Bank Open Market Operations

中央银行公开市场业务交易
Central bank open market operations

日期 Date		操作工具 Mode of transaction	招标方式 Mode of bidding	期限品种（天）Maturity (Day)	招标数量（亿元）Bidding amount (RMB100 million)	交易量（亿元）Transaction volume (RMB100 million)	中标利率（%）Interest rate of successful bidding(%)
2018.01.10	周三 Wednesday	逆回购 Repurchase	利率招标 Interest rate bidding	7天 7-day	600	600	2.5
2018.01.10	周三 Wednesday	逆回购 Repurchase	利率招标 Interest rate bidding	14天 14-day	600	600	2.65
2018.01.11	周四 Thursday	逆回购 Repurchase	利率招标 Interest rate bidding	7天 7-day	300	300	2.5
2018.01.11	周四 Thursday	逆回购 Repurchase	利率招标 Interest rate bidding	14天 14-day	300	300	2.65
2018.01.12	周五 Friday	逆回购 Repurchase	利率招标 Interest rate bidding	7天 7-day	1 400	1 400	2.5
2018.01.12	周五 Friday	逆回购 Repurchase	利率招标 Interest rate bidding	14天 14-day	1 300	1 300	2.65
2018.01.15	周一 Monday	逆回购 Repurchase	利率招标 Interest rate bidding	7天 7-day	800	800	2.5
2018.01.15	周一 Monday	逆回购 Repurchase	利率招标 Interest rate bidding	14天 14-day	700	700	2.65
2018.01.16	周二 Tuesday	逆回购 Repurchase	利率招标 Interest rate bidding	7天 7-day	1 600	1 600	2.5
2018.01.16	周二 Tuesday	逆回购 Repurchase	利率招标 Interest rate bidding	14天 14-day	1 500	1 500	2.65
2018.01.16	周二 Tuesday	逆回购 Repurchase	利率招标 Interest rate bidding	63天 63-day	100	100	2.95
2018.01.17	周三 Wednesday	逆回购 Repurchase	利率招标 Interest rate bidding	7天 7-day	1 000	1 000	2.5
2018.01.17	周三 Wednesday	逆回购 Repurchase	利率招标 Interest rate bidding	14天 14-day	900	900	2.65
2018.01.17	周三 Wednesday	逆回购 Repurchase	利率招标 Interest rate bidding	63天 63-day	100	100	2.95
2018.01.18	周四 Thursday	逆回购 Repurchase	利率招标 Interest rate bidding	7天 7-day	800	800	2.5
2018.01.18	周四 Thursday	逆回购 Repurchase	利率招标 Interest rate bidding	14天 14-day	700	700	2.65

中央银行公开市场业务交易
Central bank open market operations

续表

日期 Date		操作工具 Mode of transaction	招标方式 Mode of bidding	期限品种（天） Maturity (Day)	招标数量（亿元） Bidding amount (RMB100 million)	交易量（亿元） Transaction volume (RMB100 million)	中标利率（%） Interest rate of successful bidding(%)
2018.01.18	周四 Thursday	逆回购 Repurchase	利率招标 Interest rate bidding	63天 63-day	100	100	2.95
2018.01.19	周五 Friday	逆回购 Repurchase	利率招标 Interest rate bidding	7天 7-day	1 300	1 300	2.5
2018.01.19	周五 Friday	逆回购 Repurchase	利率招标 Interest rate bidding	14天 14-day	900	900	2.65
2018.01.19	周五 Friday	逆回购 Repurchase	利率招标 Interest rate bidding	63天 63-day	100	100	2.95
2018.01.22	周一 Monday	逆回购 Repurchase	利率招标 Interest rate bidding	7天 7-day	600	600	2.5
2018.01.22	周一 Monday	逆回购 Repurchase	利率招标 Interest rate bidding	14天 14-day	400	400	2.65
2018.01.22	周一 Monday	逆回购 Repurchase	利率招标 Interest rate bidding	63天 63-day	100	100	2.95
2018.01.23	周二 Tuesday	逆回购 Repurchase	利率招标 Interest rate bidding	7天 7-day	800	800	2.5
2018.01.23	周二 Tuesday	逆回购 Repurchase	利率招标 Interest rate bidding	14天 14-day	800	800	2.65
2018.01.23	周二 Tuesday	逆回购 Repurchase	利率招标 Interest rate bidding	63天 63-day	100	100	2.95
2018.01.24	周三 Wednesday	逆回购 Repurchase	利率招标 Interest rate bidding	7天 6-day	1 100	1 100	2.5
2018.01.24	周三 Wednesday	逆回购 Repurchase	利率招标 Interest rate bidding	14天 14-day	1 000	1 000	2.65
2018.01.24	周三 Wednesday	逆回购 Repurchase	利率招标 Interest rate bidding	63天 63-day	100	100	2.95
2018.02.22	周四 Thursday	逆回购 Repurchase	利率招标 Interest rate bidding	7天 7-day	1 600	1 600	2.5
2018.02.22	周四 Thursday	逆回购 Repurchase	利率招标 Interest rate bidding	28天 28-day	1 300	1 300	2.8
2018.02.22	周四 Thursday	逆回购 Repurchase	利率招标 Interest rate bidding	63天 63-day	600	600	2.95
2018.02.23	周五 Friday	逆回购 Repurchase	利率招标 Interest rate bidding	7天 7-day	1 100	1 100	2.5
2018.02.23	周五 Friday	逆回购 Repurchase	利率招标 Interest rate bidding	28天 28-day	800	800	2.8

中央银行公开市场业务交易
Central bank open market operations

续表

日期 Date		操作工具 Mode of transaction	招标方式 Mode of bidding	期限品种（天） Maturity (Day)	招标数量（亿元） Bidding amount (RMB100 million)	交易量（亿元） Transaction volume (RMB100 million)	中标利率（%） Interest rate of successful bidding(%)
2018.02.23	周五 Friday	逆回购 Repurchase	利率招标 Interest rate bidding	63天 63-day	400	400	2.95
2018.02.26	周一 Monday	逆回购 Repurchase	利率招标 Interest rate bidding	7天 7-day	1 000	1 000	2.5
2018.02.26	周一 Monday	逆回购 Repurchase	利率招标 Interest rate bidding	28天 28-day	300	300	2.8
2018.02.26	周一 Monday	逆回购 Repurchase	利率招标 Interest rate bidding	63天 63-day	200	200	2.95
2018.03.01	周四 Thursday	逆回购 Repurchase	利率招标 Interest rate bidding	7天 7-day	1 000	1 000	2.5
2018.03.01	周四 Thursday	逆回购 Repurchase	利率招标 Interest rate bidding	28天 28-day	300	300	2.8
2018.03.01	周四 Thursday	逆回购 Repurchase	利率招标 Interest rate bidding	63天 63-day	200	200	2.95
2018.03.02	周五 Friday	逆回购 Repurchase	利率招标 Interest rate bidding	7天 7-day	400	400	2.5
2018.03.02	周五 Friday	逆回购 Repurchase	利率招标 Interest rate bidding	28天 28-day	300	300	2.8
2018.03.02	周五 Friday	逆回购 Repurchase	利率招标 Interest rate bidding	63天 63-day	200	200	2.95
2018.03.12	周一 Monday	逆回购 Repurchase	利率招标 Interest rate bidding	7天 7-day	500	500	2.5
2018.03.12	周一 Monday	逆回购 Repurchase	利率招标 Interest rate bidding	28天 28-day	400	400	2.8
2018.03.13	周二 Tuesday	逆回购 Repurchase	利率招标 Interest rate bidding	7天 7-day	300	300	2.5
2018.03.13	周二 Tuesday	逆回购 Repurchase	利率招标 Interest rate bidding	28天 28-day	300	300	2.8
2018.03.14	周三 Wednesday	逆回购 Repurchase	利率招标 Interest rate bidding	7天 7-day	300	300	2.5
2018.03.14	周三 Wednesday	逆回购 Repurchase	利率招标 Interest rate bidding	28天 28-day	200	200	2.8
2018.03.15	周四 Thursday	逆回购 Repurchase	利率招标 Interest rate bidding	7天 7-day	200	200	2.5
2018.03.15	周四 Thursday	逆回购 Repurchase	利率招标 Interest rate bidding	28天 28-day	200	200	2.8

中央银行公开市场业务交易
Central bank open market operations

续表

日期 Date		操作工具 Mode of transaction	招标方式 Mode of bidding	期限品种（天）Maturity (Day)	招标数量（亿元）Bidding amount (RMB100 million)	交易量（亿元）Transaction volume (RMB100 million)	中标利率（%）Interest rate of successful bidding(%)
2018.03.19	周一 Monday	逆回购 Repurchase	利率招标 Interest rate bidding	7天 7-day	300	300	2.50
2018.03.19	周一 Monday	逆回购 Repurchase	利率招标 Interest rate bidding	14天 14-day	200	200	2.65
2018.03.22	周四 Thursday	逆回购 Repurchase	利率招标 Interest rate bidding	7天 7-day	100	100	2.55
2018.04.08	周日 Sunday	逆回购 Repurchase	利率招标 Interest rate bidding	7天 7-day	100	100	2.55
2018.04.09	周一 Monday	逆回购 Repurchase	利率招标 Interest rate bidding	7天 7-day	100	100	2.55
2018.04.16	周一 Monday	逆回购 Repurchase	利率招标 Interest rate bidding	7天 7-day	800	800	2.55
2018.04.16	周一 Monday	逆回购 Repurchase	利率招标 Interest rate bidding	14天 14-day	700	700	2.7
2018.04.18	周三 Wednesday	逆回购 Repurchase	利率招标 Interest rate bidding	7天 7-day	1 500	1 500	2.55
2018.04.19	周四 Thursday	逆回购 Repurchase	利率招标 Interest rate bidding	7天 7-day	1 900	1 900	2.55
2018.04.23	周一 Monday	逆回购 Repurchase	利率招标 Interest rate bidding	7天 7-day	800	800	2.55
2018.04.24	周二 Tuesday	逆回购 Repurchase	利率招标 Interest rate bidding	7天 7-day	300	300	2.55
2018.04.26	周四 Thursday	逆回购 Repurchase	利率招标 Interest rate bidding	7天 7-day	1 000	1 000	2.55
2018.04.27	周五 Friday	逆回购 Repurchase	利率招标 Interest rate bidding	7天 7-day	400	400	2.55
2018.05.02	周三 Wednesday	逆回购 Repurchase	利率招标 Interest rate bidding	7天 7-day	2 000	2 000	2.55
2018.05.03	周四 Thursday	逆回购 Repurchase	利率招标 Interest rate bidding	7天 7-day	500	500	2.55
2018.05.04	周五 Friday	逆回购 Repurchase	利率招标 Interest rate bidding	7天 7-day	200	200	2.55
2018.05.09	周三 Wednesday	逆回购 Repurchase	利率招标 Interest rate bidding	7天 7-day	600	600	2.55
2018.05.09	周三 Wednesday	逆回购 Repurchase	利率招标 Interest rate bidding	14天 14-day	400	400	2.7

中央银行公开市场业务交易
Central bank open market operations

续表

日期 Date		操作工具 Mode of transaction	招标方式 Mode of bidding	期限品种（天） Maturity (Day)	招标数量（亿元） Bidding amount (RMB100 million)	交易量（亿元） Transaction volume (RMB100 million)	中标利率（%） Interest rate of successful bidding(%)
2018.05.10	周四 Thursday	逆回购 Repurchase	利率招标 Interest rate bidding	7天 7-day	200	200	2.55
2018.05.10	周四 Thursday	逆回购 Repurchase	利率招标 Interest rate bidding	14天 14-day	100	100	2.7
2018.05.15	周二 Tuesday	逆回购 Repurchase	利率招标 Interest rate bidding	7天 7-day	1 000	1 000	2.55
2018.05.15	周二 Tuesday	逆回购 Repurchase	利率招标 Interest rate bidding	14天 14-day	800	800	2.7
2018.05.16	周三 Wednesday	逆回购 Repurchase	利率招标 Interest rate bidding	7天 7-day	1 400	1 400	2.55
2018.05.16	周三 Wednesday	逆回购 Repurchase	利率招标 Interest rate bidding	14天 14-day	1 200	1 200	2.7
2018.05.17	周四 Thursday	逆回购 Repurchase	利率招标 Interest rate bidding	7天 7-day	300	300	2.55
2018.05.17	周四 Thursday	逆回购 Repurchase	利率招标 Interest rate bidding	14天 14-day	200	200	2.7
2018.05.22	周二 Tuesday	逆回购 Repurchase	利率招标 Interest rate bidding	7天 7-day	500	500	2.55
2018.05.22	周二 Tuesday	逆回购 Repurchase	利率招标 Interest rate bidding	14天 14-day	500	500	2.7
2018.05.23	周三 Wednesday	逆回购 Repurchase	利率招标 Interest rate bidding	7天 7-day	800	800	2.55
2018.05.23	周三 Wednesday	逆回购 Repurchase	利率招标 Interest rate bidding	14天 14-day	700	700	2.70
2018.05.24	周四 Thursday	逆回购 Repurchase	利率招标 Interest rate bidding	7天 7-day	200	200	2.55
2018.05.24	周四 Thursday	逆回购 Repurchase	利率招标 Interest rate bidding	14天 14-day	200	200	2.7
2018.05.28	周一 Monday	逆回购 Repurchase	利率招标 Interest rate bidding	7天 7-day	200	200	2.55
2018.05.28	周一 Monday	逆回购 Repurchase	利率招标 Interest rate bidding	28天 28-day	100	100	2.85
2018.05.29	周二 Tuesday	逆回购 Repurchase	利率招标 Interest rate bidding	7天 7-day	1 000	1 000	2.55
2018.05.29	周二 Tuesday	逆回购 Repurchase	利率招标 Interest rate bidding	28天 28-day	800	800	2.85

中央银行公开市场业务交易
Central bank open market operations

续表

日期 Date		操作工具 Mode of transaction	招标方式 Mode of bidding	期限品种（天）Maturity (Day)	招标数量（亿元）Bidding amount (RMB100 million)	交易量（亿元）Transaction volume (RMB100 million)	中标利率（%）Interest rate of successful bidding(%)
2018.05.30	周三 Wednesday	逆回购 Repurchase	利率招标 Interest rate bidding	7天 7-day	1 100	1 100	2.55
2018.05.30	周三 Wednesday	逆回购 Repurchase	利率招标 Interest rate bidding	14天 14-day	600	600	2.7
2018.05.30	周三 Wednesday	逆回购 Repurchase	利率招标 Interest rate bidding	28天 28-day	1 000	1 000	2.85
2018.05.31	周四 Thursday	逆回购 Repurchase	利率招标 Interest rate bidding	7天 7-day	900	900	2.55
2018.05.31	周四 Thursday	逆回购 Repurchase	利率招标 Interest rate bidding	14天 14-day	600	600	2.7
2018.05.31	周四 Thursday	逆回购 Repurchase	利率招标 Interest rate bidding	28天 28-day	700	700	2.85
2018.06.01	周五 Friday	逆回购 Repurchase	利率招标 Interest rate bidding	7天 7-day	400	400	2.55
2018.06.01	周五 Friday	逆回购 Repurchase	利率招标 Interest rate bidding	14天 14-day	100	100	2.7
2018.06.01	周五 Friday	逆回购 Repurchase	利率招标 Interest rate bidding	28天 28-day	300	300	2.85
2018.06.04	周一 Monday	逆回购 Repurchase	利率招标 Interest rate bidding	7天 7-day	200	200	2.55
2018.06.04	周一 Monday	逆回购 Repurchase	利率招标 Interest rate bidding	28天 28-day	200	200	2.85
2018.06.05	周二 Tuesday	逆回购 Repurchase	利率招标 Interest rate bidding	7天 7-day	700	700	2.55
2018.06.05	周二 Tuesday	逆回购 Repurchase	利率招标 Interest rate bidding	28天 28-day	500	500	2.85
2018.06.07	周四 Thursday	逆回购 Repurchase	利率招标 Interest rate bidding	7天 7-day	200	200	2.55
2018.06.07	周四 Thursday	逆回购 Repurchase	利率招标 Interest rate bidding	28天 28-day	200	200	2.85
2018.06.12	周二 Tuesday	逆回购 Repurchase	利率招标 Interest rate bidding	7天 7-day	500	500	2.55
2018.06.12	周二 Tuesday	逆回购 Repurchase	利率招标 Interest rate bidding	14天 14-day	200	200	2.7
2018.06.12	周二 Tuesday	逆回购 Repurchase	利率招标 Interest rate bidding	28天 28-day	300	300	2.85

中央银行公开市场业务交易
Central bank open market operations

续表

日期 Date		操作工具 Mode of transaction	招标方式 Mode of bidding	期限品种（天） Maturity (Day)	招标数量（亿元） Bidding amount (RMB100 million)	交易量（亿元） Transaction volume (RMB100 million)	中标利率（%） Interest rate of successful bidding(%)
2018.06.13	周三 Wednesday	逆回购 Repurchase	利率招标 Interest rate bidding	7天 7-day	600	600	2.55
2018.06.13	周三 Wednesday	逆回购 Repurchase	利率招标 Interest rate bidding	14天 14-day	400	400	2.7
2018.06.13	周三 Wednesday	逆回购 Repurchase	利率招标 Interest rate bidding	28天 28-day	300	300	2.85
2018.06.14	周四 Thursday	逆回购 Repurchase	利率招标 Interest rate bidding	7天 7-day	700	700	2.55
2018.06.14	周四 Thursday	逆回购 Repurchase	利率招标 Interest rate bidding	14天 14-day	500	500	2.70
2018.06.14	周四 Thursday	逆回购 Repurchase	利率招标 Interest rate bidding	28天 28-day	300	300	2.85
2018.06.15	周五 Friday	逆回购 Repurchase	利率招标 Interest rate bidding	7天 7-day	500	500	2.55
2018.06.15	周五 Friday	逆回购 Repurchase	利率招标 Interest rate bidding	14天 14-day	300	300	2.7
2018.06.15	周五 Friday	逆回购 Repurchase	利率招标 Interest rate bidding	28天 28-day	200	200	2.85
2018.06.19	周二 Tuesday	逆回购 Repurchase	利率招标 Interest rate bidding	7天 7-day	700	700	2.55
2018.06.19	周二 Tuesday	逆回购 Repurchase	利率招标 Interest rate bidding	14天 14-day	200	200	2.7
2018.06.19	周二 Tuesday	逆回购 Repurchase	利率招标 Interest rate bidding	28天 28-day	100	100	2.85
2018.06.20	周三 Wednesday	逆回购 Repurchase	利率招标 Interest rate bidding	7天 7-day	700	700	2.55
2018.06.20	周三 Wednesday	逆回购 Repurchase	利率招标 Interest rate bidding	14天 14-day	300	300	2.7
2018.06.21	周四 Thursday	逆回购 Repurchase	利率招标 Interest rate bidding	7天 7-day	600	600	2.55
2018.06.21	周四 Thursday	逆回购 Repurchase	利率招标 Interest rate bidding	14天 14-day	400	400	2.7
2018.06.22	周五 Friday	逆回购 Repurchase	利率招标 Interest rate bidding	7天 7-day	400	400	2.55
2018.06.22	周五 Friday	逆回购 Repurchase	利率招标 Interest rate bidding	14天 14-day	300	300	2.7

中央银行公开市场业务交易
Central bank open market operations

续表

日期 Date		操作工具 Mode of transaction	招标方式 Mode of bidding	期限品种（天） Maturity (Day)	招标数量（亿元） Bidding amount (RMB100 million)	交易量（亿元） Transaction volume (RMB100 million)	中标利率（%） Interest rate of successful bidding(%)
2018.06.26	周二 Tuesday	逆回购 Repurchase	利率招标 Interest rate bidding	7天 7-day	800	800	2.55
2018.06.27	周三 Wednesday	逆回购 Repurchase	利率招标 Interest rate bidding	7天 7-day	600	600	2.55
2018.06.28	周四 Thursday	逆回购 Repurchase	利率招标 Interest rate bidding	7天 7-day	800	800	2.55
2018.06.29	周五 Friday	逆回购 Repurchase	利率招标 Interest rate bidding	7天 7-day	800	800	2.55

附录四 世界主要经济体经济和金融指标

Appendix 4 *Economic and Financial Indicators of Major Economies*

一、经济增长率

1. Economic Growth Rate

世界经济增长率

World economic growth rate

单位：% Unit: %

		2015	2016	2017	2018年6月预计 Projection in June, 2018		2018年6月预计 Projection in June,2018	
					2018	2019	2018	2019
国际货币基金组织 IMF	按购买力平价方法计算的实际GDP增长率 Real GDP growth rate based on PPP	3.5	3.2	3.7	3.9	3.9	3.7	3.7
	按市场汇率法计算的实际GDP增长率 Real GDP growth rate based on market exchange rate	2.8	2.5	3.2	3.3	3.3	3.2	3.1
世界银行 World Bank	按2005年不变价及市场汇率法计算的实际GDP增长率 Real GDP growth rate based on 2005 constant price and market exchange rate	2.8	2.4	3.1	3.1	3.0	—	—

数据来源：国际货币基金组织《世界经济展望》（2018年10月），世界银行《全球经济展望》（2018年6月）。

Source : *World Economic Outlook*, IMF, October, 2018; *Global Economic Prospects Forecast*, The World Bank, June, 2018.

世界经济增长率

World economic growth rate

单位：% Unit: %

年 Year	国际货币基金组织按购买力平价方法计算的实际GDP增长率 Real GDP growth rate based on PPP (IMF)	国际货币基金组织按市场汇率法计算的实际GDP增长率 Real GDP growth rate based on market exchange rate (IMF)
1986	3.7	3.4
1987	4.0	3.8
1988	4.7	4.6
1989	3.8	3.8
1990	3.5	3.2
1991	2.6	1.9
1992	2.3	2.5
1993	2.1	1.5
1994	3.3	3.2
1995	3.3	2.9
1996	3.9	3.4
1997	4.0	3.5
1998	2.6	2.3
1999	3.6	3.2
2000	4.8	4.2
2001	2.5	1.7
2002	3.0	2.0
2003	4.3	2.9
2004	5.4	4.0
2005	4.9	3.5
2006	5.4	3.9
2007	5.6	3.8
2008	3.0	1.5
2009	-0.2	-2.1
2010	5.4	4.1
2011	4.3	3.1
2012	3.5	2.5
2013	3.5	2.6
2014	3.6	2.8
2015	3.5	2.8
2016	3.2	2.5
2017	3.7	3.2
2018*	3.7	3.2
2019*	3.7	3.1

注：*为预测数。

Note: * Projection.

世界经济增长

World economic growth

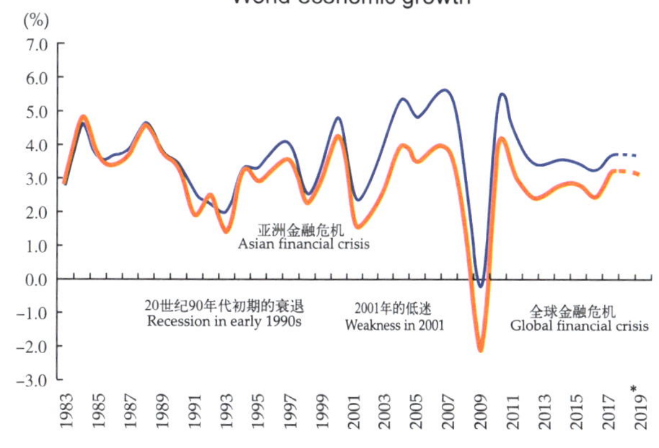

国际货币基金组织按购买力平价方法计算的实际GDP增长率 Real GDP growth rate based on PPP (IMF)

国际货币基金组织按市场汇率法计算的实际GDP增长率 Real GDP growth rate based on market exchange rate (IMF)

注：*为预测数。

Note: * Projection.

GDP年度增长率
Annual growth rate of GDP

单位：% Unit: %

年 Year	美国 U.S.	日本 Japan	欧元区 Euro Area	英国 U.K.
2003	2.5	1.4	0.8	2.8
2004	3.6	2.7	2.1	3.3
2005	2.9	1.9	1.6	1.8
2006	2.8	2.4	2.8	2.8
2007	1.8	1.7	3.0	2.4
2008	-0.3	-1.1	0.4	-0.5
2009	-2.8	-5.4	-4.5	-4.2
2010	2.5	4.2	2.1	1.7
2011	1.6	-0.1	1.6	1.5
2012	2.2	1.5	-0.9	1.5
2013	1.7	2.0	-0.2	2.1
2014	2.6	0.4	1.3	3.1
2015	2.9	1.4	2.1	2.3
2016	1.5	1.0	1.8	1.8
2017	2.2	1.7	2.4	1.7
2018*	2.9	1.1	2.0	1.4
2019*	2.5	0.9	1.9	1.5

注：* 为预测数。日本当局于2016年12月对历史国民账户数据进行了修订，将国民经济账户体系由1993年版调整至2008年版，基准年度由2005年调整至2011年。本表中日本2015年以后的数据体现了这一变化。

Note: * Projection.Japan's historical national accounts figures reflect a comprehensive revision by the national authorities, released in December 2016.The main revisions are the switch from the System of National Accounts 1993 to the System of National Accounts 2008 and the updating of the benchmark year from 2005 to 2011.The data of Japan in this table reflect this revision since 2015.

GDP年度增长率
Annual growth rate of GDP

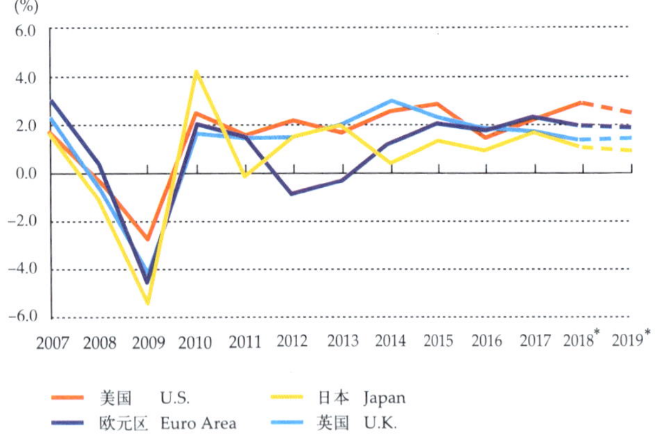

注：* 为预测数。
Note: * Projection.
数据来源：国际货币基金组织《世界经济展望更新》(2018年10月)。
Source: *World Economic Outlook update*, IMF, October, 2018.

GDP季度同比增长率
Year-on-year growth rate of GDP

单位：% Unit: %

年/季度 Year/Quarter	美国 U.S.	日本 Japan	欧元区 Euro Area	英国 U.K.
2014Q3	4.9	-1.0	0.8	2.9
2014Q4	1.9	-0.4	0.9	3.1
2015Q1	3.3	0.2	1.2	2.7
2015Q2	3.3	2.1	1.6	2.4
2015Q3	1.0	2.1	1.6	2.1
2015Q4	0.4	1.1	1.7	2.2
2016Q1	1.5	0.5	1.7	2.1
2016Q2	2.3	0.8	1.7	1.7
2016Q3	1.9	1.0	1.8	1.7
2016Q4	1.8	1.6	1.9	1.7
2017Q1	1.8	1.5	2.1	1.8
2017Q2	3.0	1.6	2.4	1.8
2017Q3	2.8	2.0	2.8	1.7
2017Q4	2.3	2.0	2.8	1.3
2018Q1	2.2	1.0	2.4	1.2
2018Q2	4.2	1.3	2.1	1.3

GDP季度同比增长率
Year-on-year growth rate of GDP

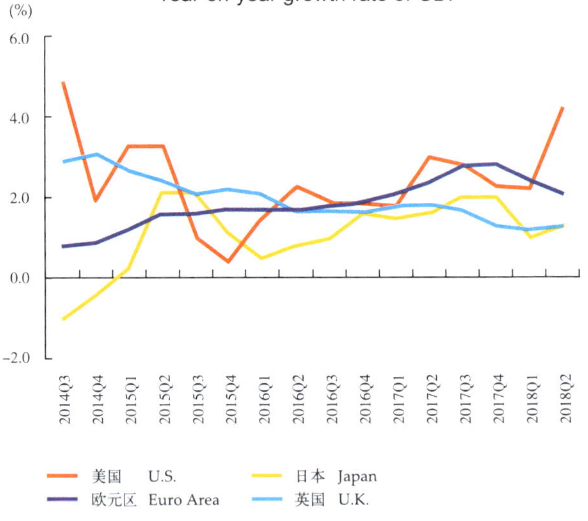

注：美国GDP增长率为环比折年率季节调整后的数据，折年率方法为 $[(GDP_1/GDP_0)^4-1]\times100$。

Note: The U.S. GDP growth rate is an annualized rate after a seasonal adjustment. It can be written as $[(GDP_1/GDP_0)^4-1]\times100$.

数据来源：各经济体官方统计网站。

Source: Official statistical websites of the economies.

二、消费价格指数
2. CPI

消费价格当月同比指数
Monthly CPI (YOY)

单位：% Unit: %

年/月 Year/Month	美国 U.S.	日本 Japan	欧元区 Euro Area	英国 U.K.
2017.04	2.2	0.4	1.9	2.6
2017.05	1.9	0.4	1.4	2.7
2017.06	1.6	0.4	1.3	2.6
2017.07	1.7	0.4	1.3	2.6
2017.08	1.9	0.7	1.5	2.7
2017.09	2.2	0.7	1.5	2.8
2017.10	2.0	0.2	1.4	2.8
2017.11	2.2	0.6	1.5	2.8
2017.12	2.1	1.0	1.4	2.7
2018.01	2.1	1.4	1.3	2.7
2018.02	2.2	1.5	1.1	2.5
2018.03	2.4	1.1	1.3	2.3
2018.04	2.5	0.6	1.3	2.2
2018.05	2.8	0.7	1.9	2.3
2018.06	2.9	0.7	2.0	2.3

数据来源：各经济体官方统计网站。
Source: Official statistical websites of the economies.

三、失业率
3. Unemployment Rate

失业率（季节调整后）
Unemployment rate (after seasonal adjustment)

单位：% Unit: %

年/月 Year/Month	美国 U.S.	日本 Japan	欧元区 Euro Area	英国 U.K.
2017.04	4.4	2.8	9.2	4.5
2017.05	4.3	3.0	9.2	4.4
2017.06	4.3	2.8	9.0	4.3
2017.07	4.3	2.8	9.0	4.3
2017.08	4.4	2.8	9.0	4.3
2017.09	4.2	2.8	8.9	4.3
2017.10	4.1	2.8	8.8	4.3
2017.11	4.1	2.7	8.7	4.4
2017.12	4.1	2.7	8.6	4.3
2018.01	4.1	2.4	8.6	4.3
2018.02	4.1	2.5	8.5	4.2
2018.03	4.1	2.5	8.4	4.2
2018.04	3.9	2.6	8.4	4.2
2018.05	3.8	2.3	8.2	4.2
2018.06	4.0	2.5	8.2	4.0

数据来源：各经济体官方统计网站。
Source: Official statistical websites of the economies.

消费价格当月同比指数
Monthly CPI (YOY)

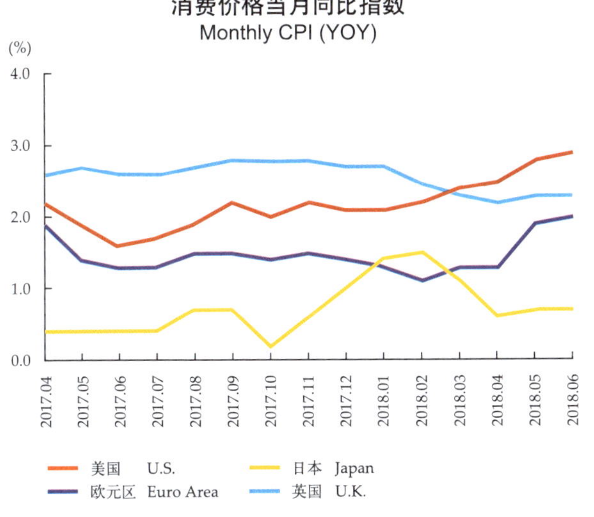

数据来源：各经济体官方统计网站。
Source: Official statistical websites of the economies.

失业率（季节调整后）
Unemployment rate (after seasonal adjustment)

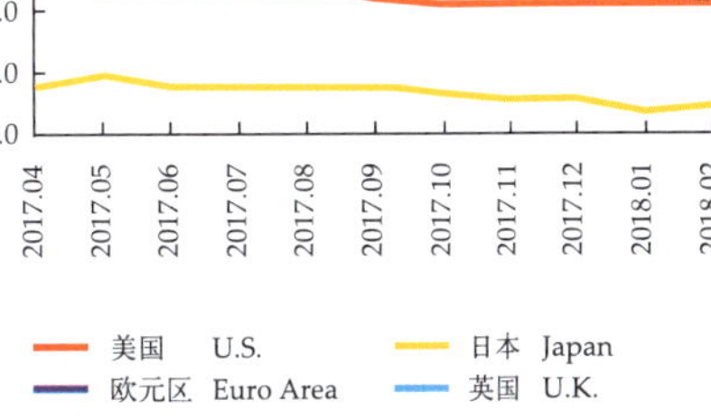

数据来源：各经济体官方统计网站。
Source: Official statistical websites of the economies.

四、国际收支[①]
4. BOP[1]

经常项目差额
Current account balance

单位：10亿美元
Unit: USD1 billion

年/季度 Year/Quarter	美国 U.S.	日本 Japan	欧元区 Euro Area	英国 U.K.
2013Q2	-113.09	17.51	79.02	-10.84
2013Q3	-111.72	16.33	68.84	-45.91
2013Q4	-80.71	-14.26	119.52	-37.92
2014Q1	-73.16	-8.44	43.51	-33.15
2014Q2	-99.33	8.67	56.31	-27.78
2014Q3	-115.33	18.79	102.64	-49.61
2014Q4	-107.07	13.14	125.36	-36.34
2015Q1	-92.14	36.73	62.18	-29.96
2015Q2	-119.19	30.66	75.03	-23.29
2015Q3	-129.21	40.16	110.78	-34.38
2015Q4	-104.81	25.89	130.13	-43.95
2016Q1	-98.89	51.35	72.62	-45.48
2016Q2	-114.89	45.24	103.40	-39.49
2016Q3	-124.33	59.29	113.45	-46.45
2016Q4	-106.00	36.97	131.01	-23.44
2017Q1	-84.84	52.99	68.33	-27.50
2017Q2	-133.92	41.40	71.23	-27.33
2017Q3	-114.19	63.11	150.68	-31.52
2017Q4	-116.19	38.29	152.22	-20.14
2018Q1	-96.86	54.35	99.18	

资本项目差额
Capital account balance

单位：10亿美元
Unit: USD1 billion

年/季度 Year/Quarter	美国 U.S.	日本 Japan	欧元区 Euro Area	英国 U.K.
2013Q2	-0.23	-3.52	7.09	2.47
2013Q3	-0.15	-1.12	5.79	0.04
2013Q4	0.00	-0.54	12.40	-0.93
2014Q1	-0.04	-0.59	7.79	-0.30
2014Q2	0.00	-0.38	5.36	-0.36
2014Q3	0.00	-0.65	5.01	-0.45
2014Q4	0.00	-0.28	6.95	-0.51
2015Q1	-0.02	-1.11	1.10	0.11
2015Q2	-0.02	-0.22	-30.17	-0.43
2015Q3	0.00	-0.53	5.53	-0.41
2015Q4	0.00	-0.39	10.33	-1.14
2016Q1	-0.06	-4.86	-1.52	0.45
2016Q2	0.00	0.03	-0.22	-0.45
2016Q3	0.00	-0.84	1.18	-1.25
2016Q4	0.00	-0.91	1.92	-0.93
2017Q1	0.00	-0.59	-10.97	-0.03
2017Q2	0.00	-1.28	-12.10	-0.98
2017Q3	24.79	-0.18	-1.46	-0.35
2017Q4	-0.04	-0.51	1.93	-0.38
2018Q1	0.00	-0.81	3.30	

经常项目差额
Current account balance

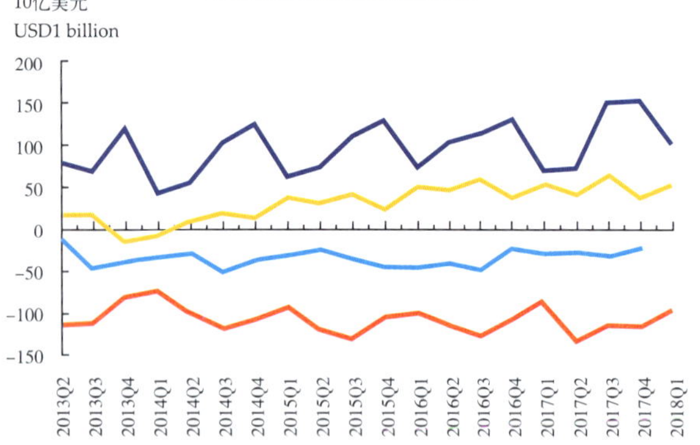

数据来源：国际货币基金组织《国际金融统计》(2018年8月)。
Source: *International Financial Statistics*, IMF, August, 2018.

资本项目差额
Capital account balance

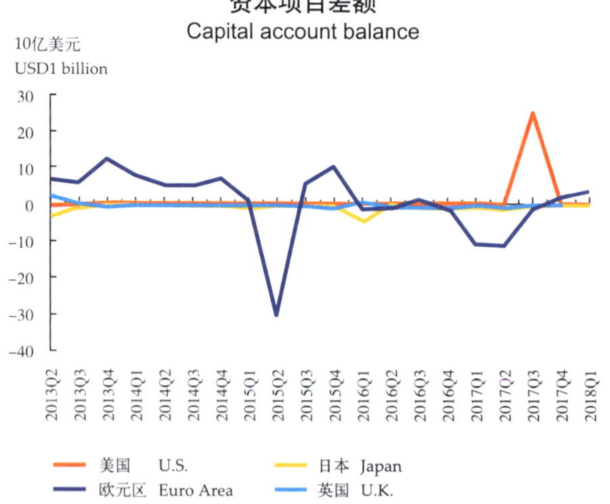

数据来源：国际货币基金组织《国际金融统计》(2018年8月)。
Source: *International Financial Statistics*, IMF, August, 2018.

①国际货币基金组织《国际金融统计》自2012年8月起，将国际收支统计规则由BPM5调整至BPM6。数据从2005年起调整。根据BMP6，金融账户由"贷方和借方"改为"金融资产净获得和负债净产生"，金融账户的总差额为净贷款/净借款。净贷款表示，考虑了金融资产的取得和处置以及负债的发生和偿还后，一个经济体向世界其他地方提供资金。

1. The IMF's *International Financial Statistics* (IFS) is publishing balance of payments data on BPM6 presentational basis instead of BPM5 since August, 2012.The data series starts in 2005. In BPM6, the headings of the financial account have been changed from "credits and debits" to "net acquisition of financial assets" and "net incurrence of liabilities". The overall balance on the financial account is called net lending/net borrowing. Net lending means the economy supplies funds to the rest of the world, taking into account acquisition and disposal of financial assets and incurrence and repayment of liabilities.

金融项目差额
Financial account balance

单位：10亿美元
Unit: USD1 billion

年/季度 Year/Quarter	美国 U.S.	日本 Japan	欧元区 Euro Area	英国 U.K.
2013Q2	-78.35	-26.88	94.10	-0.76
2013Q3	-122.19	9.08	72.84	-47.85
2013Q4	-211.98	-30.51	140.11	-43.68
2014Q1	-108.47	-19.98	98.12	-33.14
2014Q2	-45.61	22.08	108.28	-43.75
2014Q3	-15.90	29.61	135.71	-57.32
2014Q4	-43.81	15.80	116.82	-55.55
2015Q1	-20.20	53.02	-68.52	-63.60
2015Q2	-96.39	34.47	92.49	-15.66
2015Q3	-27.03	43.76	102.77	-22.40
2015Q4	-46.03	34.83	154.23	-32.65
2016Q1	-73.52	77.87	15.19	-34.63
2016Q2	-35.43	67.28	81.26	-61.16
2016Q3	-190.33	107.69	113.17	-45.69
2016Q4	-100.03	13.04	123.72	-13.52
2017Q1	-54.16	39.10	59.19	-19.48
2017Q2	-115.33	34.87	87.50	-28.22
2017Q3	-101.68	32.69	144.54	-14.67
2017Q4	-59.00	27.15	166.81	-34.02
2018Q1	-164.78	62.62	171.45	

金融项目差额
Financial account balance

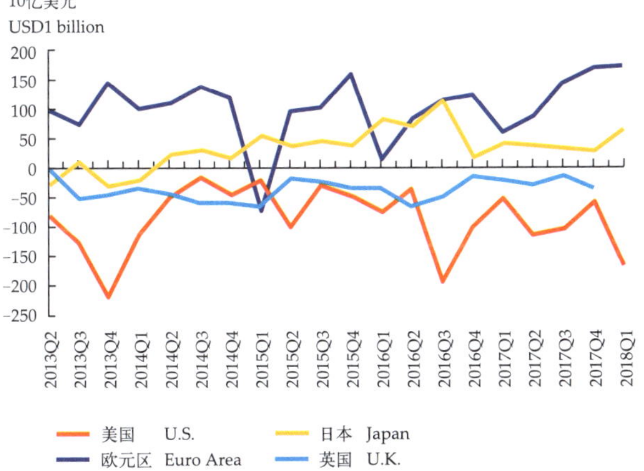

数据来源：国际货币基金组织《国际金融统计》(2018年8月)。
Source: *International Financial Statistics*, IMF, August, 2018.

五、利率
5. Interest Rates

1.中央银行目标利率
(1) Central bank base rates

中央银行目标利率
Central bank base rates

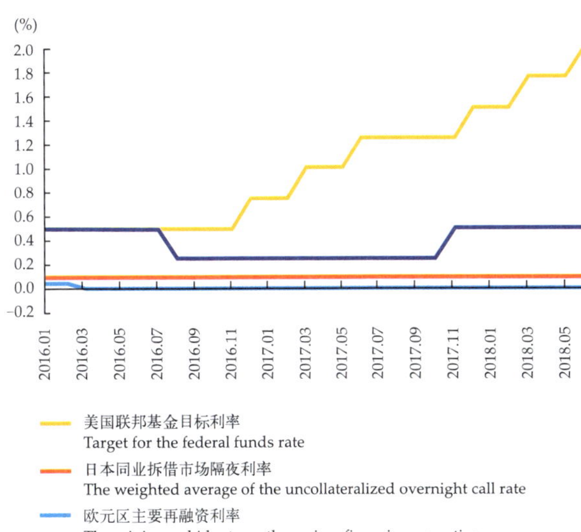

注：2016年1月29日，日本央行宣布实施负利率政策，商业银行存放在日本央行的超额准备金存款利率降至-0.1%，目前仍维持在-0.1%的水平。
数据来源：各经济体中央银行网站。
Note:On January 29, 2016, Bank of Japan decided to introduce negative interest rate of minus 0.1 percent to current accounts that financial institutions hold at the Bank. Up to now it has remained unchanged.
Source: Central bank websites of the economies.

2. 短期利率

(2) Short-term interest rates

3个月期银行间市场拆借利率
（年率，月平均）
3-month inter-bank rate (annualized, monthly average)

单位：% Unit: %

年/月 Year/Month	美元 USD	日元 JPY	欧元 EUR	英镑 GBP
2017.04	1.16	0.02	-0.33	0.33
2017.05	1.19	-0.01	-0.33	0.33
2017.06	1.26	-0.01	-0.33	0.32
2017.07	1.31	-0.01	-0.33	0.32
2017.08	1.31	-0.03	-0.33	0.31
2017.09	1.32	-0.03	-0.33	0.32
2017.10	1.36	-0.04	-0.33	0.35
2017.11	1.43	-0.03	-0.33	0.44
2017.12	1.60	-0.02	-0.33	0.44
2018.01	1.73	-0.03	-0.38	0.52
2018.02	1.87	-0.06	-0.38	0.55
2018.03	2.17	-0.05	-0.38	0.62
2018.04	2.35	-0.04	-0.36	0.76
2018.05	2.34	-0.03	-0.35	0.64
2018.06	2.33	-0.04	-0.36	0.64

3. 长期利率

(3) Long-term interest rates

10年期国债收益率（年率，月平均）
10-year government bond yield
(annualized, monthly average)

单位：% Unit: %

年/月 Year/Month	美元 USD	日元 JPY	欧元 EUR	英镑 GBP
2017.04	2.30	0.03	1.26	1.08
2017.05	2.30	0.04	1.18	1.12
2017.06	2.19	0.05	1.07	1.08
2017.07	2.32	0.08	1.21	1.27
2017.08	2.21	0.05	1.04	1.12
2017.09	2.20	0.02	1.12	1.24
2017.10	2.36	0.07	1.15	1.38
2017.11	2.35	0.04	0.95	1.33
2017.12	2.40	0.05	0.88	1.28
2018.01	2.57	0.08	0.55	1.33
2018.02	2.86	0.07	0.72	1.57
2018.03	2.84	0.04	0.58	1.45
2018.04	2.87	0.04	0.60	1.51
2018.05	2.98	0.05	0.58	1.50
2018.06	2.91	0.05	0.47	1.42

3个月期银行间市场拆借利率（年率，月平均）
3-month inter-bank rate
(annualized, monthly average)

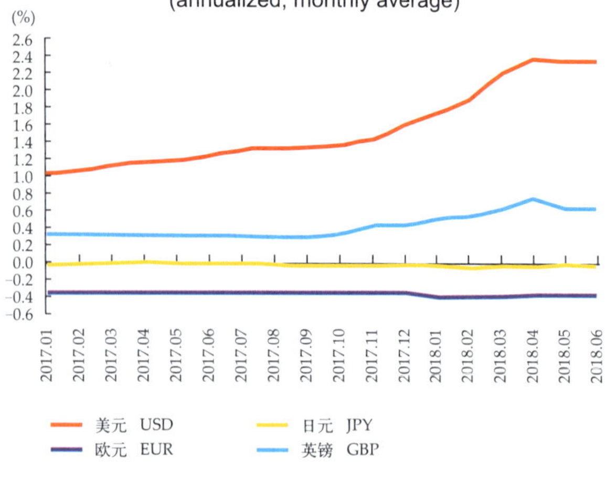

数据来源：《欧洲中央银行经济公报》及CEIC。
Source: *Economic Bulletin of ECB*, CEIC.

10年期国债收益率(年率，月平均)
10-year government bond yield
(annualized, monthly average)

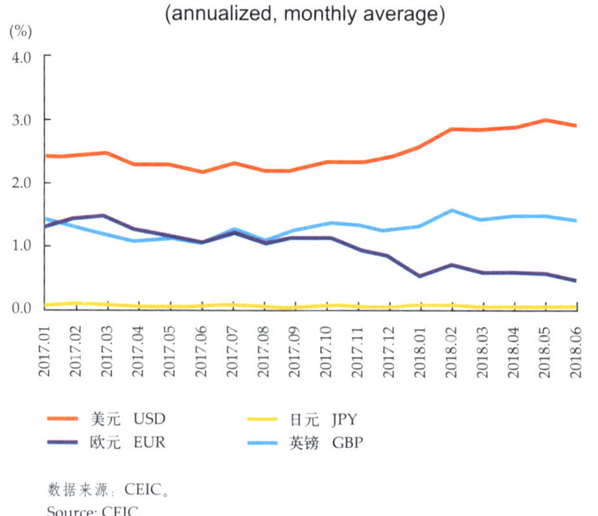

数据来源：CEIC。
Source: CEIC.

六、汇率
6. Exchange Rates

汇率（月平均）
Exchange rates (monthly average)

年/月 Year/Month	美元/欧元 USD/EUR	美元/英镑 USD/GBP	日元/美元 JPY/USD
2017.04	1.0723	1.2637	110.06
2017.05	1.1058	1.2930	112.26
2017.06	1.1223	1.2804	110.91
2017.07	1.1521	1.2987	112.39
2017.08	1.1806	1.2953	109.92
2017.09	1.1919	1.3333	110.72
2017.10	1.1751	1.3210	112.96
2017.11	1.1723	1.3210	113.00
2017.12	1.1834	1.3405	112.95
2018.01	1.2195	1.3812	110.77
2018.02	1.2346	1.3947	107.90
2018.03	1.2330	1.3966	106.00
2018.04	1.2270	1.4065	107.52
2018.05	1.1820	1.3477	109.70
2018.06	1.1682	1.3298	110.03

实际有效汇率（月平均，2010年=100）
Real effective exchange rates
(monthly average, year 2010=100)

年/月 Year/Month	美元 USD	欧元 EUR	日元 JPY	英镑 GBP
2017.04	119.7	90.7	78.4	101.1
2017.05	118.8	92.5	76.3	101.9
2017.06	117.1	93.4	76.7	99.6
2017.07	115.2	95.0	75.0	99.3
2017.08	113.8	96.5	76.0	97.1
2017.09	113.1	96.4	74.7	99.2
2017.10	115.0	96.1	73.7	99.6
2017.11	115.5	96.1	73.9	99.4
2017.12	115.0	96.3	73.6	100.2
2018.01	112.5	96.9	73.7	100.7
2018.02	111.6	97.1	75.1	100.7
2018.03	112.0	97.4	76.1	101.0
2018.04	112.0	97.4	74.5	102.4
2018.05	115.2	96.1	74.2	101.0
2018.06	117.1	95.9	74.6	100.6

汇率（月平均）
Exchange rates (monthly average)

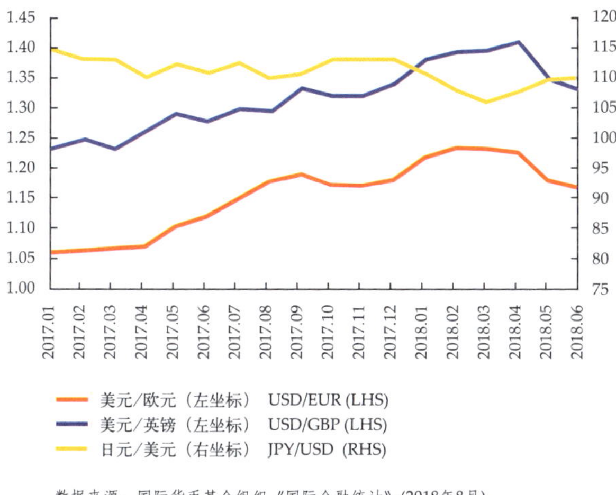

数据来源：国际货币基金组织《国际金融统计》(2018年8月)。
Source: *International Financial Statistics*, IMF, August, 2018.

实际有效汇率（月平均，2010年=100）
Real effective exchange rates
(monthly average, year 2010=100)

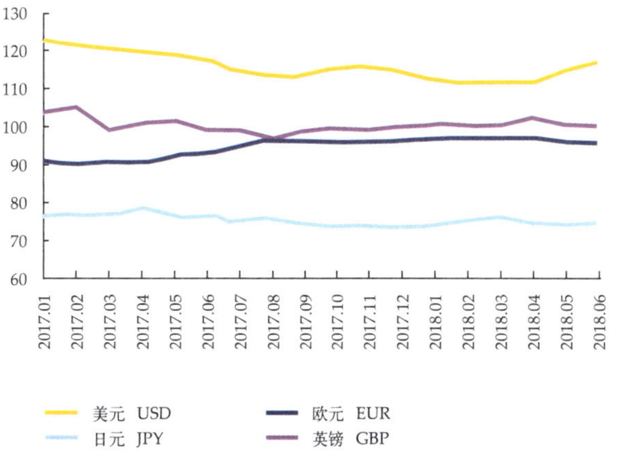

数据来源：国际货币基金组织《国际金融统计》(2018年8月)。
Source: *International Financial Statistics*, IMF, August, 2018.

七、股票市场指数
7. Stock Market Indices

主要股票市场指数（期末）
Major stock market indices (end-period)

年/月 Year/Month	美国道琼斯30种股票平均价格指数 Dow Jones 30	纳斯达克综合指数 NASDAQ	日本日经225种股票平均价格指数 Nikkei 225	道琼斯欧元区STOXX50股票指数 Dow Jones EURO STOXX 50
2017.04	20 941	6 048	19 197	3 560
2017.05	21 009	6 199	19 651	3 555
2017.06	21 350	6 140	20 033	3 442
2017.07	21 891	6 348	19 925	3 449
2017.08	21 948	6 429	19 646	3 421
2017.09	22 405	6 496	20 356	3 595
2017.10	23 377	6 728	21 267	3 674
2017.11	24 272	6 874	22 525	3 570
2017.12	24 719	6 903	22 770	3504
2018.01	26 149	7 411	23 098	3 609
2018.02	25 029	7 273	22 068	3 439
2018.03	24 103	7 063	21 454	3 362
2018.04	24 163	7 066	22 468	3 537
2018.05	24 416	7 442	22 202	3 407
2018.06	24 271	7 510	22 305	3 396

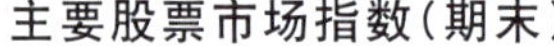

主要股票市场指数（期末）
Major stock market indices (end-period)

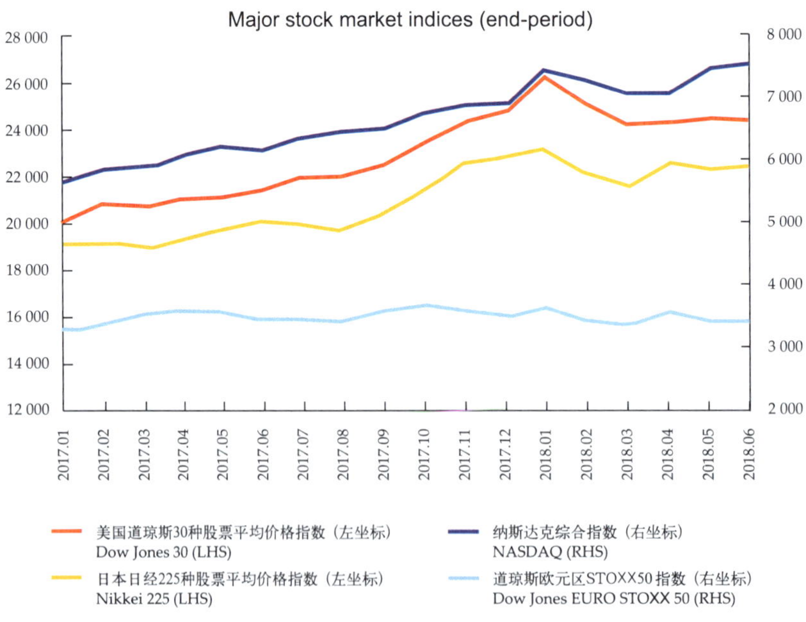